サルトル、存在と自由の思想家

渡部佳延

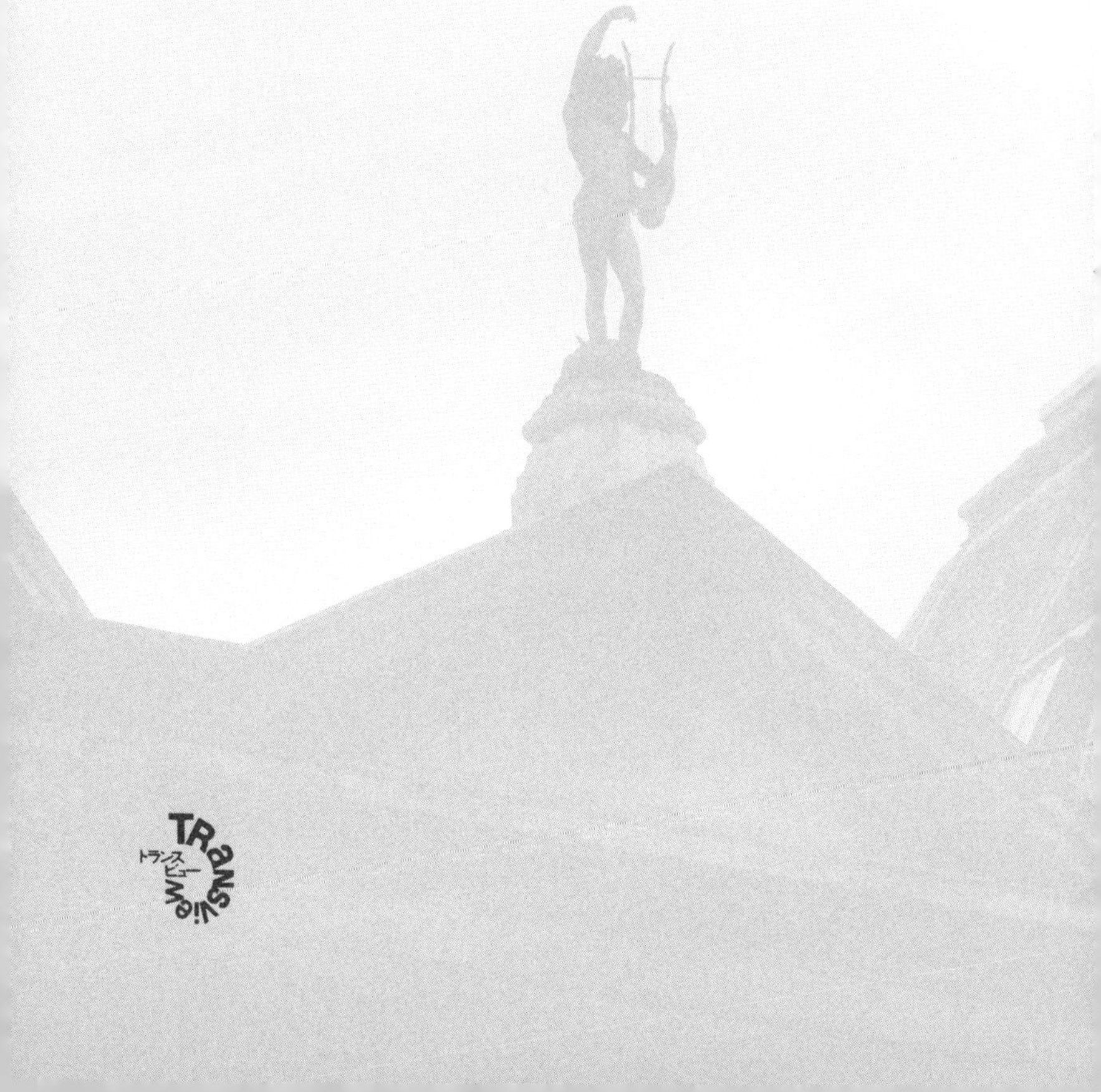

TRANSVIEW
トランスビュー

サルトル、存在と自由の思想家＊目次

装幀　高麗隆彦

サルトル、存在と自由の思想家

一、引用文中の〔 〕は筆者による補足である。
一、引用文中の［ ］は翻訳者による補足である。

プロローグ

一九六六（昭和四十一）年九月二十六日、月曜日。朝の東京駅、東海道新幹線発着ホーム。二年前に国鉄（現・JR）が、地上最速の時速二〇〇キロで営業運転を開始していた東海道新幹線ひかり一五号が、流れるような美しい姿で、午前十時の出発を待っていた。列車はすでに九時四十五分に一八番ホームに入線し、新大阪駅への三時間十分の運行に備えていた。

午前十時、国鉄ダイヤは当時も秒単位の正確さを誇っていたが、なぜかひかり一五号は動き出そうとはしなかった。一分、そして二分。その時、慌ただしくホームの階段を駆け上がって来る三人の男女の姿が見えた。見送りのため心配そうに彼らを待っていた人々への挨拶もそこそこに、三人が車内に飛び乗ると、ただちにドアが閉まり、列車は滑るように走り出した。午前十時を三分過ぎていた。

この三人とは、フランスの哲学者にして文学者ジャン＝ポール・サルトル六十一歳、同じくシモーヌ・ド・ボーヴォワール五十八歳、そして来日した二人を十六日間の日本縦断の旅に案内しようとしていた、まだ四十代の翻訳者、朝吹登水子である。サルトルとボーヴォワールは、九月十八日の来日以来すでに八日が経過していたが、宿舎のホテル・オークラでの荷物の受け取りに手間どったうえ、長いパリ住まいで東京の事情に疎くなっていた案内役の朝吹が、新幹線のホームをまちがえるなどして、発車時刻に遅れてしまったのである。列車の中で恐縮しきる朝吹を、サルトルは「特急を二分遅らせたんだから大したもんですよ」と言って慰めたという。[1]

しかしこの時のサルトルとボーヴォワールは、出版社の人文書院と慶應義塾大学とが招いた私人にすぎなかった。その二人のために、国鉄が最新鋭の新幹線の出発を遅らせたことこそ、当時の日本にとって、この二人がどれほどの重みを持つ人物であったかを浮き彫りにしている。

このエピソードは、サルトルが雨降りしきる夜の羽田空港に日航機から降り立った一九六六年、今から四十七年前の姿を記憶している世代には納得のいくところであろう。西欧がまだ「高貴」な光で輝いていた最後の時代、そこに君臨する知の王者を、この日本の地で見られるという経験は、それだけで、少なからざる日本人を興奮させるものであった。

一九六〇年代のサルトルは、飛行機で世界を飛び回る「空飛ぶ哲学者」であった。そして、フランスを代表する知の巨人として、当時の有力な政治家、チトー・ユーゴスラビア大統領、ナセル・アラブ連合大統領、カストロ・キューバ首相らと「差し」で話せる存在でもあった。さらには、抑圧され続ける植民地の人々を支援し、アメリカ、ソ連の「二大帝国主義」のいずれをも激しく非難する、リベラルな「二十世紀の良心」でもあって、まさに二十世紀後半の世界に輝ける、特別の存在であったのだ。

サルトルのこのような権威が、他を寄せつけぬほど圧倒的なものであった時期は、一九四五年から六〇年頃までのおよそ十五年間。さらに彼が内外に強い影響力を及ぼし続けた期間となれば、第二次大戦末期から七〇年代初めまでの、二十世紀のほとんど三分の一近くに及ぶ。まさしくサルトルこそは、他に例を見ない二十世紀最大の知識人であった。

では、この飛び抜けた権威はどこからやって来たのか?

サルトルが「神話的存在」になった理由は、根本的には、時代を代表する哲学者が同時に第一級の文学者でもあった、という衝撃による。あえて日本人にたとえれば、「西田幾多郎」と「夏目漱石」を、同一の人物が兼ねるようなものだろうか。

しかもこの巨人は、戦後フランスの知的世界を領導する総合雑誌『レ・タン・モデルヌ（現代）』の編集長であり、戦後フランス文学を新しい水路に導く文芸評論家にして、タブーなしに発言を続ける舌鋒鋭い政治評論家であり、さらには自らの思想をドラマチックに人々の心に刻印する、卓越した劇作家でもあった。かてて加えて、哲学と文学の両面からのアプローチを駆使して、フローベールやマラルメ、ジャン・ジュネなどの意識の底までをも解析し、作品創造の秘密を追究し続けた評伝作家でもあった。――これらを併せれば、ほとんど超人的な「万能の人」のイメージが現出してくる。

では、このサルトルの底知れぬパワーの源泉となったものは、いったい何か。それはただ一点、無限に広がり、果てることを知らない「知」の力、それに尽きている。机の上のコップの哲学的分析に始まって宇宙全体の姿まで、人間の欲望の始原的な形から歴史の究極まで、この世界の一切をたった一人の力で考え抜く驚くべきエネルギー、彼の権威はこの力からのみ発生した。それ以外にサルトルには、どのような庇護も特権もなかった。

サルトルは、貴族の末裔でも、大ブルジョワの息子でもなく、またどのような地位も得ようとはしなかった。大統領や大臣どころか、大学教授にさえなったことはない。指名されたノーベル文学賞すらも辞退した。世界中から莫大な印税を得ても、愛人や取り巻きに撒いてしまう。邸宅を持たず、借家住まいの連続で、結婚もせず子も作らず、食べるものや着るものにも大したこだわりはなかった。女性関係にだけはだらしがなかったが、生涯、自由に生きることのみを求め、ついに絶対の一私人として通したのである。

二〇〇八年に没した加藤周一は、サルトルと交流のあった数少ない日本の知識人の一人であるが、サルトルの亡くなったその日を、こう回想している。

サルトルの訃を私が聞いたのは、一九八〇年の春、北米の旅先においてである。そのとき、そのことについて、私は誰とも話さなかった。サルトルでさえも死ぬか、と私は思い、その思いは馬鹿げていて、とても他人に話せるようなものではなかった。(2)

加藤周一をしてサルトルは、人間を超えた存在、ほとんど不死の人のように思わせたのである。

サルトルの生きた二十世紀という時代は、「戦争と革命の世紀」ともいわれ、そこでの主役はそびえ立つ巨大な国家や、複雑で非人間的な組織機構であった。サルトルの活動はこの二十世紀、組織化された世界が完全に個人を超えてしまった時代に、なお一人の人間が自分だけの力でどこまでその世界と対峙し得るか、独力で世界と歴史の全体をどれだけ理解し、対抗し得るかという、ほとんど究極の挑戦であった。

そうであればこそ、国家の中枢に属することもなく、大組織をバックにしたわけでもないサルトルの権威は、奇跡的であり、「人間の絶対的自由」の旗を生涯手放さなかったその挑戦は、まさしく苦闘と挫折の連続でもあった。サルトル以降の哲学者や文学者は、そのことごとくが自らの専門という名のタコつぼに入って行く。サルトルが保持した「純粋な個人の力」は、一人の人間が百年に満たない時間のうちに、どれだけのことをなし得るかという見事な証明となるであろう。

本書は、こうしたサルトルの膨大な知の形成を、一貫して追うものである。本書には姉妹編として、筆者が「朝西柾」の筆名で刊行した『サルトル　知の帝王の誕生』（新評論、一九九八年）がある。そこでは、本書で扱う時期に先立つ、誕生から文学的デビューまでをとりあげ、とくに彼が持った狂おしいまでの知への欲望の原因究明に、光を当てた。幼いころ、世界の一切を知り尽くすことに自らの生を賭けようとした根源には、生来の虚弱な身体や過敏な性格に由来する、「外部恐怖」「世界恐怖」ともいうべきものがあったと思われる。それを克服するため、知により一切を透視し、その認識を美しい形、すなわち文学に造形することによって世界征服を果たそうとする過程を、まさにサルトル的な「実存的精神分析」を参照して分析した。本書と合わせてご覧いただければ幸いである。(3)

本書はこの姉妹編と時間的には若干重なりながら、三十四歳での戦争体験からスタートする。即ち、サルトルが最初の達成である『嘔吐』を世に送り出してわずか一年、欧州戦線に一兵士として出征するところから始まる。この戦争までにサルトルは、パリのリセ（高等中学）、パストゥール校で哲学教師を務める傍ら、『嘔吐』のほか鮮烈な短編や犀利な文芸評論を次々と発表、しだいに知的世界での認知を受けつつあった。自信に溢れた知の征服行に出発していたさなかでの、突然の応召であった。

わずか一六〇センチの短軀、ひ弱で、しばしば醜いと称された彼にとって、「知による世界征服」は、無限の彼方の夢の追求であった。では、『嘔吐』以降、サルトルの活動はどのように展開し、人文諸科学から社会科学にいたる広大な領域で、どのような知の帝国を築いていったのだろうか。またそこでは、人間・世界・歴史というおよそ人間にかかわる一切について、どのように、どこまでを明らかにし得たのだろうか。サルトルが自由と真理を求め、少しでも理想の世界に近づけるべく闘った苦闘の跡を、これから一つ一つ辿っていくことにしよう。

第1章　転覆する世界――戦場の哲学者

1　電撃戦――ヒトラーという衝撃

一九三九年九月一日午前、臨時に召集されたドイツ第三帝国議会で、五十歳の総統《フューラー》アドルフ・ヒトラーは、前夜ドイツ・ポーランド国境において、ポーランド正規軍による数多くの侵略があり、今朝五時四十五分以来、ドイツ軍が反撃に出ている旨を述べた。しかしこの「ポーランド軍による侵略」は、もちろんヒトラー秘密部隊による偽装襲撃であり、そのころナチス・ドイツ軍は、帝国全兵力の五六パーセント、機甲師団のすべてを含む五十七個師団をもって、いっせいにポーランド国境を突破、首都ワルシャワに向け進撃していたのである。

「悪魔のサイレン」を鳴らしながら、高空から地上に襲いかかるシュトゥーカ＝ユンカース急降下爆撃機、ポーランド国境を埋め尽くす二五〇〇両もの戦車の群れ、戦車のスピードに合わせて「歩兵」もまた自動車輸送されるという、機械化されたドイツ軍の前に、旧態依然としたポーランド軍はなすすべもなかった。最新鋭のドイツ機甲師団に対し、ポーランド騎馬旅団が突撃をかけて壊滅するという悲劇など、それはまさに「第一次大戦」と「第二次大戦」との戦いだった。西部国境から三〇〇キロ以上も離れた首都ワルシャワが同月二十七日には陥落、いわゆる電撃戦（ブリッツ・クリーク）である。

そのとき本編の主人公、パリのリセ（高等中学）、パストゥール校教授ジャン＝ポール・サルトルは三十四歳で、女子リセのモリエール校教授、三十一歳のシモーヌ・ド・ボーヴォワールとともに、パリにいた。二人は南仏の海辺の保養地、ジュアン＝レ＝パンにある知人の別荘で避暑中だったが、独ソ不可侵条約締結を知り、ヒトラーによる大戦勃発、対独動員がかかる可能性を考えて、八月二十三日に憂鬱な心でパリに戻ったばかりだった。

それにもかかわらずサルトルは、一年前の一九三八年九月、英仏がチェコスロバキアに屈辱的妥協を強いたミュンヘン協定により、ぎりぎりのところで大戦が回避された前例もあり、当時の恋人「ルイーズ・ヴェドゥリーヌ」（ボーヴォワールの教え子、本名ビアンカ・ビーナンフェルド）宛の八月末の手紙にもあるように、「本当に戦争が起こるとは思っていな[1]」かったようである。八月三十一日付ルイーズ宛の手紙にも、「信用してほしい。ドイツ国民の今の精神状態でヒットラーが戦争を始めようとすることなどありえない。これはこけおどしだ[2]」と断定的に書いている。

しかし、この手紙の書かれた八月三十一日、ヒトラーの秘密工作機関によって、「ポーランド軍によるドイツ国境侵犯事件」が捏造され、翌暁には一五〇〇機の航空機、二五〇〇両の戦車が、ポーランド国境を越えたのだった。

九月二日、フランス全土で動員令発動。サルトルはフランス東部ロレーヌにある都市ナンシーの第七〇師団配属のため、早朝七時五十分にパリ東駅を出発した。さらに翌三日には、午前十一時にイギリスが、また午後五時にはフランスが対独宣戦を布告、第二次世界大戦の勃発である。

この戦争はサルトルにとって、その勃発自体がヒトラーに対する完全な「敗北」でもあった。なぜなら、世界を自らの意識の光で隅々まで照らし、インドの賤民もアトス山の正教の司教も、ニューファウンドランドの漁夫たちまでも、知らないことがおよそこの世にないことを目指していたサルトルにとって、ヒトラーとその第三帝国の巨大なうごめきを、全く捉えることができなかったからである。

それだけではない。厄災はたちまちサルトル自身にも襲いかかった。彼はすでに長編小説『嘔吐』でゴンクール賞候補になり、短編集『壁』では文壇の重鎮ジッドの激賞を受け、また、哲学書『想像力』を刊行し、さらには『NRF《エヌ・エル・エフ》』に評論「フランソワ・モーリヤック氏と自由」ほかを続々と発表して、着実に文名をあげていた。このフランス文化界のニューフェースは、アグレガシオン（教授資格試験）を一番で通った、エコール・ノルマル・シュペリウール（高等師範学校）卒業の秀才であり、新進作家・批評家・哲学者として嘱望されていたにもかかわらず、軍隊手帳を持ち、九月二日早朝の列車ですし詰めにされながら、一兵卒としてドイツ国境に近いナンシーに向かわねばならなかったからである。

後にサルトルは、九月一日の衝撃を、『シチュアシオンⅣ』所収の「ポール・ニザン」の中で振り返る。

九月になって……私は仰天した。……私は、立ったまま居眠りをしていた一つの世代――われわれの世代――全体の、途方もない過失をも同時に発見したのだ。大戦前夜の狂暴な一時期を通じて、われわれは虐殺へとかり立てられていたのに、自分では〈平和〉の芝草の上を悠々と歩いているつもりだったのだ(3)。

サルトルは、「ぼくはどんなことをも、もっともよく知っている人間でありたい(4)」と願い、自分では「外交問題についてはいっぱしの知識を自負していた！(5)」。しかも彼はドイツに留学もして、彼の地と人々のことは多少なりとも理解していると自信を持っていた。にもかかわらずこの九月一日を予想できなかった失策は、政治に目を開く絶対的必要性をサルトルに目覚めさせた。この失策から半年あまりたった一九四〇年二月、「奇妙な」膠着状態の前線から休暇でパリに戻ったサルトルについて、それはヒトラーのさらなる悪意に決定的に襲われる三カ月前であったが、ボーヴォワールは次のように記している。

二月のはじめ、私は東駅までサルトルを迎えに行った。その週は散歩と会話で明け暮れた。サルトルは戦後のことをしきりに考えていた。彼は、今後は政治の動きから遠ざかっているようなことはすまいと、固く決心していた。……サルトルは戦争が終ったら政治活動をやるつも

りでいる」(6)

しかし、ヒトラーの衝撃は九月一日だけではすまなかったのだ。

2　奇妙な戦争

一九三九年九月一日のヒトラーによるポーランド侵略は、第二次世界大戦の勃発を意味した。なぜなら、第一次大戦以来、ポーランドを対ソ、対独の砦とさせようとしてきた英仏は、条約を結んでポーランドに対独安全保障を与え、侵略を受けた際には、英仏両国はただちに軍事行動を起こすと約束していたからである。しかし、現実には戦争を避けたかった英仏は、ヒトラーによる戦火を目の当たりにしても、なおごまかしを重ねる。両国は、ナチスによるポーランドへの破竹の進撃のようやく二日後に対独宣戦布告をしたものの、ほとんど対独攻撃をしなかった。他方、もちろんのこと二正面作戦を回避したいドイツ側も対仏攻撃を行なわず、かくしてポーランドは急降下爆撃機と新鋭戦車群の餌食となり、この広大な一国が見殺しにされた。これは、第一次世界大戦でのフランスの死者一四〇万、負傷者四三〇万、イギリスの死者九〇万、負傷者二一〇万という大きな痛手に懲り、どれほど英仏両国が戦争を恐れていたかを語って余りある。

しかし、しばしば語られてきたことではあるが、ドイツはこのときほぼ全精鋭をポーランド戦に投入していたのであり、英仏は怯懦《きょうだ》のため、その後五年もの間全ヨーロッパを覆うことになる悲劇を回避すべき、千載一遇の機会を失ったのである。

ニュルンベルグで往時を回想して、ドイツの将官たちは、ポーランド戦のあいだに西方連合国が西部攻撃を怠ったのは、黄金の機会を逸したものだというのに意見が一致していた。……われわれが一九三九年に崩壊しなかったのは（とヨードル将軍はいった）、一に、ポーランド戦のあいだ、西方において約百十の英仏の師団が二十三のドイツ師団を前にして、完全に無活動にとどまっていた事実によるものである。(7)

ナチス・ドイツとの不可侵条約締結時の秘密協定に基づいて、火事場泥棒のように東から侵略してきたソ連と山分けされる形で、ポーランドが完全に失われた後、いわば古証文となった宣戦布告にもとづき、長い国境を接する独仏両国は、武器を携えたまま睨み合う状態が延々と続いた。宣戦布告をしながら戦端が半永久的に開かれないかに見えた、一九三九年九月から四〇年五月までの八カ月あまりの間、両軍兵士と両国民はきわめて奇怪な状況におかれた。この期間が、フランスで「奇妙な戦争」(la drôle de guerre)、イギリスで「まがいもの戦争」(phony war)、ドイツでも「座り込み戦争」(Sitzkrieg) と呼ばれたゆえんである。兵士たちにとって、生命のかかった極限状況を強いられていながら、しかし来る日も来る日も銃声一つせずに日々が過ぎていく状況が、いかに奇妙であったか。その一端は、サルトルの教え子で、後に『レ・タン・モデルヌ』の編集にも協力するジャック・ボストが、戦地からボーヴォワールに伝えた、次のようなエピソードによっても理解できよう。

これ〔ボストの手帳〕を読んでも、カフカ風の戦争の印象を強く受ける。たとえばこういう箇所、「この農場にはドイツ兵がいると言いながら、誰一人、一度も彼らの姿を見ていない」——ドイツ兵を、それも間近から見た、大胆不敵な連中だ、と男たちがふく——ところが情報を集めてみると全くの錯覚だったり、誰かがドイツ兵に殺される、ところが調べてみると、同士討ちだったり——朝から晩まで敵にあわせて生活が営まれる、ところが『審判』の偉い判事や『城』の主人と同様にその姿は見えない(8)。

戦時中の、ほとんど怪談じみた幻のドイツ兵の侵入に怯えるフランス人の心理が、よく表われている。

一方、ドイツ側の非戦宣伝、偽りの平和攻勢は、ヒトラーから前線部隊に至るまで、徹底したものだった。帝国総統は、すでに勝敗が決し、ワルシャワ陥落を一週間後に控えた九月二十日、ポーランド開戦当日の議会演説以来、初めて西側に呼びかける。

「私は英国やフランスにたいして戦争目的を持たない」とヒトラーはいった。「私の同情はフランスのPoilu（兵隊）とともにある。彼らはなんのために戦っているかを知らない」。そして、ヒトラーは全能の神に訴え、「われわれの武運を祝福したもうた神が、他の国民たちにも、こ

の戦争がいかに無益なものであるかを理解させ……平和の恵みに思いを馳せるようになさしめたまえ」といった。(9)

九月二十六日、ワルシャワが陥落する前日になると、

ドイツの新聞ラジオは大々的に平和攻勢を始めた。趣旨は、「今になっては、フランスや英国は何故戦うことを欲するのか。戦う目標はなにもない。ドイツは西方になにものも欲しない」(10)

ボーヴォワールも十一月五日、車中で話されていたドイツの平和攻勢の話を記録している。

ライン川ではドイツ人とフランス人が川をはさんで釣りをしているとか、一度、突然ドイツの機関銃が火をふいた、と思ったらすぐに「フランス兵よ、申し訳ない、未熟者が撃ってしまった、諸君に向けて発砲するつもりはなかった」と書かれたプラカードが現れたとか。(11)

年が明け、宣戦布告から、ということは、銃を携えたまま不戦状態に入ってから半年近くたった一九四〇年二月二十日、サルトルも自分の手帳（『奇妙な戦争――戦中日記』）に以下のように記している。

この態勢は防禦でさえない。というのも、防禦の態勢になるには、敵が攻撃するか、攻撃したいと思っていなければならない。ところが、この六カ月来、ドイツは休息している。彼らはできるだけこの状況を利用してやろうと考え、いたるところで自分たちの平和の願いを訴えるプラカードを見せびらかしている。[12]

こうした中で、ヒトラーの危険な意図の前には戦争もやむをえないと考え、また、あえて巨大な社会の運動たる「戦争」というものをその目で見、捉えたいと考えながら応召したサルトルにも、動揺が生まれていく。応召半月後の九月十六日のボーヴォワール宛の手紙では、「この戦争は実につかみどころがない——依然としてカフカ的だ[13]」と書いたものが、動員一カ月半を過ぎた十月二十一日の手紙となると、

ぼくは戦争が長く続くとはあまり思っていない。一年か、せいぜい一年半だ。ふた冬も続くとは考えられない。ドイツは、戦争を長いあいだ支えられると確信しているにしては、あまりにも平和を求めるのに熱心すぎる。ぼくは安心している。[14]

さらに約一カ月たった十一月二十日の戦中日記には、次のような言葉が記されている。

この数日ほど戦争がとらえがたかったことはこれまでになかった。戦争のないことがさびしい。結局のところ、戦争が存在しないのなら、私はここで何をしているのか？[15]

サルトルの一九三九年十二月一日の戦中日記にあるように、九月一日のヒトラーのポーランド侵入に対し、フランス全体が「私と同じように不意をうたれ、私と同じように反応した」という苦い体験をしていながら、ヒトラーを先頭とするドイツの平和宣伝の中で、サルトルもまた、その苦い思いを忘れていく。一九四〇年二月二十日の戦中日記より引用する。

多くの者がドイツは侵略してこないだろうと考えている以上、何ごとかを待っているとさえいえないこの待機も、それなりの効果を産み出さずにはおかない。銃後は私たちに無関心になり、私たち自身も、ドイツが侵略的意図をもっているなどとは考えていない。……大半の者はヒトラーの宣伝に相当敏感になっている。皆は飽きあきとし、「士気」も下っている。……大部分はこんな風に三、四年過ごすものと諦めている。[16]

それればかりではない。サルトルは哲学者らしく、しかつめらしい「戦争新理論」すら考え出す。それを聞いたボーヴォワールの十一月二日の証言を聞こう。

サルトルは、実際に戦うことはあるまい、殺戮ぬきの画期的で現代的な戦争になる、と確信している。ちょうど現代では絵画に主題がなく、音楽に旋律がなく、物理学に物質がないのと同じだと言う[17]。

このほとんど確信にすらなった、「ドイツは攻めてこない」という考え方の背景には、今考えれば実に怪しげな軍事理論がまかり通っていた、という現実もあったであろう。サルトルは、一九三九年八月十五日付『ルヴュ・デ・ドゥ・モンド』誌の記事「戦争と平和」を、十二月五日の戦中日記に記している。

現状の軍事技術では、鉄条網に守られ塹壕にこもった一大隊によってなされているたった一キロの抵抗を確実に破るためにも百台ほどの戦車と百トン以上の砲弾が要る……敵を意のまま一撃のもとに倒すことがもはや不可能となったため、新しい戦争は、戦闘継続よりも降伏を選ぶよう敵を説得することを目ざすだろう[18]。

この記事を敷衍してサルトルは、「平和的な戦争」なるこれまた怪しげなコンセプトすら考え出す。

この戦争的平和、これはその続きを、今われわれが生きている状況を理解させてくれる。すなわち平和的戦争だ。……ドイツは戦争を望んでいなかった。ドイツは何よりも戦争的平和という形での国際関係を切望していた。ドイツにはそれが特に好都合だったからだ。……したがって、総力戦は相変わらず、戦争的平和のときのように二つの交戦国によって振りかざされる幽霊のままである。ヒトラーはイギリスに上陸する、ロンドンを空襲する、などと言ってわれわれをおどかしたが、それは総力戦の亡霊を呼びよせること以外の何であろうか。……平和的戦争のやり口はと言えば、戦争的平和の場合と同じである。軍事力は補助的手段のままであり……交戦国共通の関心事は総力戦に到らないことである。ゆえに、この戦争が《奇妙な戦争》に思えるのは、敵同士が何よりも戦争をすまいという配慮のもとに動いている戦争だからである[19]。

しかし、ヒトラーはそれほどの平和主義者ではなかった。現在では彼の動きは相当程度にまで明らかになっている。デイヴィッド・アーヴィング『ヒトラーの戦争　上』(赤羽龍夫訳、早川書房、一九八三年)によれば、ヒトラーは、対ポーランド開戦後二週間もたたぬ一九三九年九月十二日、側近に対し、ポーランドを制圧し次第、方向を転じて西を攻撃する、つまり可能な間に西方の弱みを利用しなければならない旨打ち明けている。ドイツ軍は九月半ばには、戦闘集団の大部分にポーランドから戻るように命令を出す。ヒトラーの命令が記録に残っている。「われわれは西を攻撃するるのだ、それをこの一〇月にやるのだ[20]」。

すでに述べたように、ヒトラーは九月二十日、西側に対しては「私は英国やフランスに対して戦争目的は持たない」と公言し、九月二十六日には在オスロ・英国公使館による和平の仲介に賛意を示している。しかしまたその翌日の九月二十七日、彼はドイツ国防軍の司令官たちを官邸に招集し、「英仏軍の準備がまだできていないからして、できるだけ早く、西部で攻撃を開始する」(21)と決意を告げているのである。予定日は一九三九年十一月十二日。

「ドイツは攻めてこない」どころではない。「殺戮ぬきの現代的戦争」ではなおさらない。十月、さらに十一月に予定されていた西部戦線総攻撃が実現しなかった理由は、第一に、ドイツ国防軍首脳たちの反対であった。第一次大戦で対仏戦に苦杯をなめた彼らは、クーデターまで想定しながら反対したものの、ヒトラーの異常ともいえる執念に押し切られる。十一月十二日の計画は天候が悪いという理由で延期され、このあと主として、急降下爆撃機の活動に支障をきたす悪天候という理由によって、じつに二十九回も延期されることになる。しかし逆に言えば、ドイツによる欺瞞的な平和攻勢によってフランス人が勝手な平和妄想に耽り、戦意を失っていく間、ヒトラーは凄まじい執念を持ってこの八カ月間、西を狙い続けていたのだ。

この時期、一切を知るべきはずのサルトルは、前線からわずか二〇キロのアルザス東部で、「カフカ的戦争」「平和的戦争」の軍務のひまにまかせ、毎日小説やノートの執筆にのんきな日々を送っていた。しかも、一九四〇年五月十日に運命のドイツによる大侵攻が始まるまで、二月と三月には休暇でそれぞれ二週間ほどパリに戻ったほか、禁令を冒して駐屯地にやって来たボーヴォワールと逢瀬を楽しんでもいる。

ここで、軍隊の中のサルトルの姿を追っておこう。サルトルの「一切を知ろう」とする活動は、戦争によって阻害されはしなかった。いやむしろ、教職の仕事をはじめほかにすることもなくなっただけ、凄まじい勢いで知的活動にエネルギーが注がれたといってよい。

結局ぼくはここで、パリにいた時よりもたくさん仕事をしている。[22]

「ここではヒトに包囲されている」[23]という軍隊内の特殊な環境ではあったが、観測班に属し、砲撃支援のための、三時間に一回、一日二〜三回の気象観測だけが任務で、あり余る時間を読み書きに費やしていた。

このため、早くも召集二日目の九月三日午後には『自由への道　第一部』(『分別ざかり』)の執筆を再開し、また九月十四日には、「戦争の世界なるものについて考え」[24]るためとして、戦中日記をつけることにした。

こうしてサルトルの生活は、「(垢で汚れた)黒い手」とあだ名されたほど、身づくろいなどにはいっさいお構いなしに、観測の軍務以外は小説と思索日記の執筆、そしてボーヴォワールや当時の恋人ターニャ(ワンダ)、両親への手紙を書くことだけが日課となる。彼のスケジュールは、例えば一九三九年十月十七日付ボーヴォワール宛の手紙によれば、おおよそ次のようになる。

六時　　　　　自発的起床
七時—七時半　　戦中日記　　　(点呼は八時)
七時半—十一時　小説

十一時—一時半　読書　（一時半に再び点呼）
一時半—三時　小説
四時—七時　手紙　（三時に郵便が来るので、その返事）
七時—八時半　小説(25)

ボーヴォワールによって多くの本を次々に送ってもらってはいたが、それにしても極端に情報が少なくなった「密閉空間」の中で、サルトルはこの戦争のさなか、何を知ろうとし、どんな知的活動をしていたのだろうか。それを整理すれば、

一、『自由への道』を書き進める。
二、自己を研究する——自分のこれまでの三十四年を振り返り、どのようにして現在のサルトルが形成されたかを検討し、戦争後に備える。
三、基本的な哲学的概念を、文献によらず自力で検討し直す。
四、戦争という現象を探究する。

このうち、「二」〜「四」は戦中日記に書きこまれたものであるが、「一」が一番力を入れ、また多くの時間をとったものである。サルトルが「仕事」という時、当然のことながら『嘔吐』の次の作品である『自由への道』を指している。

また一方、「四」が、本人の意欲の割には一番成果が上がらなかったものだろう。戦争の抽象論ではなく、具体的な戦況についても、現状を知るために隣町まで行くことも辞さない同僚を、サルトルは嘲笑さえしている。

サルトルは軍隊の中で、ひたすら考え、書いたのだ。その結果、戦中日記約九カ月の間に、『自由への道　第一部』（『分別ざかり』）がほぼ完成し、日記での膨大な思索の中で、『存在と無』の中心をなす思考が固まっていくという大きな成果を生んだ。しかし、やはり戦争という現象への思考は、「理論」としても「現状分析」としても、豊かなものとはとても言えなかった。

サルトルはこの間、人口三千のブリュマット、五百のモルブロンといったアルザス東部の、ドイツ国境からわずか一〇―二〇キロほどの小村を移動・駐屯し、十二月十八日にはモルブロンで次のような文章を書いている。

〔このモルブロンに来て〕ドイツは遠ざかった――何故かわからない。ブリュマットにいたときは、熱く毒々しく、私たちのすぐ側にあると感じていたのだが。……街道は、私には後から前へ向かう道という風に見えるのだ。モルブロンとは、この世の最後の突出部である（＝まだ一般市民がいる）からである。従って、その街道は、前へと、ドイツへと、前線へと続いていることになる。実際はその道は北へ向かっており、この道を進むと、戦線はむしろ私の右手の方角に当るわけである。……そのドイツは、今述べた通り、暗い海のようなもので、危険なものとは思われない。(26)

もはやサルトルにとって、ドイツは「敵」ではなくなっていた。

しかしやがて時は移り、運命の一九四〇年五月十日を迎えようとしていた。サルトルはこのころ、右の感想を記したモルブロンに再び駐屯していた。そのモルブロンの北方二〇〇キロの彼方、「暗い海」たるドイツ領に、「危険」の象徴であった第三帝国総統が姿を現わすのである。

一九四〇年五月九日早朝、ベルリンのヒトラーは、アーヴィングによれば、前線から、「多少もやがかかっているが太陽はもう射し込んでおり、明日もたぶん同じように良い天気だろう」との報告をうける。それに対しヒトラーは「それは良い、では始められる」と言い、「攻撃開始」か「延期」か（暗号はそれぞれ、「ダンチヒ」、「アウクスブルク」）の最終命令を、遅くとも同日午後九時三十分までに出すことを、三軍司令部に指示した。

午後、ヒトラー一行は自動車でベルリンを出発、オスロ訪問を装いながら、途中の小駅から特別列車に乗り、同夜九時ごろにはハノーファ郊外へ赴く。そしてここから、ついに暗号「ダンチヒ」が発令され、ドイツ全軍は最大限の緊張に包まれた。翌十日早朝、西部国境から五〇キロほどのミュンスターアイフェルの野戦陣地に、ヒトラーの姿があった。

午前五時三五分だった。遠くから重砲の高まる騒音の始まるのが聞こえた。そして背後からは、空軍の戦闘機と爆撃機隊が近づくにつれ、航空機のエンジンの雷のような音が高まった。(27)

その時、サルトルはまだ眠っていた。「危険の感じられなかった」はずのドイツ領の丘に立ち、昇ってくる太陽を見つめるヒトラーは五十一歳、その南南東二〇〇キロの彼方、モルブロンの兵営で眠り続ける三十四歳のサルトルよりも、五〇キロも西に進出していたのである。

3 ドイツ捕囚

一九四〇年五月十日、それは「ヒトラーの日」とも言うべき日で、一九三七年四月三十日の「ガリマールの日」と好対照をなす。サルトルの人生の中で、とりたてて「ガリマールの日」と名づけ得るのは、七年の歳月をかけた『嘔吐』が、さまざまな困難を乗り越えて、ついにガリマール書店からの出版が了承された日である。この栄光の日は、年来の宿願がついに叶えられた、たぶんサルトルの生涯最良の日であった。それに対し、一九四〇年の「ヒトラーの日」は、彼の見知っていた世界が決壊し、超然として世界を見下ろしていたはずの彼が、時代の大津波に呑み込まれ、見知らぬ異境の地にまでなすすべもなく押し流されて行った、屈辱の始まりの日だった。

フッサールやハイデガーというドイツ思想から深い影響を受け、ドイツに留学までしてドイツ通を自任していたサルトルは、世界を見晴るかすヘーゲルの水準にまで達し、一切を理解していたはずであった。その彼の前で、想像もしていなかったドイツ軍の大攻勢が起こり、決してありえなかったはずの、ヨーロッパ最強だったはずのフランス陸軍の大潰走が始まっていった。世界は転覆してしまったのだ。なぜこんなことになったのか。

今日になってみれば、すでに述べたように、一九三九年九月一日のポーランド戦の一カ月後にも、西部戦線で対仏攻撃をしかけようとしたヒトラーの意に反し、ドイツ陸軍幹部の反対などで攻撃がのびのびになったために、大攻勢が予定より八カ月も遅れたことがわかっている。しかしこの決定的な遅延が、戦略戦術的には逆に、初めからいやいや戦闘配置についていたフランス軍の決定的な油断を生み、ドイツ軍の大勝利に大いに貢献したことはまちがいない。

しかし、ドイツ軍の劇的な勝利の原因はそれだけではない。やがて来るべき地球の反対側の戦場で、大海原での日米決戦が、大艦巨砲の時代から航空機の時代に変わったように、ここヨーロッパの平原でも、トーチカと塹壕の陣地戦から、戦車および航空機という機動戦の時代に変わっていたのだ。まさに『聖書』の言葉のように、「先なる者は後になるべし」。第一次世界大戦の大塹壕戦を勝ち抜いたフランス陸軍は、その勝利の味を忘れられなかった。第一次大戦の勝利からすでに二十一年が経過し、敵国の若き独裁者ヒトラーが戦車を大増産したあとになっても、さらにまたその戦車の大群と航空機によって、電撃戦をポーランドに対し大々的に展開したあとになっても、ヨーロッパの覇者フランス陸軍と、そのマジノ線の「鉄壁」の布陣とには間然するところがないと、英仏連合軍最高司令官ガムラン将軍から一兵卒サルトルまでが信じていた。旧態依然たるポーランド軍と最強のフランス陸軍とを一緒にされてはたまらない、というわけである。

しかしヒトラーの軍事的天才は、機動兵器というハード面だけでなく、フランス軍が想像すらしたことのなかった戦略的奇襲をかけることによって、ドイツ軍の勝利を決定的なものにした。まさに、日本の源平合戦における義経の奇計、鵯越《ひよどりごえ》のヨーロッパ版である。そもそもフランス軍は第一次世界大戦の経験から、ドイツ軍の主力はオランダ・ベルギーの北海沿岸平地を蹂躙して、フランス北東部の平原から侵入してくると想定していた。「鉄壁」のマジノ線も、対ドイツ国境ではないこの部分には造られていなかったからである。したがってフランス軍および同盟軍たるイギリス派遣軍の主力も、この方面の防衛に充てられていた。

運命の一九四〇年五月十日、確かにドイツ軍はオランダ・ベルギーを侵略し始め、英仏軍主力も直ちにこの方面に向かった。しかしやがて、戦史に残るヒトラーの恐るべき罠が明らかになる。それから一年半ほど後にも、ヒトラーはこの英仏軍が、対独迎撃のためにベルギー領に進入し始めたとの情報を得たときの喜びを語っている。

敵が全戦線にわたって前進しているとのニュースが届いた時、私は喜びで泣きそうだった。彼らは私のわなに真っ向からはまり込んだのだった。(28)

ヒトラーは自軍をA、B、Cの三軍団に分けており、戦車軍団の精鋭をすべて、通説では戦車の通行が不可能とされていた、ベルギー南部のアルデンヌの森林丘陵地帯を通過すべく配置していたのである。これがA軍団である。いわば陽動作戦的に、ベルギー・オランダ方面のB軍団が英仏主力を引きつけている間に、主戦力であり、戦車軍団のほぼすべてを結集したA軍団は、通行不可能なはずのアルデンヌの森をまたたく間に抜けていた。開戦四日目の五月十三日、大戦車軍団がムーズ川を強行渡河したあと、目の前には何もさえぎるもののないフランスの大平原が一面に広がっていた。ドイツ戦車群は驀進に驀進を重ねた。それはこの作戦の立役者ヒトラーが呆れたほどのスピードであって、この後ロンメル将軍はフランス領を一日に二四〇キロも前進している。

なお、六月に入ってから、独仏国境の北部および南部からマジノ線を突破して侵入したC軍団が、アルデンヌから南進した機甲軍団支隊とともに、マジノ線を守備していたフランス軍を包囲していく。サルトルが捕虜となったのは、こうしたドイツの包囲軍によってである。

フランス北東部では恐ろしい事態が起こっていた。薄い対独防衛線を突破したドイツ戦車軍団はひたすら北進し、開戦わずか十二日目の五月二十一日にはイギリス海峡岸に到達（一振りで敵軍を分断する、チャーチルのいわゆる「大鎌切り」）、ドイツB軍団と交戦中だった英仏軍主力は、腹背に敵を受けて袋の鼠となり、巨大な軍全体が殲滅の重大な危機に陥ったのである。

ここでドイツA・B両軍から一斉攻撃が行なわれれば、戦史に残る大虐殺になった可能性が大きい。しかし歴史とは不思議なもので、ヒトラーから謎の二日間攻撃延期命令が出て（兵を休ませるためとも、大英帝国軍を決定的に殺すのをためらったともいわれる）、この間チャーチルによる、軍艦のほかレジャーボートや漁船、テムズ川の川舟まで大小八百六十隻をかき集めたダイナモ作戦（決定された室名から命名されたダンケルク撤退作戦）によって、からくも三十四万の兵が、ドーバー海峡を渡ってイギリスへ生き延びた。しかし、激戦であったことに間違いはなく、サルトルの親友ポール・ニザンは、ここで流れ弾にあたって死亡している。

このようにして一九四〇年五月十日から、戦争は突如その巨大な姿を現わしたのだ。あれほどサルトルがその姿を見たいと願った「戦争」が。しかしながら、それはサルトルが望んだような形では現われなかった。もちろんそれはサルトルが、戦争を理論的に把握できる位置にいなかったためでもあり、また幸運なことに、悲惨な戦闘現場に配置されていなかったためでもある。独仏開戦以来、諸外国の笑いものになるほど弱く、敗退を重ねたフランス軍ではあるが、それでも各地で激闘はあり、対独戦全体を通じて、兵員だけで二十一万人の死者、四十万人の負傷者を出している。事実、既述のようにニザンはダンケルクで死亡し、サルトルの最も親しい教え子、ジャック・ボストもまた負傷している。

では「戦争」は、どういう形でサルトルに現われたのだろうか？　戦争はサルトルに対し、まず「噂」という形で現われた。運命の五月十日当日、アルザス東部のモルブロンにいたサルトルが、ボーヴォワール宛に書いた手紙を見てみよう。

> さて、きょうはベルギーとオランダへの侵攻だ。ぼくらはそれを今朝、曖昧な噂で知り、次いでこの近所の人たちのラジオで確認した。……ここで生まれた印象は興味深く、〔ドイツによる四月の〕ノルウェー攻撃のときに行きわたった印象とは大いに異なっている。それはほとんど安堵みたいなもので、八カ月の「腐った」戦争〔奇妙な戦争〕のあと、たとえ不吉なものであっても真実に触れたという印象なのだ。[29]

しかし、事は現場から離れていた方がいっそうクリアに捉えられるということもある。ボーヴォワールはその当日、どんな反応をしたのか。

> 五月十日の朝、私はヴァヴァンの四つ辻で新聞を買い、ラスパイユ街を歩きながらひろげて

みた。大見出しが眼に飛び込んできた。

《今暁、ドイツ軍オランダに侵入、ベルギー、ルクセンブルグ両国を攻撃、仏英軍ベルギー国内に向う》

私は並木道のベンチに腰かけて泣きだした。[30]

先に掲げたサルトルの手紙がとぼけた調子なのはなぜなのだろうか？　もちろん第一の理由として、前線に配置されていたサルトルの身を案ずるボーヴォワールが、きわめて神経質になっており、その不安をかきたてるようなことは手紙にとても書けないと、彼が判断していたことが挙げられよう。次に示すのは、時間的に少し先になるが、独仏開戦後ちょうど一カ月目の六月十日、いよいよ退却命令が下った当日のサルトルの手紙である。

きょうはちょっと一言だけ。ぼくらは移動することになったが……そう遠くに行くわけじゃない。――ここから一一キロ、住民が疎開したあとのかなり大きな町だ。[31]

このような調子の手紙と、後ほど掲げる同日の「戦中日記」の形をとった「打ちひしがれて」（《La Mort dans l'âme》、『自由への道　第三部』と同名、この邦訳は「魂の中の死」）の文体の重さとを比較するだけで、このあたりの事情は判ろうというものである。

しかしながら、少なくとも開戦の五月十日の手紙の軽さは、ボーヴォワールへの配慮からだけで説明できるものではない。サルトルの心の歴史にはこうした、よくいえばオプティミズム、悪くいえば凄まじいまでの観念性、思い込みのひどさが、厳として存在する。思えば、『女たちへの手紙』『ボーヴォワールへの手紙』『奇妙な戦争』などを覆っていたサルトルの重大な判断——第二次世界大戦は起こらないだろう、ドイツは攻めてこないだろう、フランス陸軍が敗れることはないだろう——は、みなことごとく外れていったのである。にもかかわらず、自称「外交通」「戦略思想家」サルトルは、自分の判断をボーヴォワールやヴェドゥリーヌをはじめ、多くの人々に誤てる福音として伝えていた。

これに比べれば、先の手記にもあるように、ボーヴォワールの方がずっと冷静に事態を把握していた。

開戦後も、サルトルのピンボケぶりはなお続く。次は開戦三日目の五月十二日付ボーヴォワール宛の手紙である。

> 恐らくは偶然に戦争になってしまったのか？　それはそうだ、だからそれがあなたに多少の希望をもたらすかも知れない。で、理解しなければならないのだが、ベルギーとオランダの前線の後ろには、ドイツのジークフリート線がある。だからうまく行けば、ドイツ軍をその前線でストップさせ、それ以上侵入させない、という希望をもつことはできる。さもなければ、ドイツ軍が守るべき前線がとんでもなく増えていくだけのことだからだ。というのも、ドイツの人的資源は無尽蔵ではなく、彼らの物的資源に至っては、あるというのもおこがましいからだ。[32]

さらに、開戦五日目の五月十四日付の同じくボーヴォワール宛の手紙。

ニュースについて言えば、まあ良くも悪くもない。うまく行けばリエージュ―アンベール〔ともに、オランダ国境に近いベルギー領〕のラインを確保できるだろうが、多分リエージュは落ちるだろう。しかしそれはつまり、予想の範囲内だ。もしもそうならなければ、しめたものだ。いずれにせよ、ドイツ軍は先攻する優位はもっている。そのうちに戦闘は、我々の優位に移るに違いないと思う(33)。

しかし先にも述べたように、この手紙が出された五月十四日、ドイツ機甲軍団はすでにムーズ川を渡り終え、フランス北東岸に向けて怒濤の進撃を開始していたのである。さしもの脳天気なサルトルにも、悪い情報が次々と押し寄せてくる。開戦八日目の五月十七日付のボーヴォワール宛の手紙。

イタリア・ラジオは報じていた——少なくともぼくはそう理解した——「ドイツ軍はマジノ線を一〇〇キロにわたって突破した」と。ルテル〔フランス・ベルギー国境から約五〇キロ〕の近くのことが報じられていたので、あまり本当には思えなかったにもかかわらず、ちょっと震えが来た。ところが実際にはスダン〔フランス・ベルギー国境沿い〕近くの地域が問題だったので、おととい以来そのことが話題になっている(34)。

そして開戦十日目、五月十九日に至ってサルトルは驚愕する。なんとドイツ軍がすでに、ベルギー国境から約六〇キロもフランス領内に入り込んだランに達していると知ったからだ。あと一二〇キロでパリである。

ドイツ軍がランにいると知ったところだ、あなたのことがひどく心配だ。あなたはどうするつもりなのか？　パリを去ろうとするか？　ぼくはフランス軍の態勢の建て直しをまだ信じたい。しかしマルヌの戦い〔第一次大戦時、ここでドイツ軍のパリ進撃が止まった〕がもう一度起こるのは無理ではないかと思う(35)。

開戦十八日目の五月二十七日、同じくボーヴォワール宛の手紙に次のように書く。

緒戦に奇妙な大敗走があったに違いない。ぼくの母は同じ階の隣人の息子が、ほこりまみれ、疲労困憊の体で、軍服を着ただけの姿で帰ってきたと書いてきた(36)。

そこまで判っていながら、サルトルは次のように続ける。

しかしぼくには、状況は決して絶望的ではないように思える。[37]

そしてさらに三日後の五月三十日には、次のように強弁するのである。

忘れないでほしいのだが、ドイツ軍は窮地に陥りはじめており、すでに何十万もの人間、五〇〇〇中二〇〇〇台の戦車、二〇〇〇機の航空機を失っているのだ。……戦況は我々に不利だという様相は呈していない。その上、早い話、ドイツ軍はその勝利の大半を決して彼らが望んだように得たものではなく、致命的に高くつくだろうということなのだ。ジークフリート線よりもろい前線を獲得するために、人や物資を計算を越えて費消したことは、確かに彼らが望んだことではない。ぼくはだからこの二、三日はすっかりオプティミストになっている。[38]

ここに至ると、帝国日本の大本営発表と何ら変わりがない。このように、いったん思い込んだらテコでも動かず、白も黒と言いくるめてしまう頑固さが、サルトルの一生をついて回る。

しかしやがて、この頑迷な哲学者の尻にも火がつく時がやってくる。開戦から一カ月がたった六月十日、突如移動命令が下る。マジノ線を守備するフランス軍を包囲しようとするドイツ軍の攻撃を避けるため、サルトルたちの部隊もまた、退却せざるを得なくなったのだ。この日、ポール・レイノー内閣はついにパリを捨て、フランス中部のトゥールに移った。

浩瀚なサルトル伝である『サルトル　一九〇五—一九八〇』を書いたアニー・コーエン＝ソラル

によれば、この六月十日と翌十一日の体験をもとに、先に触れた「打ちひしがれて」が、後に「戦中日記」の形をとって書かれる。先に引用した六月十日のボーヴォワール宛に出された手紙では、もはやそれまでの楽天的な調子はなく、部隊の移動と戦況が淡々と記されているだけだが、この「打ちひしがれて」の方は、サルトルの心の真実を語って余りある。そもそもこのタイトル自体が、淡々としたものとは言いがたいではないか。この小品は開戦一カ月、またフランス降伏のわずか十一日前、自国内でボロボロに敗れ去ったフランス軍と民衆との悲惨な姿を伝えている。

一九四〇年六月十日朝六時、サルトル自身と思しき主人公は、自動車に載せられて出発する。途中追い越していく、行軍する自軍の歩兵たちの目に後ろめたさを感じながら。八時ごろ到着したアグノーは、アルザス地方の、ドイツ国境近くの大きな町だが、この一カ月来、町中の人々が疎開してしまって、死んだようになっている。主人公たちが宿舎として入った、人っ子一人いない幼稚園の教室が描かれる。

〔窓からの〕緑色に揺らめく柔らかな光、薫る光。教壇にはバラ色のノートが二つ山をなしている。めくってみると、フランス語の作文だった。それらはすべて一九四〇年五月一〇日で止まっている。「あなたのお母さんがアイロンをかけています。お母さんの姿を描きなさい」(39)

運命の五月十日、園児たちのノートさえ見捨てて逃げ出した幼稚園の空虚、敗北したフランス、自国内を漂流する軍隊。兵士たちは上官の命令によって機械的に動くだけだが、その上官にも、もはや中央からの命令は届かなくなっているのだ。

我々には何もすることがない。我々にはもう決してすることがない[40]。

そして死んだ町を彷徨する主人公に、幻影のパリが現われる。

重い心でみな話しやめた。本当だ。我々は何も知らない。ドイツ軍はどこにいるのか？　パリの外か、中か？　奴らはもうパリの中で戦っているのか？　我々にはもう五日間も新聞も手紙もない。一つの幻影が私に付きまとっている。私がよく通ったサンジェルマン広場のカフェが見える。そこはたくさんの人で溢れかえっているが、ドイツ人たちが中にいるのだ。私はドイツ軍を見たことがない、戦争が始まって以来、ドイツ軍を想像することさえできなかったのに。しかし連中がそこにいることを私は知っているのだ。他の客はデクノボーみたいに見える[41]。

やがて主人公たちは、命令に反して町の中心に出ていく。

小ぎれいな通りを抜け、花盛りの公園や駅の小径を通る。どこへ行っても窓、戸、建物の正面に「死」という文字が読める。それは不吉な小さい強迫観念だ。近寄って読むと、「避難した家からの略奪は〈死刑〉に処す。判決は直ちに実行される」……死んだ戦争、空の中の死、死に絶えた町。ショーウィンドウの中で死にかけているこのおびただしい色。飛び交う蝿と災いとに充ち、腐り果てたこの美しい夏。そしてまた苦しむのを恐れて我々がこの冬に殺めてしまった自分自身の心[42]。

怠惰で怯懦な心から、国敗れすべてを失ってしまったフランス人の心情、つまりこの時のサルトルの心情がよく描かれている。それは無限の後悔であり、それがこの小文のタイトル「打ちひしがれて」によく表われていよう。

さて、現実のサルトルの部隊はともかくも逃げ続けた。六月十日以降に書かれたと推定される、恐らくは六月十四日の、ボーヴォワール宛の手紙。

ここでは退却が行なわれている。のろのろした無気力なものだが、それにしても退却ではある。少しずつ逃げているのだが、サンディジエ〔ナンシーの真西〕にいるドイツ軍に分断されるのを避けるためだ[43]。

やがて六月十七日休戦、フランスはわずか開戦一カ月と一週間でナチス・ドイツの前に敗れ去り、温泉地ヴィシーに傀儡政権、ペタン政府が成立する。六月二十一日に誕生日を迎えたサルトルは、三十五歳になったちょうどその日、パドゥーでドイツ軍の捕虜となる。

捕虜サルトルは、ナンシーの東南にあるバカラの兵舎を代用した収容所に送られ、さっそくボーヴォワールに手紙を出している。

ぼくはとても元気で、まもなくあなたにまた会えるだろう。パリに戻りおとなしくぼくを待っていてほしい。
心からあなたを愛している。[44]

しかし、サルトルは「まもなく」また会うことはできなかった。二カ月の後、今度は貨車に詰め込まれ、ドイツ領内、ルクセンブルグ国境近くにあるトリーアの捕虜収容所に送り込まれてしまうのである。

こうして、一九四〇年六月二十一日から、パリに戻れる翌四一年三月下旬まで、サルトルの捕虜生活は九カ月に及ぶのであるが、そこにはもちろん不安や屈辱はあったとはいえ、我々日本人が想像するほどの悲惨さはなかったようである。

そもそも、帝国日本の軍隊では、「真空地帯」とまで言われたほどにまともな空気が存在せず、たとえば東京帝大助手だったエリートの丸山真男が、このときとばかりに無学な上官からさまざまな暴行を受けるなど、陰湿極まりなかったのに対して、フランス軍では一兵卒サルトルが上官をやり込めたり、毎日十時間も執筆に専念したりといった相当に自由なところがあり、まず捕虜になる以前の軍隊内部の状況が全く違っていたようである。その上に、ドイツ軍の収容所といっても、少数のドイツ兵で膨大なフランス兵を支配するのであるから、ユダヤ人強制収容所と違い、ドイツ兵もまた「うまく」秩序を維持しなければならない。六月から八月までのバカラでの生活で、初めのうち食糧が足りずに苦しんだことを除けば、その後は食糧も順調に与えられ、九月から三月までいた独領トリーアでも、寒い冬には十分な石炭も供給されている。

奇妙な言い方になるが、九カ月にも及ぶ捕虜生活は、むしろ恵まれたものだった。サルトルは初め看護グループに入ったあと、芸術家グループに入りなおすことで強制労働から免れ、また、所内の「特権集団」である神父たちのグループと親交を深めることによって、さまざまな恩恵にもあずかっている。もちろん、痛ましい思いが心の底に深々と漂っていたことは当然だし、物や情報がうまく手に入らず、屈辱も暴力もあったことはまちがいないが、彼は意外な幸運と才覚とによって、この施設での日々をうまく乗り切ったのである。

フランス領バカラでも、ドイツ領トリーアの丘の頂上にあった収容所の中でも、サルトルは書き、読み、またさまざまなタイプの人間を観察して、その後の小説に役立たせようとしている。客観的には厳しい環境であることはもちろんであるから、この状況を何としても積極的に乗り越えようという強い意志が、背景にあったにちがいない。

まだバカラにいた時の、一九四〇年七月二十三日付手紙では「鍵をかけられた状態」であることを嘆きながらも、小説（『自由への道　第一部』〔『分別ざかり』〕）が脱稿した旨をボーヴォワールに伝えている。驚くべきことに、あの実存主義の大著『存在と無』もまた、バカラの収容所内で七月二十二日に書き始められている。翌一九四一年三月九日、捕虜生活の末期にトリーアからボーヴォワールに宛てられた手紙では、時間論が仕上がり、二〇〇ページにもなった旨が伝えられている。古来、収容所内で書かれた哲学書などというものはあったのだろうか。そしてこのような収容所内活動の一環として、一九四〇年末にトリーアの捕虜たちが自主上演するためのクリスマス聖劇、『バリオナ』が執筆されるのである。この作品は、サルトル最初の戯曲となる。

『バリオナ』は、聖夜のアトラクション用に書かれたキリスト生誕劇である。表向きのストーリーは、ローマ帝国がユダヤ支配の過程で、戦費調達のため人頭税を五〇パーセント、アップしようとしたことに対するユダヤ人の反抗で、八百人の村人がローマの要求を呑む代わりに、もはや子供をつくらないという奇策をとり、村自体をやがて消滅させることで反抗しようとする村長の物語である。これにキリスト生誕をからませ、救世主たる幼な子を無事ローマの手から逃れさせるために、村人みながあるかなきかの武器を手にし、ローマ軍に玉砕攻撃をしかけようと決心するところで劇は終わる。

初めはメシアの降臨なぞは信ぜず、世界を「永遠の墜落」と考えていた村長バリオナが、東方の博士と対話をするうちに、なぜ急にこの幼な子イエスを信じ、村人すべてに玉砕攻撃をさせる決心をしたのか、という肝心のところがうまく説明されていないなど、劇構成上の明らかな欠点もある。また、劇の初めのほうに、ドイツ軍に対する「餡玉」とも思われるような、ローマの役人によるユダヤ人非難が繰り返し現われ、それゆえにサルトルがこの劇を永く公刊しなかった（生前は未刊）のではないかという憶測に、それなりの根拠を与えてもいる。

しかしこの劇を全体として眺めれば、いくらこの収容所が捕虜たちに一定の自由を与えていたとはいっても、ドイツ軍監視下の収容所で演じられた七幕もの長い劇であり、この劇のテーマが「軍事力による圧政とそれに対する命がけの反抗」であることは明らかである以上、よくこうした上演が許されたものと思わざるをえない。

恐らくは、サルトルと親交のあった神父たちによる、ドイツ軍に対する弁護があったのであろうが、ユダヤ人非難などの韜晦の糖衣はつけてあるとはいえ、このような作を収容所の中で発表したサルトルの勇気は、やはり評価さるべきであろう（同様のことは、パリに戻ったあと、やはりドイツ占領下で上演された『蝿』でも言いうる。これもまた、簒奪された権力による圧政への反抗の物語だからである）。

『バリオナ』上演についてのサルトルとボーヴォワールの証言を聞こう。

〔ボーヴォワール〕――……『バリオナ』は社会参加《アンガージエ》の演劇だったわね、ローマ人の占領下にあるパレスチナにことよせて、あなたは〔当時の〕フランスの状況を暗示したのね。

サルトル――それが、収容所のドイツ人たちには判らなかったんだ。彼らはたんなるキリスト降誕劇とみなした、が、フランス人の捕虜たちはすべてを悟って、ぼくの戯曲は彼らの関心を呼んだ。(45)

収容所内でサルトルと親しく交わっていたマリウス・ペラン神父もまた、この劇の上演が捕虜たちに衝撃と力とを与えたことを証言している。

この『バリオナ』にこめられた中心思想は、まさに現実に人々を打ちひしいでいる「世界苦」をどうするかということであろう。バリオナが初め救世主としてのイエスを認めず、民衆が彼にいたずらな期待をもって従わないように、この幼な子の殺害すら企てたのは、圧倒的な世界苦を一人のメシアが安易に解決などできはしないと考えたからである。これに対し、東方の三博士の一人バルタザールは、安直な解決を求める民衆はやがてキリストを裏切る、むしろなお千年は続く世界苦をたじろがず認識し、まっとうにその苦と対峙しようとするバリオナこそ、キリストに最も近い者、最初の弟子だとまで評価する。サルトルはバリオナを、人間の絶対的な自由を認識する者であり、また、この世界苦を解決する道筋をこの世にもたらそうとするキリストに加勢することによって、自らの自由を生かそうとする者として描く。ぎごちなさはあるが、状況に対し危険を賭して自らの自由を投企する人間を描く、サルトル最初の作品となっている。

この作の背景となっている世界苦は、ユダヤの地の不毛さによるものでもあるが、すでに以前から村にのしかかっているローマの圧政、さらにその上に増税を押しつけようとする過酷な収奪によるものであることははっきりしている。ドイツ軍の現実の占領という事態を考えれば、この作品が先のボーヴォワールの証言のように、サルトルの最初のアンガージュマン文学となっていることにまちがいはない。

こうしてサルトルは一九三九年九月二日の応召以来、「奇妙な戦争」期の中空に吊るされたような出征生活、敗残兵としての逃避行、そしてドイツ軍収容所内での捕虜生活という、拘束された一年八カ月を送るのであるが、この戦争はつまるところサルトルに何をもたらしたのだろうか？
同様に敗戦とその後の大崩壊を体験した日本の作家たちと比較すると、両者の間には奇妙な対比が見られる。
たとえば、日本の戦後派の第一人者として文壇に登場した椎名麟三。彼は徴兵免除で世田谷にいて、一九四五年三月十日の東京大空襲をはじめとするＢ二九の絨緞爆撃の業火《ごうか》をくぐった作家である。「絶望の作家」というニックネーム通り、その作品は限りなく暗い。彼のデビュー第二作「重き流れのなかに」は、

夕方、僕は疲れ果てて会社から帰ってくるのだ。(46)

という文章で始まり、

人類には運命がある限り救済はないのだ。つまり一切が愚劣なのだ。僕がこの手記を書いているということも、そしてこの地球も宇宙なるものも単なる愚劣なものに過ぎない。(47) だが一切の愚劣のなかにほろんでしまったのだという自覚は何と僕を酔わせるだろう。……

という文章で終わっていて、壊滅した東京でみじめにうごめく人々の姿を浮き彫りにしている。

あるいはまた、一九四五年、敗色の濃いフィリピン戦線にいた大岡昇平も、厳しい状況におかれていた。

確かなのは私が米兵が私の前に現れた場合を考え、それを射つまいと思ったことである。私が今ここで一人の米兵を射つか射たないかは、僚友の運命にも私自身の運命にも何の改変も加えはしない。ただ私に射たれた米兵の運命を変えるだけである。私は生涯の最後の時を人間の血で汚したくないと思った[48]。

最初私が米兵を見た時、私は確かに射とうと思わなかった。しかし彼があくまで私に向って前進を続け、二間三間の前に迫って、遂に彼が私を認めたことを私が認めた時、私はなお射たずにいられたろうか。

私は自然に銃の安全装置をはずした手の運動を思い出す[49]。

いずれも重い「実存主義的」作風である。戦地にせよ銃後にせよ、限界状況におかれた者が、生と死の生々しい現実に直面し、そこから生の意味などを問わざるを得なくなったところで、作品が成立しているからであろう。ところが実存主義の「元祖」のように言われるサルトルが戦争から受け取ったものは、そうではなかった。

それは、

①なぜ自分はヒトラーにだまされてしまったのか、なぜ戦争を見通すことができなかったのかという知の決定的な不足への呵責《かしゃく》、

②占領下でいかに生きるべきかという、このあと占領下のパリに住むことによって生まれた倫理の問題である。

これらのいずれもが、従来は自己の知の城に閉じこもり、そこからはるか地上を見晴るかすことで満足していたサルトルに対し、「社会化」への道を命じたのである。この認識こそが、戦争がサルトルにもたらした最大のものであったと思われる。

知の決定的不足は、それに対する激しい呵責の念となって、サルトルの心に残った。それがよく示されているのは、先に引用した「ニザン」論であろう。一部重複するが、再掲しよう。

九月になって……〈第二次大戦が勃発し、ニザンとともに、それが避けられると考えていた〉私は仰天した。……それに私も外交問題についてはいっぱしの知識を自負していた！ ……私は、立ったまま居眠りをしていた一つの世代――われわれの世代――全体の、途方もない過失をも同時に発見したのだ。大戦前夜の狂暴な一時期を通じて、われわれは虐殺へとかり立てられていたのに、自分では〈平和〉の芝草の上を悠々と歩いているつもりだったのだ。(50)

ヒトラーにものの見事にだまされ、その結果、ヘーゲルの如く歴史の絶対精神を理解し、現実レベルの政治をも知悉して神の如き存在であったはずの自分が、一兵卒として前線に駆り出されてし

まった。しかも怒濤のドイツ軍攻勢の前に逃げ回り、さらには捕虜の身分となってすし詰めの収容所に押し込められるという幾重もの屈辱は、誇り高いサルトルにとって忘れがたい汚点となったであろう。

第二次大戦を全体的に描いた『自由への道』という大著において、むしろ決定的シーンとして描かれるべき、一九三九年九月一日の大戦勃発の日や、四〇年五月十日のヒトラーの対仏大攻勢の日、そして四〇年六月二十一日の捕虜として囚われた日が、すべてはずされているのである。これら三つの日付は、この戦争とそれを経験したサルトルにとって、決定的に重要な日であるにもかかわらず、それぞれの日の主人公マチウの衝撃と驚愕は何一つ語られていない。最後の、捕虜となった日（小説上は六月十九日）については、副主人公格のブリュネが捕虜になる姿で登場するが、肝心の主人公マチウはこの寸前までなお華々しく戦っている。これら三重の屈辱への主人公の完璧な沈黙こそが、すべてを知っているはずのサルトル自身にとって、自らの無知と非力がどれほど耐えがたいものであったかを語っているであろう。

『自由への道　第二部』（『猶予』）でマチウは、ヒトラーの野望によって突如暴力的に戦地へ引き出される自分の運命を考えている。

彼は熱心に理解しようと思った。いままで彼の身には、理解できないことはなに一つ起らなかった。そのことこそ、彼の唯一の力であり、唯一の防禦であり、最後の自尊心だった。彼は海を眺めて、どうもわからない、と思った。(51)

このマチウの自信喪失は、小説では第二次大戦前年の「ミュンヘン危機」のこととして書かれているのだが、実際にはそのまま、第二次大戦におけるサルトル自身の自信喪失のことであろう。ヴァレリーの「テスト氏」の如く、一切を理解していたはずのサルトル、その絶対の自信が根本的に揺らいだのだ。

そして悲痛なまでのその思いは、政治のペテンに引っかかり翻弄されないためには、

ああ、同時に到るところにいなければならない[52]

という悲鳴にも似た願望を生む。『自由への道　第二部』（『猶予』）全巻を覆う、第三帝国総統ヒトラーから路傍の酔っ払いにいたるまでの膨大な世界同時描写には、絶対にだまされないために、世界のすべてを見つめうる視点を持ちたいという、神の能力へのサルトルの激しい渇望がよく示されている。

世界の俯瞰へのこの激しい思いこそが、『レ・タン・モデルヌ』によって世界の現実、まさに「現代」そのものを探索したいという、総合雑誌編集の願望へとつながっていったと思われる。

それはさらに、社会と何らの関係も持たずにただ独り立つ個人（『嘔吐』の「単独の個人」）の立場から書かれた『嘔吐』『壁』『シチュアシオンI』など、それまでに執筆したすべてを否定するという、決定的なスタンスの変更をもたらす。

〔捕虜生活の中で〕それ以前の歳月にぼくが学んできたこと、書いてきたことの一切が、価値あるものとはもう思われなくなり、内容のあるものとさえ思われなくなった。[53]

これは重大な証言である。戦争はサルトルの「人生の前期と後期とを分ける転換点[54]」どころではない。敗戦を経験したあとのサルトルは、それまでのサルトルを否定して再出発せざるを得なかったのである。

サルトルはもともと対人関係が不得手であり、社会に関心もなく、アナーキーで投票にも行かず、政治になどまったく関心を持たなかった。むしろ世界を圧倒するほどの巨大な自己を形成し、世界がそれに跪《ひざまず》くことを夢見ていた。しかし戦争により、歴史の濁流に呑み込まれたサルトルは、自己の無力を知ることになる。犯すべからざる個の優位の思想から、歴史の優位へと、サルトルの認識は変化する。それはつまり、自己を絶対的に超える社会、そのダイナミズムとしての歴史を、この身の痛みとともに知ったということなのだ。それは、先にあげた彼の好きだった言葉「単独の人間」の空しさと無力を、思い知らされたということである。

三九年以来、ぼくはもう自分に属するものではなくなっていた。それまでは、自分は絶対的に自由な個人の生活を送っている、と思っていた。自分の衣服、食物を選び、いろいろなことを書いていた。だからぼくは一社会の内部にいながら自由な人間だと思っていた。そしてこの生活が、ヒットラーや目に前にいるヒットラーの軍隊の存在によって完全に条件づけられていることをぜんぜん見ていなかった。理解したのはあとになってからだ。……第二の、これよりも重要な自覚は敗戦と捕虜生活だった。……そこでまたぼくは歴史的真実とは何であるかを学んでいった。自分がさまざまな危険にさらされている国家の中に生きている人間であること、したがってこの人間も同じ危険にさらされていること、などをぼくは学んだ。(55)

歴史の優位、これはサルトルにとって決定的な転換であった。では、どうすれば自己に優越する「歴史」を俯瞰できるのか？　サルトルの内部には、現実を照らし出すべき探照器『レ・タン・モデルヌ』とともに、歴史理論への関心が芽生える。戦後のサルトルがヘーゲル、マルクスへの関心を深め、ついには戦後十五年にして『弁証法的理性批判』を書くにいたる道が、こうして開かれていく。

ついでながら、先に述べた三つの屈辱（九月一日、五月十日及び六月二十一日）の衝撃により、サルトルは社会と切り離された「単独の知識人」から、政治領域をも取り込む「全体的知識人」へと移行する。このことは、結局理論的成果としては結実しきれず、サルトル哲学を完成に導くことにつながらなかったのであるが、しかし一方で、サルトルを「世界のサルトル」たらしめたものこそ、良心ゆえに政治にコミットする哲学者という、この冠であった。これは大きな皮肉ともいうべきであろう。

一方また、『バリオナ』で宣言された、占領軍への反抗という倫理的姿勢が、帰国後直ちに組織化に動き出した「社会主義と自由」という、戦前のサルトルからは想像すらできない政治的コミットメントを生み出す。

また『存在と無』は、それまで哲学的主著を書いていなかったサルトル本来の仕事であろうが、この書を濃く彩っているものが、終始一貫した「意識の自由」の強調である。本来的に、またどのような状況におかれようとも、透明な意識は呪われているほどに「自由」である、と繰り返し強調されており、このことはこの書の途中までが収容所の中で書かれたことを考えるならば、やはり占領下のフランス人が自らの絶対的自由を主張するメッセージ性を担っていたことは、否定しがたいであろう。

このようにして一九四〇年三月末、「社会化したサルトル」が固い決意のもと、占領下のパリに戻ってくるのである。

第2章　サルトルが戻ってきた日——闘いの始まり

1　占領下のパリ

ヨーロッパが呻吟を続ける一九四一年が明けた。ヨーロッパ大陸最大の版図を誇るフランスは、ナチス・ドイツの支配下にあった。ポーランド中央部からスペイン東端のピレネー山脈まで、延々二〇〇〇キロ以上にわたって、ヨーロッパの大半をナチス・ドイツが支配していた。ヒトラーの巨大な影はヨーロッパをはみ出す勢いで、それにただ一カ国反抗するイギリスは、前年夏からのドイツ軍の猛爆撃によって息も絶えだえだった。かつて七つの海を支配し、第一次大戦までは確実に世界のリーダーだった大英帝国の落日を、獅子奮迅の努力で食い止めようとするウィンストン・チャーチルは、このとき六十六歳。昼夜を分かたぬ空爆と、海からの独軍上陸の恐怖に怯えるイギリス人を叱咤激励するこの不屈の首相は、「我々は決して降伏しない」と言い放ったが、「我々は戦争に勝利する」とは決して言わなかった。

その前年、一九四〇年九月には、日独伊三国軍事同盟の締結によって枢軸陣営が世界的に強化され、この同盟にハンガリー、ルーマニア、ブルガリアが次々と加わり、ソ連も三国同盟へと誘われてモロトフをベルリンに送り込んでいた。ポーランドを「山分け」して、今やヒトラーと直接勢力圏を接するようになったヨシフ・スターリンは六十一歳、反共主義者チャーチルに反発し、ヒトラーに対しては一九三九年の独ソ協定遵守を誓い、ソ連の資源と食料を続々とヨーロッパの覇者ドイツに送り込んでいた。アジアでは帝国日本が中国侵略を続け、仏領インドシナ（ベトナム）にも日章旗がはためき、国内では大政翼賛会を発足させ、ヒトラー公認のアジアの覇者たるべく準備を進めていた。

ボーヴォワールの『女ざかり　下』によれば、[1]一九四〇年から四一年にかけての冬はひどく寒かった。前の冬よりもさらに厳しい寒さだった。パリの寒暖計は連日氷点下を示し続けた。にもかかわらず、占領下のフランスでは石炭が十分に供給されず、ホテル住まいだったボーヴォワールは暖房もなく震え上がっていた。彼女は室内でもスキー・ズボンをはき、セーターを着たまま氷のようなシーツにもぐりこみ、朝はガタガタ震えながら顔を洗った。ドイツ国内に捕虜となっていたサルトルを、その寒さゆえにいっそう心配し続けたが、ドイツの収容所の方がむしろ石炭が潤沢で、サルトルは暖をとるのに不自由な思いはしなかった。

フランスは一九四〇年六月の敗北以来、その広大な領土を二つに分割させられていた。ボーヴォワールの住むパリを含む、産業的に重要で人口も多い北半分に加え、イギリスを睨む西側沿海部をあわせた全体の約六〇パーセントが、ドイツ軍が直接統治する占領地区となっていた。残る南半分は自由地区として「自治」が認められ、温泉地ヴィシーを仮首都として、第一次大戦の英雄、八十四歳のペタン老元帥を首班とする傀儡政権が誕生していた。悪名高いヴィシー体制である。

ヒトラーは南の「自由地区」に、仮のフランス国家主権を与えた。これによって、フランスは「正統政府」が存在している以上、仏領北アフリカに対独第二戦線を作ることができなくなり、またドイツ自身によるフランス統治の手間が不要になり、あまつさえ傀儡政権にフランス国家予算の五八パーセントをドイツへ貢がせることで、十二分に見返りは得ていた。ヴィシー「政府」は傀儡政権の悲しさで、ドイツの意向にまったく逆らえなかっただけでなく、終戦までに二千機もの航空機をドイツに供給し、さらにはドイツが要求もしないのに、ナチスを模倣してユダヤ人を逮捕したり国外追放までしていた。フランスが所有していた全貨車の四分の一が、連日ドイツへ向けて出発していた。フランスは一九四〇年六月以来、戦火こそ免れたものの、ただただナチス・ドイツに搾取され、その戦争遂行に協力し続けるだけの存在であった。

こうした状況で、フランス人の精神状態はどんなものであったか。かつて日本で華々しいイメージで語られたフランスのレジスタンス、逆にまた醜悪なイメージで語られたコラボ（対独協力者）も、実際にはいずれも少数派であり、大部分のフランス人は信じがたいほどの大敗北に呆然とし、ひたすら無気力な毎日を送っていた。

ボーヴォワールの『女ざかり』下巻から、敗戦直後、一九四〇年六月三十日のパリの描写を引用しよう。

パリは異常なまでに空虚だ。〔大戦の始まった三九年〕九月よりずっとひどい。空、大気の温かさ、静けさなどは、ほとんどあの頃のままだ。少数だが営業をつづけている食料品店の前には行列ができているし、ドイツ兵もちらほら見かける。しかし真の違いはほかにある。九月には何ごとかが始まろうとしていた。それはおそろしくはあったが、激しい興味を感じさせるものだった。今はすべてが終っていた。私の前にはまったく沈滞した時がひろがっている。私はこれから何年ものあいだ立ち腐れをつづけるのだ(2)。

こうして占領生活が始まる。ナチスの支配は永遠に続くかに思われた。同じく『女ざかり』下巻から、一九四〇年後半のくだりを引用する。

ドイツの敗退を信じる根拠はどこにも見当らなかった。ヒトラーはこれまでただ一回の戦闘にも敗れたことはない。ロンドンはおそろしい空襲によって傷めつけられた。たぶんナチスの軍団は間もなくイギリスに上陸するだろう。アメリカは一歩もふみ出さないし、ソ連は消極的な態度を保ちつづけている(3)。

フランスが降伏してから三週間もたたない一九四〇年七月十日、ドイツ空軍機によるイギリス空襲が始まった。いわゆるバトル・オブ・ブリテン（イギリス制空権をめぐる英独航空戦）である。八月十三日には、フランス海岸に設置された長距離砲によるイギリス本土砲撃が始まるとともに、イギリス空襲も本格化する。

孤立し疲弊する大英帝国。その姿を横目で見つめ、アメリカ史上初の三選をなしとげた大統領、フランクリン・ルーズベルトは五十七歳、軍需物資をチャーチルのもとに供給しつつも、公式には大戦勃発以来、中立を宣言し続けざるをえなかった。アメリカ国民が、ヨーロッパの戦争に巻き込まれることを警戒していたからである。

一九四〇年十月までに英独双方が失った航空機は、三千機に近かった。このバトル・オブ・ブリテンで、ヒトラーは死にものぐるいの大英帝国を制圧し切れなかったが、そうはいっても軍需生産を、失われた航空機の補充に徹底して傾斜させるイギリス軍の大陸反攻はありえず、ヒトラーの西部戦線は安泰だった。――このような中で、一九四一年が明けたのである。

サルトルがドイツ国内の収容所からついに帰ってこなければ、自分もまた生きてはいまいとまで思いつめたボーヴォワールだったが、四一年春、サルトルが捕虜になって九カ月を経て、転機が訪れる。

〔一九四一年〕三月末のある晩、夕食をすませてホテルに戻った私は、郵便受けに入っているサルトルの書置きを発見した。
《僕はキャフェ・トロワムスクテールにいる》
私はドランブル街とゲーテ街を走り抜け、厚地のブルーのカーテンの奥に赤く照し出されているそのキャフェに、息せき切って飛び込んだ。誰もいない。私はひとつの椅子にへなへなとくずおれた。顔見知りのボーイが近づいてきて、一枚の紙きれを渡した。サルトルは二時間待ったが、いらいらする気持をまぎらすためにひと廻り散歩してまた戻る、とあった。(4)

一九四〇年六月の休戦協定によって、ドイツ国内に移送されたサルトルたち捕虜は一五〇万人。彼らはヴィシー政権に対する人質でもあり、また出征したドイツ兵の穴埋めをする労働力でもあった。歴史家フェルナン・ブローデルのように、戦争終了までドイツ国内に留められた捕虜も多かった中で、サルトルはなぜ九カ月で戻ることができたのか。

サルトルは『自由への道　第三部』(『魂の中の死』)で、副主人公の共産党員ブリュネが、ドイツ軍の狙撃弾幕の中、夜間、捕虜収容所から脱走する姿を華々しく描き出している。かつてサルトルが左翼の希望の星であった時代には、サルトルは自らの斜視という風采を利用して歩行障害を訴え、巧みに収容所を脱走した——ことになっていた。

しかし、そうした英雄視のなくなった現在では、周囲の脱走勧誘に対し、本人が尻込みをし続けたという事情が明らかになっている。なぜ尻込みしたのかは誰も語らないが、本書姉妹編(『サルトル　知の帝王の誕生』)でも触れた、勇敢とは決して言えなかったサルトルの性格を考えれば、恐らくはドイツ軍に捕縛されることを恐れたのであろう。

一方、一九四一年三月にドイツ軍から釈放された理由については、『バリオナ』上演の功だとか、対独協力作家ドリュ・ラ・ロシェルによる働きかけなど、いろいろな説があるが、実情はボーヴォワールがもともと述べていたように、誤ってドイツ軍に拘束された民間人であることを装った、という説明が正しいように思われる。即ち、『女ざかり　下』[5]によれば、兵役手帳に「方向障害をおこす右眼の部分的失明」という記述を偽造して、自分はもともと兵役を免除されていた人間だという「証明」をすることで、そのころ一定数の民間人を自動的にフランス国内に送還していたドイツ軍のチェックを、パスしたというものである。

このようにして一九四一年三月、ベルクソンが「私は少し永生きしすぎたようだ」と言って死んだ直後の占領下のパリへ、サルトルは戻ってくる。出征以来一年七カ月、賜暇《しか》休暇によって一時戻ってからも一年、再びパリの地を踏んだサルトルは、驚くべきことにすっかり人間が変わっていた。その衝撃をボーヴォワールの証言から聞こう。

それまで私たちは、再会した時にお互いが理解しにくく感じるようなことは一度もなかった。ところがこの晩、そしてその翌日、さらに数日のあいだは、サルトルは私を面喰らわせた。私がここ数カ月生きてきた世界は彼にとって想像しがたいものであり、同時に彼がやってきた世界も、私にとって同じくらい想像しがたいものだった。そして私たちはなんだか同じ言語を話していないような気がした。[6]

ボーヴォワールが驚いたサルトルとは、収容所内の九カ月の間に「社会化」し、「政治化」したサルトルだった。ボーヴォワールは、ようやく捕虜の身から自由になれたサルトルを見て感激したのに、本人の方は対独政治運動をおこすつもりでパリに戻ってきたのだ。ボーヴォワールはその驚きを、さらに『女ざかり　下』の中で率直に述べている。

彼がパリに戻ったのは、甘美な自由をゆっくり味わうためではなく、行動するためだったのである。《どうやって？》と私は呆れて聞き返した。私たちはこんなに孤立しているし、こんなに無力なのに！　彼は、だからこそこの孤立を打ち破り、団結し、抵抗運動を組織しなければならないのだ、といった。(7)

しかし、サルトルはサルトルで驚いていたのだ。

釈放されて初めてパリに戻ってきたとき、キャッフェにいる人たちのあいだにあんなに距離があるのを見てびっくりした、と。これはぼくにとっては失われてしまった空間のように思えたのだ。(8)

サルトルはそれまで捕虜収容所の中で、檻の中に詰め込まれたモルモットのように、体をくっつけあって生活してきた。他国の武力の前に屈服するとは、つまりそのように人間らしい最低の生活をも失うことなのだ。しかし、輝きを失った都でありながら、偽りの平和の中で日々を暮らす無気力なパリの人々は、彼ら自身の実態がわかっていない、とサルトルは考えた。政治化した怒れるサルトルは、さらにボーヴォワールを驚かせる。

私を面喰らわせたのは、彼の道徳観の堅苦しさだった。彼は私に闇買いをしたかと尋ね、《時々紅茶を買った》と答えると、《けしからん》とくる。私がフリーメーソンやユダヤ人でない旨の誓約書に署名したのもいけないという。……

私は、彼がさまざまな確信や怒りや計画にとり憑かれて戻ってくるだろうとは予想していたが、まさか原則の鎧をまとってくるとは思わなかった。私にはその原因がしだいにわかってきた。ドイツ兵や対独協力者や無関心な人びとと日々対決している収容所内の反ナチス主義者たちは、いわば兄弟のようなきずなで結ばれていた。ごく限られた人数ではあったが、彼らは「屈しないこと、あらゆる妥協を排すること」という暗黙の誓いで結ばれていた。(9)

こうして「政治化」したサルトルは、投票に行ったこともない自らの過去からは想像もつかないことを考えていた。

パリに戻ってきたとき、第一になすべきだと思われたのは、レジスタンスのグループをつくることだった。多くの人びとをレジスタンスの味方につけることを少しずつ試みること、そうしながら、ドイツ軍を追い出す暴力運動をつくり出すことだ。(10)

ヒトラーに自分のそれまでの生の一切を踏みにじられ、九カ月の前線勤務のあと、ちょうど同じ九カ月の捕虜生活を送ったサルトルは、行動の人を志していた。確かに前線勤務の頃から、戦争が終わったら政治をやるとは言っていたが、地下活動まで決意した人となって帰って来たのである。

2　反独運動とその挫折

こうしてサルトルは未知の領域に足を踏み入れる。パリに戻ってきた翌月、一九四一年四月から、三七年以来奉職していたパストゥール高等中学に復職するとともに、知識人抵抗運動グループを組織しようとするのである。その名称は「社会主義と自由」。奇妙なタイトルであるが、それこそ以後没するまでの三十九年間、彼に亡霊のようにまとわり続けた絶対の二律背反、その後半生の「不可能な任務《ミッション・アンポシブル》」を象徴するものであった。

社会主義とは何か。生産者が権力を奪取し、生産手段を社会の所有にすることによって搾取を追放し、生産者が生産しただけ報酬を受け取ることができる社会。人類史上初めて、人間が自らの理性に従って、真に合理的なシステムで運営することが可能となる社会。一九一七年十月、地上についにこうした「神の国」が実現したという衝撃的なニュースは、大波のように世界の各地に押し寄せた。ヨーロッパの東の果ての寒い国で、まだ四十七歳のレーニンによって引き起こされた「ロシア革命」は、その実、選挙によって成立した議会を解散させ、軍隊的な忠誠によって絞り上げられた党が独裁し、秘密警察による恐怖政治が人民の上に覆いかぶさる、という実態をもっていたにもかかわらず、対外的には歴史を先取りした「革命」の祖国、「神の国」が実現したという幻想がばら撒かれ、世界の人々を酔わせた。

この革命の詐術が完璧に暴かれるには、結局、ソヴィエト社会主義共和国連邦誕生後七十四年、一九九一年のソ連崩壊を待たねばならなかったから、まだロシア革命後二十四年のこの時点では、サルトルたちフランス知識人に、社会主義が決定的な影響力を持っていたのは無理のないことであった。

このような社会主義は、ロシア革命に引き続くドイツ革命、さらには世界革命を目指したレーニンの段階で、農民からの収奪や党内民主主義の圧殺など、すでに「汚れた手」をしていた。しかしそこまでは知らなかったにせよ、一国社会主義のスターリンのソ連と、それに忠実なフランス共産党の動きから、およそ現実の社会主義が「自由」と全く矛盾することを察知した上で、なお社会主義を選択した理由をサルトルはこう語る。

ファシズムはまず反共産主義として姿を現わした。……ナチにもっとも鋭く反対しうるのは社会主義社会への願望を強調することによってだった。だからぼくたちは……「社会主義と自由」という運動をつくった。[11]

だからこそ、サルトルにおいて社会主義の選択は、同時に最初から強い留保を伴っていた。

サルトル――……社会主義はかなりよくできた理論だったが、ぼくに言わせれば真の問題を提起していなかった。たとえば、社会主義において人間とは何か、という問題だ。……社会主義の中にはなにかぼくに嫌悪を催させるものがあった。なぜなら人間の個性が共同体の利益のために解体させられていたからだ。……

〔ボーヴォワール〕――……レジスタンスのグループを結成しようとしたとき、あなたはそれを「社会主義と自由」という名前にした。だとするとあなたは、この二つが両立しうると考え始めていたわけ？

サルトル――そうだ。しかし二つの概念は区別していた。社会主義が自由を統合しうるかどうか怪しんでいた(12)。

エコール・ノルマル・シュペリウール（高等師範学校）の学生ないしはその仲間だった、ニザン、アロン、メルロ＝ポンティ、ボーヴォワールのいずれもが、その青春時代に多かれ少なかれ社会主義に傾斜した。さらには、戦前戦後を通じ、日本の知識層のことごとくといってよいほどの多数も左派であった。それらを考えれば、この思想が、選挙にも行かなかったノンポリのサルトルにも親しい思想であったことは、疑いを容れない。サルトルもボーヴォワールも、自身の自由への圧迫さえなければ、搾取を追放し理性の支配する社会を作るというビジョンは、受け容れやすいものだったろう。こうした素地の上に、比較的恵まれた捕虜生活を終えてパリに戻ってきたサルトルはこのとき三十六歳、留保つきではあるが、かつての親友ポール・ニザンのフランス共産党入党に遅れること十数年にして、社会主義者になっていた。

　ぼくはその時期に社会主義者になっていた。社会主義者になった理由の一端は、要するにぼくらの捕虜生活は一種のみじめな社会主義だったが、しかしそれは集団生活であり、共同体であったということだ。……そこから、捕虜生活のようなものではない別の形の共同体的な生活がずっとできたら幸福かもしれない、と考えることが可能だったわけだ。(13)

　こうして、パリに戻ったサルトルは「自由を伴った社会主義」を目指し、リセ教師に復職するとともに、あちこちに政治的接触を求め始めた。その中には、一九四〇年九月に軍を除隊になって、サルトルより早くパリに戻っていたモーリス・メルロ＝ポンティもいた。このようにして、知識人たちの秘密グループ「社会主義と自由」が、身近な人々を集めてスタートしたありさまを、ボーヴォワールは次のように描く。

　ある午後、ふたたび私たちの宿になったミストラル・ホテルの一室で、われわれの第一回会合がもたれた。集まった面々は、キュザン、ドザンティ〔ともに、メルロ＝ポンティが知るエコール・ノルマルの学生〕、彼らの友達三、四名、ボスト、ジャン＝プイヨン〔ともにサルトルの教え子〕、メルロー＝ポンティ、サルトルと私だった。ドザンティは陽気な殺伐さで、ひとりひとりやっつけることにしようと提案した。たとえばデア〔対独協力主義者、ヴィシー政府労相〕

をやろう、というのだ⒁。

勇ましくはあっても、何とも荒っぽく雑な話である。エコール・ノルマルで哲学をやっていた学生とも思えない。「しかし」とボーヴォワールも言うのだ。

私たちの誰ひとりとして、自分が爆弾を製造したり手榴弾を投げたりする柄だとは思えなかった。私たちの活動は、さしあたり仲間をふやすことのほか、情報を集めて、それを機関紙とビラを通じて流布することになるだろう⒂。

武士の商法ならぬ教授たちの政治活動で、実際、謄写版の機械を堂々と抱えて通りをうろついたり、ゲシュタポに踏み込まれる寸前にかろうじてパンフレットをストーブに投げ込んだりという、軽率と危険の連続だったようである。

サルトルは「社会主義と自由」の機関紙でドイツへの抵抗を訴え、グループの理念を広めるため、メルロ＝ポンティとともに、慣れない政治文書——未来国家へのプログラムも作る。

こうして「社会主義と自由」が五十人規模のグループになったあと、その構成員をさらに拡大するため、サルトルとボーヴォワールは夏休みを利用し、非占領地区の人々と連絡をつけようとする。とりわけ、当時の文壇で重きをなしていたジッドとマルローに、「社会主義と自由」に加入してもらおうと考えたのである。二人は自転車に乗り、夜はテントで眠りながら、南フランスへ向け、暑い非占領地区を数週間走った。

一九四一年夏の南仏、グラス。その西郊にあるカブリのホテルに滞在していた七十二歳のジッドは、三十六歳のサルトルのオルグを受ける。

ふたりはキャフェに入った。サルトルの話によれば、ジイドはほかの客を警戒するように眺め廻して、三度も席をかえた。ジイドとしては、何をしてよいかわからないらしかった。[16]

ジッドは動かなかった。それどころか、その少し前、五月六日の日記に、彼はこのように記していたのだ。

「フランス……唯一つのフランスを」と彼らはいう。ああ！　フランスにはこの険しい坂を再び登るだけの力が果たして残っているのだろうか？　フランスが青春期にあるのだったら、あるいはそれも可能かもしれない。だがフランスは今はあまりにもばらばらに分解している。……私は次のようなことを考えさえする。今日ヴィシー政府がわれわれに勧めている規律などよりは、辛い辱めを受けながらもドイツに屈従している方が、損害も少なく、堕落の度も少なくて、むしろしばらくは望ましいのではないか、と……われわれは今や容赦を知らぬ一つの力の意のままになっている。無力な反抗以上に空しいものはないような気がする。[17]

これでは、ジッドが動くはずもなかった。発表された日記には、サルトルと会ったことすら記されていない。

アンドレ・マルローにはこの翌日会っている。サルトルより四歳年長のこの先輩作家は、サン＝ジャン＝キャプ＝フェラの美しい別荘にサルトルを迎え、豪華な昼食でもてなしてくれたが、反応はジッドとまったく同様であった。

マルローは礼儀正しくサルトルの言葉に耳を傾けたが、さしあたり有効な行動はひとつもなさそうだ、というのだった。彼は戦争に勝つためにソヴェトの戦車とアメリカの飛行機をあてにしているのだった。(18)

これは実は仕方のないことだった。ヒトラーはなお勝利を続けていた。サルトルとボーヴォワールが、「社会主義と自由」のオルグ活動のため南仏を回る少し前の一九四一年六月二十二日、ヒトラーは対英戦線を膠着させたまま、突如三〇〇万の軍をもってソ連領内に侵攻していたのである。このソ連侵攻作戦は、すでに述べたように四〇年十一月にソ連が日独伊三国軍事同盟に加わるよう誘われ、それを呑まなかった段階で、すでに「バルバロッサ作戦」として、四一年五月を目標に秘密裡に進められていたものだったが、ヨシフ・スターリンはそれをまったく予想していなかった。チャーチルや、有名な在日スパイ・ゾルゲを初め、独ソ戦近しとの情報は次々とモスクワに寄せられていたにもかかわらず、この六十一歳のソ連首相によってことごとく無視されていた。

一九四一年六月二十二日、大戦勃発以来二度目の、ヒトラーによるブリッツ・クリーク（航空機・戦車など高い機動力による電撃戦）の報を受け、スターリンは雷撃を受けたように虚脱状態に陥り、一週間もの間別荘に引きこもった。迎撃態勢がまったくなかったソ連軍は各地で敗走、緒戦の二週間だけで四十二万人の死者を出す。

このようにして一九四二年までは、誰もがドイツが大戦の勝者になると信じていたのである。ヨーロッパ大陸は、その奥地のユーラシア部分まで含め、ことごとくヒトラーのものになろうとしていた。

サルトルはボーヴォワールとともに、空しく占領下のパリに戻ってきた。一方、「社会主義と自由」からは逮捕者はまだ出ていなかったが、その近いグループにゲシュタポの手が及んできた。これは独ソ開戦に伴って、それまで独ソ不可侵条約以来雌伏していたコミュニストたちが活発に動き始め、それを弾圧すべくヴィシー政権とドイツ占領軍とが、いっせいに死刑を掲げた威嚇を開始したからである。こうした情勢の中で、レジスタンスは急速に死と隣り合わせのものとなっていく。

政治的には、私たちは完全な無力状態にあった。サルトルは「社会主義と自由」を発足させるに当って、このグループが、より広汎な運動の一環になることを希望していた。しかし私たちの旅行はたいした成果をあげえなかったし、パリへ戻っても同じくらい失望させられた。すでに初期の運動はことごとく挫折したり、崩壊寸前の有様だった。[19]

しかし、これに対してコミュニストたちは違っていた。

コミュニストたちには装備と組織と訓練があった。彼らは参加を決意したその日から、目を見はるような成果を収めた。[20]

では、そのコミュニストたちと共同戦線を組めないのか？　しかしサルトルは彼らから、ドイツのスパイだというレッテルを貼られてしまう。恐らくは、捕虜収容所を抵抗もなく出所したという事実が、そのような誤解を生んだのであろう。

こうして、「社会主義と自由」は何の成果をあげることもなく消滅していく。組織解散の経緯については、ボーヴォワールの記述にやや弁解じみたところがあるし、サルトル自身の口もまたきわめて重い。これは両者ともに不名誉なことであり、あまり語りたくないことなのであろう。いずれにせよ、自分たち自身の死の恐怖に加えて、仲間を同じ危険な目に合わせる責任、さらにはフランス共産党との共同行動を拒否されたことなどに限界を感じ、展望を失ったサルトルが、「社会主義と自由」の存続をあきらめたのが実際のところであろう。

このようにしてサルトルは、再び「書斎の人」に戻るわけだが、すべてのフランス知識人がそのようにしたわけではない。例えば、同じく「社会主義と自由」の解散を苦く味わったメルロ＝ポンティは、ユダヤ人哲学者フッサールの遺稿が処分されようとしていることを知り、それをパリに移して保存するという形で、ナチに対する抵抗の姿勢を示したし、エコール・ノルマルの同級生レイモン・アロンは、ドイツ軍に占領されるフランスを捨て、ロンドンに渡って「自由フランス」誌を創刊、ヴィシー政権を攻撃し続けることで徹底的に抵抗を貫いた。

後にアルジェリア戦争が「サルトルの戦争」といわれるほど、サルトルが徹底してフランス政府に楯突き、右翼から爆弾を二度にわたって仕掛けられてもひるまなかったのは、このドイツ軍・ヴィシー政権弾圧下での抵抗について、エコール・ノルマル以来の仲間に対する引け目が潜んでいたのではないか、と言われるのも、あながちうがち過ぎとは言えないであろう。

3 転戦としての執筆

一九四一年六月二十二日のドイツ軍のソ連侵攻は、ついにイギリスの制空権を握れず、英本土上陸をあきらめざるをえなくなったヒトラーの、隘路突破のための乾坤一擲の大博打であった。しかし逆に、からくも制空権を手放さずにすんだイギリスは、ドイツ占領下のフランスに対して海上封鎖を行ない、ために食糧をはじめとする仏領植民地からの物資がフランスに入らなくなった。一方ドイツは、対ソ戦が激しさを増すに従い、フランス国内の物資をそれまで以上に、それこそかたっぱしから徴発したため、四一年中にもしだいに、パリでも物資が不足していった。

怪しげな四流レストランの料理すら値段が高すぎて、家事嫌いのボーヴォワールもついに全面自炊に切り換える。サルトルは煙草不足がこたえ、ついに路上のモク拾いまで始める。ボーヴォワールが木底の靴を履いて出かける愛用のカフェ・フロールで出されるものは、代用コーヒーと代用ビール。やがてイギリス軍機のフランス空襲が始まり、ユダヤ人には黄色い星のマーク着用の命令が出され、反独運動者には銃殺などの苛酷な弾圧がふりかかる。

息詰まるパリの空気の中で、反独運動から退却したサルトルは、後ろめたさにつきまとわれながら、書くことに自らを没入させていく。一九四一年秋、書き直しを続けていた『自由への道　第一部』(『分別ざかり』)が手を離れるや、『存在と無』にかかり、さらに戯曲『蝿』を執筆。この時点から急激に増えていく原稿生産量は、暗い状況の中で書くことに賭けざるを得なかったサルトルの、負のエネルギーのようなものを感じさせずにはおかない。

書斎に退却した形のサルトルが、その心情を最初に世間に表明したものが『蝿』(一九四三年)である。刊行の年に「都市劇場」で初演されたこの作品は、公式にはサルトルの最初の劇作とされる。しかし実際にはもちろん、あのドイツ・トリーアの捕虜収容所で上演された『バリオナ』に次ぐ第二作であり、内容的にも『バリオナ』同様、歴史劇・神話劇の体裁をとりながら、政治劇の要素を潜ませた「問題劇」である。サルトルのやりかたは『バリオナ』同様きわめて巧妙で、劇中にちりばめられたキーワードや劇の背景によって現在の政治状況を映し出し、権力者＝敵＝ドイツ軍に対する叛意を示すものの、作品のテーマ自体は「権力への反抗」とはせず、このため反権力劇だとは判定しにくくなる、というものであった。

劇は、古代ギリシアのペロポネソス半島の付け根にあるアルゴスを舞台とする、オレスト(オレステス）伝説に想を得ている。オレストは、アガメムノン王とクリテムネストル王妃の子。トロイア戦争から凱旋した父を、母とその情人エジストによって殺された仇を、十八歳の青年となったオレストが姉のエレクトラとともに討つ、というものである。

劇中に頻出する「後悔」というキーワードは、重い意味を持つ。この言葉が、アガメムノンに取って代わったエジスト王によって、市民に対して一貫して十五年間押しつけられ、街は沈滞に永く浸っている。二万余の人々は、「あの蠟のような顔色、あのくぼんだ眼。この人たちは恐怖のために死ぬ思いをして(21)」いる。もとの伝説では、復讐の女神として母殺しの罪でオレストを責め続けるエリニュエスは、サルトルの作では、「後悔」を象徴する不吉な存在＝蝿となって、腐臭漂うアルゴスの街を飛び回り続ける。

この「不吉さを象徴する蝿」という着想は、サルトルがフランスの敗戦時に、アグノーで実際に見た光景に発しているのであろう。すでに触れた、「戦中日記」である「打ちひしがれて」には、敗残兵サルトルが、住民が疎開してしまって死の街と化したアグノーで、ショーウィンドーの中におびただしい蝿が飛び回っているのを見つめるシーンがある。

また「後悔」というキーワードは明らかに、当時の現実のフランス傀儡政権首班の老元帥ペタンによる、「フランス人よ悔い改めよ」というメッセージを下敷きにしている。ペタンは第二次大戦のフランスの歴史的大敗北を、フランス軍が戦力的に劣勢であったことよりもむしろ、フランス人全体が道徳的に堕落していたことに帰する。人々は享楽ばかり追い求め、犠牲の精神を忘れていたのだ、と。そこを悔い改めずに新生フランスはない、と教え諭すのである。この呼びかけに対するボーヴォワールの怒りを記しておく。

ペタン元帥の「メッセージ」は、およそ私にとって価値あるものをことごとく攻撃していた。その第一が「自由」である。これから先は、家庭が至上のものとなり、美徳が世を支配し、学校では敬虔な態度で神について語らねばならなくなるだろう。(22)

これはボーヴォワールのペタンへの怒りだが、サルトルも同様の見解であったことはまちがいない。

『蝿』のオレストは、権力者としての神々の求める「善」をこう皮肉る。

そうか……おとなしくすること。静かにすること。いつも《ごめんなさい》と《ありがとう》を言うこと……つまり、それが「善」なんだな？(23)

対独傀儡政権の押しつける「おとなしくしていろ」というメッセージを、サルトルが激しく反駁している箇所であろう。

伝説のオレステスは、母殺しの罪の意識にさいなまれ、半狂乱となってギリシア各地をさまようが、『蝿』のオレストは、権力者エジストとその妃（オレストの母）を倒したことに一片の後悔も覚えない。それどころか、神々の王ジュピテルと対等に宇宙論的論争をくりひろげる。これは、『バリオナ』で、ユダヤの村長バリオナが、東方の三博士の一人バルタザールと、冬の暗い夜空の下でくりひろげる大審問官的一節に相当する。そこでは、バルタザールは千年も尽きることのないこの世の苦悩を認め、それを透視する瀆神者バリオナこそキリストの第一の弟子と認める。このバリオナの宇宙論的対話を引き継ぎ、本作でも星々が輝く天空をバックに、この巨大な回転する宇宙を創った全能者たる自分に服従せよと迫るジュピテルに対し、オレストは、神さえ手を触れ得ぬ人間の自由を高らかに宣言する。お前は神かもしれないが、僕は自由だ、と。それはまちがいなく、ドイツ軍やその傀儡のヴィシー政権が一切を支配していても、一人一人のフランス人の心の自由は奪うことができない、と訴える一節であろう。

　そしてこの叫びこそが、同じくこの時期に成立した哲学書『存在と無』（一九四三年）の主調低音でもあった。「存在と無」というタイトルは、サルトルが当時心服していたハイデガーの『存在と時間』にヒントを得て名づけたと思われるが、ハイデガーの原題の意味を離れ、内容からいえば「物と意識」、もっといえば「不自由と自由」といったタイトルに言い換えることも可能だろう。『存在と無』の内容については、本書第3章2節でも触れる。サルトル本人の意図としては、存在についての包括的な理論を目指したものであり、その「存在」は意識と物との二つに分けられる。まず、意識はそれ自体はどのような内容ももたぬ、いわば無であり、しかも、原則的に自分を含むあらゆるものに否定をもたらし、「自分ではあらぬ」「対象ではあらぬ」という意味で無を分泌しつづける存在であり、「自らに対している」という意味で、本書中では「対自存在」（l'être-pour-soi）と名づけられる。一方、意識の対象となる物一般は、その物自体に即し、つまり自らに完全に重なり合い一致しているという意味で、「即自存在」（l'être-en-soi）と名づけられる。

この書全体は、意識が目の前の物の認識から始まって、意識同士の苛酷なせめぎあいを演じ、さらには存在全般（世界）に働きかけてこれを変容させようとするさまを描き出す。その出発点となった基礎的なメモは、「奇妙な戦争」のさなかにノートにとり始めたものである。捕虜収容中に執筆がスタートし、一九四一年秋に占領下のパリで本格的な執筆が始まり、翌四二年十月に脱稿、さらに四三年六月、『蝿』初演と同じ月にガリマール書店から刊行された。こうした経緯をもつこの大部な哲学書に満ち満ちているものは、歴史に、また状況に抑圧され続けた、三十八歳のサルトルの自由への叫びであろう。

サルトルの自由への思い入れは、次のように徹底したものである。

人間はまず存在し、しかるのちに自由であるのではない。人間の存在と、人間が《自由である》こととのあいだには、差異がない[24]。

ここまで人間の自由を強調したマニュフェストも珍しい。このルソーばりの自由のメッセージは、さらに次のような美的表現でも言い換えられている。

私〔意識〕の将来は処女であり、すべてが私に許されている[25]。

さらにその先まで行くと、表現はこのようにもエスカレートする。

自由であるとは、自由であるべく呪われていることである。(26)

人間は、自由であるべく呪われている、そう言えるほどに自由なのだ――この人間存在の完璧な自由は、人間が世界内部で出会うあらゆる場面で作動する。第四部「持つ」「為す」「ある」に至れば、「ある」ことに始まり、「持つ」も「為す」も「見る」も「知る」も、およそあらゆる人間の動きがすべて自由の相の下で考察され、本書は異様ともいえる自由の書たる色彩を濃くしていく。こうして自由は何に縛られることもなく、与えられた世界と対峙し、それを乗り越える。

行動するとは、世界の相を変えることである。(27)

意識は所与から出発して存在するにしても、そのことは、決して、所与が意識を条件づけるという意味ではない。意識は、所与のただ単なる否定である。意識は、現に存在する或る所与からの自己解放として存在するとともに、いまだ存在しない或る目的へ向かっての自己拘束として存在する。(28)

こうして『存在と無』一巻は自由の教説となる。一九四〇年七月、ドイツ軍捕虜収容所内で起筆され、その二年後、四二年十月にドイツ占領下のパリで脱稿された『存在と無』は、「ある」と「ない」というキーワードから出発し、目の前の認識から人間と世界のすべてを原理的に説明し尽くそうという、体系への野望を持つ自由の哲学として完成し、やがて世界を呑み込む哲学としてフランス思想界に屹立することになる。

占領下のパリでのサルトルの知的活動を明かす今ひとつの作品が、『出口なし』である。一九四三年に脱稿し、翌四四年五月にヴュー・コロンビエ座で初演されたこの作品は、四三年半ばに刊行された『存在と無』の中で理論化されていた、人間世界の眼差しの相剋を主テーマに押し出している。

ボーイに案内されて、電灯のついたサロンへ政治評論家ガルサンがやってくる。続いて女性郵便局員イネス、若い妻エステルが登場する。出口は開かない一枚のドアだけ、電灯も消すことはできない。ここは地獄なのだ。しかし鬼はいない。互いが互いの敬意や愛情を虚しく求め、眼差しを相手に向け続けて責め苛みあう、眼差しの地獄なのだ。「地獄とは他人のことだ」。

監禁された街、パリ。一九四〇年六月以来、もう四年も出口を失った国家、フランス。その閉塞状況の中で、フランス人同士が監視しあい、告発しあうことで、互いに地獄を形成しているさまを象徴しているのであろう。ボーヴォワールによれば、この作品の発想の原点は、「長期の空爆下の地下室に閉じこめられた人たち(29)」だったという。『蝿』や、ある意味では『存在と無』においても、単純な反独、反占領といったテーマが強く打ち出されていたが、『出口なし』においては、そうした監禁という極限状況下で露呈してくる人間同士の相剋に重点が移されている。サルトルの才能は占領下で、しだいに全面的に開花しようとしていた。

しかもサルトルの才能は以上にとどまらなかった。

戦争前、サルトルが最も力を注いだものは、一九三一年の二十六歳の年から刊行まで、七年をかけた長編小説『嘔吐』であった。この小説は、地方の一知識人が孤独地獄の中で、「偶然性」という存在最大の真理を発見する物語である。主人公が、拾った小石に吐き気を覚えてとり落とすシーンに始まり、難解な哲学的議論を緩和するために、ミステリー仕立てで存在の秘密を開示しようとする。クライマックスとなる有名なマロニエの根を見つめるシーンでは、存在にはどのような意味もじつはなく、日常性の漆が溶けてしまえば、醜怪な汚物でしかない「存在」の姿が開示されるという、一種異様な哲学小説となっている。

『嘔吐』の完成直後から、今度は「自由」をテーマに書き始められた長編小説が『自由への道』であった。その第一部『分別ざかり』は一九四〇年七月に、フランス国内バカラの捕虜収容所内で一応完成しているが、サルトルはこれに不満で、パリに戻ってからも修正を続けたようである。『分別ざかり』は、一九三八年六月のわずか二日間を、多くの人々の目から描く。主人公格のマチウは、自らの自由を賭ける対象を見出せない三十四歳のリセ教師。その恋人マルセル、共産党員の友人ブリュネ、男色家の友人ダニエル、マチウの教え子ボリスとその年上の恋人ローラ、ボリスの姉イヴィッチ、マチウの兄ジャックとその妻オデットらが登場する。物語は、第二次大戦が迫るパリを背景に、マルセルの堕胎やマチウとイヴィッチ、オデットとの淡い恋などを絡め、さまざまな人々の彷徨を活写している。

さらにこの第一部を引き継ぐ形で、戦争と、戦争の中の自由、さらにそれらが生み出す歴史を立体的に理解しようとする巨大な試みとして、『自由への道　第二部』(『猶予』)が書きつがれた。『猶予』は、一九三八年九月の「ミュンヘン危機」を壮大なスケールで描いた作品である。サルトルが愛したジョン・ドス＝パソス譲りの膨大な数の人物たちが、作品中を所狭しとうごめいている。ヒトラー、チェンバレン、ダラディエといった歴史上の人物たちから、小学校教師、機械工、楽団員、果ては名もなき酔っ払い、そしてもちろん、『分別ざかり』に登場したマチウ、オデット、ブリュネ、ダニエル、イヴィッチといった面々も顔を見せる。こうした無数の人々の眼で、映画的な同時描写の手法を動員して「ミュンヘン危機」を描きあげる。それを通して世界が、そして戦争すらも、人間たちの意識の総和として存在し、さらには、総和を超えたある観念的なものとして存立しているさまが描き出される。作品全体としては、人間と物と事件と会話の膨大な集積が、戦争と歴史の叙事詩をなしており、その中を一本の糸として、第一部の主人公マチウが迷える人間から、自己の真の自由に目覚め、歴史の巨大な力の前でも自ら決断できる人間になる姿が描かれる。マチウはやがて、戦後に書かれる第三部『魂の中の死』で、ドイツ軍と戦う人間になっていく。

こうしてサルトルは、ドイツ占領下で秘かに、しかし圧倒的な生産力を発揮し、自らの戦いを始めていた。その戦略は、自由の哲学としての『存在と無』がベースにあり、その上に戯曲、小説、映画シナリオ、文芸批評などの活動の網目が広がっていて、戦後に顕われる「万能の巨人」のスタイルがすでにできあがっていたと言えるだろう。ただし、巨大な小説『自由への道』第一部と第二部は、その内容ゆえに占領下では発表できなかったし、『蝿』のほか『存在と無』も、戦時下であまり話題に上らなかったが[30]、『出口なし』は、ジャン・コクトーの強い支持をはじめ大きな反響を呼び、サルトルの文名は次第に高まっていった。

では、その後の占領下のサルトルの周囲はどうなっていったか。

すでに述べたように一九四二年までは、ドイツのヨーロッパ制覇は疑うべくもないものと考えられていた。その年一九四二年、『蝿』および『存在と無』の脱稿、『自由への道』の進捗と、サルトルが自らの才能を全面的に開花させ始めていた頃、ソ連はモスクワ近郊までドイツ軍に深々と侵略され、白ロシア、ウクライナ、カフカスなど最も豊かな地域を、ことごとく奪われていた。スカンジナビア半島もバルカン半島も枢軸側の手に落ち、ヒトラーは地中海をほぼ自らの内海にして、盛時の大ローマ帝国をはるかに凌ぐ巨大な勢力圏を確保していた。そしてソ連さえ降伏すればすべてが終わる——。

しかし同じ一九四二年には世界戦線の各所で、ヒトラーの野望に黄信号が灯り始めていたのだ。四一年（昭和十六年）十二月の日本のハワイ・真珠湾攻撃によって新たに参戦したアメリカは、その巨大な生産力の過半をヨーロッパ戦線に投入、四二年十一月にはアイゼンハワー指揮下の米英連合軍四〇万人が、北アフリカの仏領カサブランカ、オラン、アルジェに上陸した。一方、ナチス・ドイツの伸びきった兵站《へいたん》線の先端で驚異的な粘りを見せていたソ連軍は、この年十一月、黒海東北のスターリングラードで大反撃を開始する。すでに四二年六月にミッドウェイで米軍が日本に対し大勝利をあげていた太平洋戦線とあわせ、戦況は大きく転換していったのである。

一九四三年（昭和十八年）が明けた。ドイツ軍の撤退が、スターリングラードでもレニングラードでも始まっていた。米空軍機によるドイツ爆撃も始まった。太平洋では日本軍が、ガダルカナル島から撤退していた。

フランスのレジスタンス運動の中心では、フランス共産党がその権威を確立していた。一九三九年八月に、不倶戴天の敵同士が締結して「現代史の怪物」といわれた独ソ不可侵条約以来、奇妙な関係を保っていたフランス共産党とナチスは、四一年六月の独ソ戦開始によって、本来の敵対関係に戻った。テロとその報復とが繰り返され、大戦終了までにフランス共産党は七万五千人もの犠牲を払ったといわれる。それはこの党を、二十世紀フランスの「殉教者たちの党」として聳え立たせることになる。

サルトルたちは「社会主義と自由」時代に、この対独抵抗の中心的存在であるコミュニストたちとの接触を試みていたが、スパイ呼ばわりされただけで、厳しい拒絶にあっていた。これがサルトルとフランス共産党との、愛憎半ばする三十年もの永きにわたる、複雑で奇妙な関係の発端である。そののち両者は数年ごとに接近と反発とを繰り返し、そのつど周囲の者を困惑させていく。とくにサルトルは一九四五年以来、『レ・タン・モデルヌ』誌の編集長をしていたため、その政治的立場の変更は、スタッフたちを混乱に陥れた。その変更の原因はといえば、互いの政治的有効性をどのように評価するかが、戦後冷戦史の激動の中で、常に変化せざるを得なかったことによるのであろう。

両者の三十年史はまず、殉教者の党である共産党が、圧倒的に優位な位置を占めていたところから始まる。

一九四一年にフランス共産党がサルトルをスパイ呼ばわりしてから、二年も経たない四三年初めの出来事について、晩年のサルトルの証言がある。

　ある日捕虜生活のときの仲間〔共産党員のビエ〕に会うと、彼がこう言った。「どうしてぼくらと一緒にレジスタンスをしないんだい？　ぼくらのグループに入らないか？　芸術と文学の仕事をしているグループだが」。ぼくはとてもびっくりしたが、願ってもないことさ、と言った。そして実際に会う場所が決められ、数日後にぼくはC・N・Eに入った。つまり全国作家委員会だ。このC・N・Eにはいろいろな人間が入っていた。クロード・モルガン、レイリス、カミュ、ドゥビュ－ブリデル、その他多くが[31]。

サルトルによれば、党の方針に転換があり、党外に対する姿勢が、以前より開放的なものに変化していたとのことである。戦後のボーヴォワールの証言では、この共産党側からの勧誘に対して、サルトルは皮肉の一つも言ったように書かれているが[32]、実際には孤立していたサルトルにとって、それは朗報であったろう。右の証言に続けて、ボーヴォワールはこのようにも書く。

それでも私は、私たちが孤立から脱出したことを喜んだ。なぜかといえば、〔政治的に〕消極的な態度がどんなにサルトルの心に重くのしかかっているかを私はしばしば感じたからである。(33)

実際、「社会主義と自由」の運動中止という、ナチス・ドイツに対する「敵前逃亡」から二年弱を経て、サルトルはこの「聖なる党」による勧誘で、それまでの後ろめたさからようやく辛うじて救われる。対独抵抗誌『レットル・フランセーズ』に寄稿できるようになっただけでなく、パリ解放期には、ピストルを手にしてコメディ・フランセーズを警備する姿まで見られた。

永遠に続くかとさえ思われたナチス・ドイツの支配だったが、戦況が連合国側に好転するにつれ、「希望」が、そして「戦後」が、しだいに姿を現わし始める。

敵方の敗北の報らせが打ち鳴らされようとしていた。そしてその時開かれる未来は、もしかしたら政治的に、いずれにしても知的面においてはわれわれの手によって建設される未来である。つまり、われわれは戦後にひとつのイデオロギーを与えなければならない。私たちには詳細な計画があった。ガリマール書店は『百科全書』の中の哲学だけまとめた一巻を発行する準備をしていた。私たちは倫理の部を哲学から離そうと考えた。つまり、カミュ、メルロー＝ポンティ、サルトル、私で、グループの声明をしようというのである。サルトルは私たち皆で主宰する雑誌を作る決心でいた。(34)

一九四三年のある時期に『レ・タン・モデルヌ』が、「倫理」――戦後、自分たちはいかに生きるべきか、いかに行動するべきか――を中心に据えて刊行されようとしていたことを証言する一文であろう。こうしてサルトルの活動の範囲はさらに広がり、政治的活動やジャーナリズムまでが視野に入ろうとしていた。

「戦後」がいよいよ到来しようとしていた。一九四三年九月の連合軍によるイタリア本土上陸に続き、四四年六月の有名なノルマンディ上陸作戦、そしてついに八月二十五日、パリが解放される。ボーヴォワールは記す。

　一日中、私はサルトルと三色旗に飾られたパリを歩き廻った。私は、いちばん美しい晴れ着をつけた女たちが兵隊たちの首っ玉に抱きつくのを眺めた。エッフェル塔の頂上に三色旗が輝いていた。何という心のざわめき！(35)

一九三九年九月から一九四四年八月まで、五年にわたる戦争は、サルトルに何をもたらしたろうか？――すでに第1章の末尾で考察したテーマではあるが、ここで改めて、先の考察とは視点を多少ずらして見つめ直してみよう。

一九三九年九月一日のヒトラーによるポーランド侵入をきっかけとして、第二次世界大戦が始まった。その翌日召集されたサルトルは、東部マジノ線近くで九カ月間の「奇妙な戦争」を体験し、続いて捕虜の九カ月を過ごし、フランス帰還後はナチ占領下のパリで三年半の生活を送ることになる。

この間を積極的に捉えるならば、ヒトラーの巨大な影に追い立てられ、翻弄され、苦く抑圧された日々を送りながらも、自らを見つめ、世界を捉え直し、自身の才能を全面的に開花させようとした五年間と考えることができる。

大戦勃発頃までの三十五年近い人生でサルトルが作りあげた主要な業績は、長編小説一冊（『嘔吐』）、短編小説集一冊（『壁』所収五編）、哲学の小論三編（「想像力」など）と中編一冊（『想像力の問題』）、さらに文芸評論数編であった。それに比べれば、大戦勃発から一九四五年秋までの戦時中の六年間で得たサルトルの業績は、長編小説二冊（『自由への道』一・二巻）、哲学の長編論文一冊（『存在と無』）、劇作二編（『蝿』『出口なし』）のほか、『レ・タン・モデルヌ』創刊まで含めれば、結果として戦争が圧倒的な生産量をもたらしたことは明らかである。

そしてまた、五年にわたる戦争はサルトルを根本から変えもした。それは、アニー・コーエン＝ソラルもベルナール＝アンリ・レヴィも指摘していることであり、サルトル自身も次のように証言している。

> 戦争はほんとうに私の人生を二つに分けた。それは私が三十四歳のときに始まり、四十歳のときにおわった。それはまことに青年期から中年期への回路だった。……私の人生の前期と後期とを分ける転換点だったのだ。(36)

しかしそれを、レヴィのように、「第一のサルトル」「第二のサルトル」と図式的に弁別するよりは、いわば「文学＋哲学人間」だけでは、もはややっていけないと考えるようになった、と言うべきであろう。つまり、「文学＋哲学探照器」を使って世界の隅々までを照らし出し、もって世界の真理を読者に開陳できると考えていたサルトルが、戦争という巨大な外部、個人を完全に超えた歴史に呑み込まれ、翻弄されることで、従来の自分の知には致命的な欠陥があると思い至ったのである。政治という知、いや少なくとも政治を理解する人間であらねば世界の真理をつかみ得ず、また世界からの脅威に対処できない、と思い知ったのである。

居心地のよい自分だけの穴から出て、社会化するということ。それは本人の証言によれば、戦争というやむを得ざる選択をした自分たちの世代全体の経験ということになる。

あの選択〔出征〕によって、その後、さらに遠くに行くことが可能になった。捕虜収容所から戻ってきてレジスタンスへ、それから社会主義へとね。こういったことすべてがあの最初の選択に由来している。あれは決定的に重要だったと思うな。ぼくの友人にしてもぼくにしても、四〇年の大戦の人間だ。戦争、捕虜生活、征服者たちとの共存、あの五年間はぼくにとっては重要だった。(37)

その結果として、やむを得ず、あるいはやむにやまれず選び取った「政治的コミットメント」であったが、それによってサルトルは、やがて「行動する哲学者」「二十世紀の良心」になっていく。しかし、いくら「社会化」したとはいえ、サルトルはもともと「政治オンチ」であり、政治の大舞台で立ち回っていた五〇年代に至るも、レヴィによれば、新聞の政治面を読むのも厭っていた[38]。そうであれば、その新しい試みがきわめて不満足、また不恰好な成果しか生みえなかったのは、仕方がないのかもしれない。

だがそれでも、不得手な分野に頭から突っ込む思いをしてさえも、サルトルはなお、政治や歴史にまで視野を拡大し、あえて一切を知ることに賭け続けたのだ。政治を、歴史を知らなければ、自らの死角を消し去らなければ、ついに自らの任務《ミッション》は完了しない。

では、「社会主義と自由」に始まる政治に、サルトルは何を求めたのか。その生涯で退却や再前進を繰り返したものの、一貫して志向した政治で、どこを目指したのか？　ボーヴォワールの証言によれば、求めたものは「友愛」であり、目指したものは「社会主義」だった。

〔捕虜〕仲間同士の友愛の厳しさと温かさとは、彼のアンチ・ヒューマニズムの矛盾を解きほぐした。実は彼が反発を感じていたのは、人間の中の自然を崇めるブルジョワ的ヒューマニズムだったのだ。だが、もし人間を新たに作るということなら、これ以上彼を夢中にさせる任務はないのだった。それ以来彼は個人主義と集団を対立させるかわりに、そのふたつを切り離して考えることができなくなった。与えられた状況を主観的に引受けることによってではなく、その状況を客観的に変化させ、自己の渇望にふさわしい未来を築きあげることによって、自由を実現するのだ。この未来は、彼が大切に思っている民主的諸原理から考えても、社会主義であるべきだった。[39]

「社会主義者サルトル」、この言葉は、どのように考えても座り心地のよい表現ではないが、「社会主義と自由」というレジスタンス・グループを作った一九四一年の四月以降、サルトルは明らかに社会主義、ただし「自由な社会主義」を実現すべく、政治行動を起こし始めていたのだった。当時を振り返ったサルトルの証言がある。

ぼくはその時期に社会主義者になっていた。社会主義者になった理由の一端は、要するにぼくらの捕虜生活は一種のみじめな社会主義だったが、しかしそれは集団生活であり、共同体であったということだ。……そこから、捕虜生活のようなものではない別の形の共同体的な生活がずっとできたら幸福かもしれない、と考えることが可能だったわけだ。ただやはりぼくはあの種の社会主義、共通の価値表を持ったものは念頭になかった。[40]

こうして戦争によって変貌したサルトルは、歴史を呑み込んだ小説『自由への道』三部作、政治を取り込んだ『蝿』以下の演劇群、政治や社会を真正面から扱ったおびただしい評論群の『シチュアシオン』シリーズ、さらには自らの政治的方向を探る雑誌『レ・タン・モデルヌ』、また政治的コミットメントそのものである政治行動や発言等々を、パリの戦後空間に溢れさせていった。

多くの分野にまたがるサルトルの他を圧する登場は目前に迫っていたが、なおその前に、彼の視野を物理的に広げる一つの事件があった。それがアメリカ旅行である。

4　拡大する世界――アメリカ体験

パリ解放後、半年が過ぎた一九四五年一月十二日、サルトルは総勢七人のフランス・ジャーナリスト団の一員として、軍用機でアメリカへ旅立った。『フィガロ』及びカミュが主宰する『コンバ』紙の特派員という肩書きである。一行は約二カ月間、アメリカ各地を回った。フランス解放後もなお続くアメリカの対独戦などヨーロッパへの貢献をフランス人に直接見せ、フランス国民に報じてもらおうという、アメリカ政府の招待であった。さまざまな厚遇の中で一行は、三月九日にはルーズベルト大統領にも会い、フランス本国へアメリカ通信を送り続けた。

この招待には、政治的な背景があった。ルーズベルトとチャーチル対ド＝ゴールという対立を焦点とする、米仏間の複雑な感情である。そもそも一九四〇年五月のヒトラーの西部電撃戦により、わずか一カ月余で降伏してしまい、その後は、丸四年以上もヒトラーの軍需工場に成り下がったフランスに対し、連合国側の眼は厳しかった。

シャルル・ド＝ゴールは、フランスの敗戦時には四十九歳で、国防次官だった。降伏するフランスを捨て、単身イギリスに渡り、イギリス政府の援助で生き延びながら、自身の存在を主権国家フランスそのものであると強弁するド＝ゴールに、十六歳年長のチャーチルはうんざりしていた。またルーズベルトは、そのチャーチルに膨大な援助を続けたのみならず、アイゼンハワー将軍を先頭に、アメリカ軍を北アフリカに上陸させ、イタリア本土上陸、そしてついにはノルマンディにまで上陸させ、ヨーロッパ西部戦線を勝利に導き、フランス解放をも成し遂げたが、これまた八歳年下のドゴールを嫌いぬいていた。

米仏関係がうまくいっていないことは、公然の事実だった。アメリカはソ連とともにペタン傀儡政権を承認、これをフランス正当政府として認めた。そして大戦進捗に伴い、大英帝国からアメリカの世紀へと、巨大な存在感を世界に示す中で、尊大で強烈なナショナリストのド＝ゴールを忌避した。やがてアメリカはペタンに失望し、支援すべき後継政権を物色する中でも、「傲慢な野心家」ド＝ゴールを徹底して排除しようとする。戦後を見据え、イギリスとともに、フランスを分割統治しようと考え、通貨（占領地フラン）すら用意していたアメリカが、ようやく「ド＝ゴールやむなし」というシグナルを渋々発しだしたのは、パリ解放のわずか二カ月前、一九四四年六月になってからである。

一方ド＝ゴールは、「偉大なフランス」「ヨーロッパの指導者たるフランス」の栄光は、自分を通してのみ実現されるという強烈な信念に凝り固まり、そのため、どのような困難も克服し、また英米からの屈辱的な扱いにもくじけなかった。一九四四年八月のパリ解放以降も、自身を首班とするフランス臨時政府の権限強化に没頭し、内外に対してなお戦いを続けていた。対外的には、英米との対抗上、効果的にソ連カードを使い、四四年十二月にはモスクワに乗り込んで仏ソ同盟条約を調印する。

こうしたド＝ゴールとの微妙な関係の中で、一九四四年十一月七日に四選を果たしたばかりのルーズベルトが、その戦争努力を直接フランス国民に知らせたいと、十一月下旬にフランス人ジャーナリストたちに招待状を出したのである。こうした背景がありながら、サルトルは渡米早々の仕事で、政治オンチ振りを早くも発揮したと、ボーヴォワールが報告している。

サルトルはジャーナリストの仕事の手はじめに、アロンを震えあがらせるようなへまをやってのけた。彼は戦時下のアメリカの指導者たちの反ドゴール主義を得々として描いたので、あやうくフランスへ送還されそうになったのだ(41)。

ボーヴォワールは、ルーズベルトが一九四五年三月九日にフランス人ジャーナリストたちと会見し、「彼の人となりに打たれた(42)」というサルトルの感想を伝えている。ルーズベルトがその少し前の二月初旬、ヤルタ会談から帰国する途中、ドゴールにフランス領アルジェでの会見を提案したところ、ドゴールが「外国の国家元首によってわが国の領土内の一地点に呼びつけられることを、私にどうして受諾できよう(43)」と、にべもなく拒否した有名なエピソードがある。あの個性の強いチャーチルでさえ、助けてもらったアメリカに対しては頭が上がらなかったのに、助けられ、解放してもらっただけでなく、敵軍に軍需工場として貢献していた敗戦国の「元首」としては、確かに余りのプライドの高さではあった。

だが、国家と自己とを同一視し、フランスの栄光のためであればどんなことをも厭わず、またどのような屈辱をも耐え忍んだド＝ゴールであればこそ、後のアルジェリア戦争で、サルトルと不思議な関わり方をすることになる。ド＝ゴールを非難し続け、政府に徹底して楯突くことで、ついに逮捕されそうになったサルトルを、あろうことかド＝ゴールが救うのである。フランスの栄光のためには何事をも厭わない「王」であればこそ、例え自分に敵対する人間であろうと、フランスの知的栄光を支えるサルトルに縄をかけることはしなかったのだ。

サルトルの滞米中に、大戦は終結に向かっていた。一九四五年二月四日にはヤルタ会談があり、四月一日に米軍が沖縄本島に上陸、四月二十三日、ソ連軍のベルリン突入、五月八日、ドイツ降伏、そして八月十五日には日本が降伏した。あれほどサルトルを翻弄したヒトラーは、四月三十日にベルリンの地下壕で自殺した。五十六歳だった。ヒトラーに代わって戦後フランスでサルトルに立ちはだかることになる五十四歳のドゴールは、英米と、また旧レジスタンス勢力と、苛烈な主導権争いを演じていた。

さて、三十九歳のサルトルにとって、アメリカは永い間、神話のような国であった。ボーヴォワールがサルトルの代わりに語る。

アメリカ、それは実に多くのものを意味していた！　まず第一に、手の届かないものを。ジャズ、映画、文学——アメリカは私たちの青春を培ったが、同時にそれはひとつの偉大な神話だった。神話は手の届かないものだ。渡航は飛行機によることになっていた。リンドバークの壮挙が、今やわれわれにも可能になったとは信じ難い気がした。アメリカ、それはまた、われわれに解放をもたらした土地でもあった。それは前進する未来であり、豊饒と無限の地平線であり、伝説的なイメージの錯綜だった(44)。

国内の戦火はすでに去ったとはいえ、窮乏生活を続けるフランスから、東西でなお対独・対日両戦争の真最中のアメリカへ連れてこられたサルトルたちジャーナリスト団は、夜のニューヨークを車窓から眺める。

夜の十時半なのに、ひどく雑踏していた。街は光り輝き、電灯のついた店がいっぱいあった。……ぼくは仲間と一緒の自動車《くるま》の中で、夜の十一時なのに電灯が煌々とついてまだ人が立ち働いている店を見て、しかもそれが理髪店なのを見て、びっくり仰天したのを憶えている。それはごく当り前のことのように見え、ホテルへ着くまでに七軒か八軒は見た。夜の十一時に、髪を刈ってもらい、顔をそってもらい、シャンプーをしてもらえるんだからね(45)。

アメリカは途方もなく豊かだった。招待された公式行事の二カ月に加え、通訳として知り合ったドロレス・ヴァネッティなるフランス女性と恋愛関係になり、さまざまなアメリカを体験したこともあって、帰国は一九四五年五月になってしまう。パリに戻ったとき、浮気のせいだけではなく、サルトルはアメリカの衝撃で相当のぼせ上がった状態だったようだ。帰国したサルトルについての彼は、都市のこと、景色のこと、バアやジャズのことを話した。……サルトルはいろんなものを見たのでぼうっとなっていた。経済機構、黒人差別、人種的偏見などを別としても、大西洋の向こう側の文明の多くのことが彼の気にさわった。アメリカ人の順応主義、価値観の基準、彼らの神話、偽の楽観主義、悲劇的なものからの回避など。しかし接触したアメリカ人の大部分は彼に好感を抱かせた。彼はニューヨークの群集を感動的だと思い、制度よりは人間のほうが上等な国だと思った。(46)

豊かさだけではサルトルを満足させられなかった。大統領をはじめとするアメリカ人のフランスへの好意でもすまなかった。夢の国アメリカはこの大旅行を境に、サルトルの内部でゆっくりとその姿を変えていく。「戦争が……世界最大の勢力であることを知らせた(46)」アメリカに対し、黒人問題を扱った『恭しき娼婦』（一九四六年）などで、サルトルは批判的な眼差しを向け始める。

ただいずれにせよ、一九四五年の一月から五月にかけてのアメリカ滞在は、戦後世界にデビューしようとするサルトルに、世界的な広い視野を与えることになった。アメリカ滞在中にサルトルは自分の名が、アメリカに亡命したフランス人の間に広まっていることを知った。ロンドンでアロンが主宰していた雑誌『自由フランス』の四四年十一月号に、サルトルの「占領下のパリ」が掲載され、この、生きんがためにフランス全体が対独協力せざるをえなかった事情を描いたすぐれた小品の作者として、名を知られていたのだった。

サルトルの留守中に、ボーヴォワールは情報相とかけあって『レ・タン・モデルヌ』のための紙の配給交渉に成功し、一九四五年秋からの刊行の準備を整えてくれていた。四五年五月にようやくワシントンを発ち、大西洋を再び眼下に見下ろしながらフランスへの帰途についたサルトルは、まだ三十九歳、永い雌伏の時を越えて、サルトルの時代がついに始まろうとしていた。

第3章　栄光の中を走る——サルトルの時代

1　サルトル現象

一九四五年五月七日、ついにドイツ第三帝国が力尽き、戦争は終わった。ヨーロッパ大陸には、東はウクライナから西はフランス大西洋岸まで、延々三〇〇〇キロ以上にわたって瓦礫の山となった街と荒廃した田園が残された。フランスは長い占領期間にナチス・ドイツから徹底した搾取を受け、さらに戦争末期には連合軍の激しい爆撃によって、工場や鉄道をはじめとする破壊が一気に拡大し、国土は荒れ果てていた。戦死者も軍人と民間人とを合わせ、五十六万人にも達していた。しかし、大戦で傷ついた国々の中ではこれでもまだましな方で、ドイツの死者は四百二十八万人、ソ連にいたっては千八百万人もの人々が命を落とした(1)。

パリの住民たちにも、ただちに幸福な日常生活が戻ってきたわけではない。パンもコーヒーも砂糖も油も、さまざまなものが不足し、行列は日常化し、配給切符が必要なことは戦争中と変わらなかった。パリの人々が欠乏から解放されたのは、ようやく一九五〇年代に入ってからである。

しかし、ものはなかったが、希望はあった。不安はあっても、人々には復興へのエネルギーがあった。一九四四年十二月、すでにナチスが遠く去り、フランス人のもとに帰ってきたパリで『ル・モンド』紙が創刊される。戦犯が断罪され、毎日のように新しい本が刊行され、さまざまな講演会が催された。サルトルによる歴史的な講演会も、そうした中の一つであった。

サルトルの名はすでに、戦前から一部の人の間では知られていた。一九三七年の『NRF《エヌ・エル・エフ》』に載った「壁」をジッドは褒め称えているし、翌三八年にガリマール書店から刊行された『嘔吐』は、ゴンクール賞候補になった。四〇年には「奇妙な戦争」のさなか、想像力を、意識の絶対的自由を保証するものと捉える『想像力の問題』も刊行されている。その後、フランスがドイツに大敗北し、さらにはドイツの占領によりサルトルの名は埋もれてしまったが、再び占領下のパリに戻ってきたサルトルは、四三年に、ドイツ現象学をフランスに移入した大著『存在と無』を刊行し、さらには同年『蝿』が、翌四四年には『出口なし』が初演されている。

一九四四年八月のパリ解放は、新しい時代の到来をもたらした。戦犯とともに、ジッド、マルロー、あるいは故ベルクソンの哲学など、文化における旧勢力も退場し、新世代の華々しい活躍の流れの中で、哲学者・小説家・評論家・劇作家を兼ねたサルトルの文名はしだいに高まっていく。

そしてついに、一九四五年十月二十九日、シャンゼリゼ通り脇の、グランパレに近いクラブでの講演会をきっかけに、「サルトル現象」が爆発するのである。コーエン＝ソラルはその暑い夜を、ややコミカルに表現している。それは、午後八時三十分開演予定の、地下鉄マルブフ駅から少し歩いたところにあるジャン・グージョン街八番地、クラブ・マントナンでの講演会だった。

前代未聞の文化的成功だった。集まってきた人々は押し合いへし合い、喧嘩をする者があれば、椅子も壊され、失神する婦人たちも出た。入口の切符売り場が滅茶苦茶になってしまい、発券は中止。講演会を企画したベグベデとカルミとは、この殺到する群衆を前にして、満足するやら、不安になるやら、また気が動顚し、恐れおののき、当惑したり、打ちのめされたりで、手の施しようもなかった。ガリマール社長ガストン・ガリマールが来た。劇作家アルマン・サラクルーが来た。前衛書店主アドリエンヌ・モニエが来た。群衆は押すな押すなの状態で、十月の焼けつくような暑い一日の後で、神経が高ぶり苛立っており、誰も中に入れるものではなかった。……

サルトルは、サン＝ジェルマン＝デ＝プレから地下鉄に乗って一人でやってきた。彼がその通りに入ってくると、目指す建物の前は険悪な雰囲気で大勢が群がっている。彼はおやと思い、「やれやれ、あれはぼくに抗議を示しているコミュニストに違いない」と踵を返そうかとも考えた。……

しかし、これら肘突き合わせた二、三〇〇人もの群衆のうち、いったいどれほどの者が彼の顔を知っていたろうか？　それにサルトル自身が、「ぼくがサルトルです。ちょっと中に入れてくれませんか？」と言うような人間ではなく、事実何も言わなかった。彼がその代りにできたことは、前後左右から肘だの椅子だの杖だのでつつかれたりする中で、どうにかこうにか自然の流れに乗ってのろのろと、しかし手荒に会場の前まで運ばれていくことだった。さらに会場入り口のドアから講演をすべき演壇までたどりつくのに十五分以上。ようやく一時間遅れで、暑すぎ、混みすぎ、興奮しすぎた会場の中で講演が始まった[2]。

すでにこの前月の九月、第二次大戦を描いた記念碑的巨編『自由への道』の第一部・第二部が同時刊行され、ジャーナリズムはいっせいに反応していた。なおかつこの直前の十月十五日には、フランスの戦後を象徴する、知識人たちによる総合雑誌『レ・タン・モデルヌ』が創刊され、作家にして雑誌編集長サルトルの名は、この二年来の哲学者、劇作家の名と併せ、すでに知識層の間では大きな関心を持たれていたであろう。

一九四五年十月二十九日宵の講演のタイトルは、「実存主義はヒューマニズムか？」であった。「実存主義」という語はすでに当時、戦後の混乱の中で、ドライで虚無的な若者たちの生き方を示す戦後風俗にして流行語となっていた。だから講演会に集まった人々の中には、サルトルの名を知っていた人々とともに、この言葉にひかれてやってきた人々もまた少なくなかっただろう。

しかしこの講演会で説かれたのはそうした流行とは関係なく、哲学上の「実存主義」をわかりやすく説明する、堅苦しくまじめなものだった。その具体的な内容は次節で示すが、ジャーナリズムはそうした内容にではなく、この講演会の人気と混乱の方に大いなる関心を示したのだ。翌朝の各紙には「サルトルの講演に聴衆殺到。失神者まで出て警官出動」などの活字が躍り、サルトルは一躍有名人となる。やがてサルトルは、誰もが顔を知り、名前を知るフランス人となっていくのである。

一九四五年の疲弊しきったフランス、その知の空に立ちはだかったまだ四十歳の巨人は、アンナ・ボスケッティの卓越したサルトル研究書『知識人の覇権』が強調する通り、それまでまったく別個の王国と考えられていた哲学と文学の二つの領域を一挙に、同時に支配することによって、圧倒的な存在感を示すことになる。そのことを、ここでもう少し具体的に考えてみよう。

サルトルの哲学的主著『存在と無』は、戦時中に刊行されたこともあって売れ行きは悪かった。しかしこれは、邦訳で四〇〇字詰原稿用紙に換算して二九〇〇枚[3]に及ぶ大著であり、喫茶店のボーイの身振りが持つ意味など、日常生活の中にまで哲学的分析が入り込んでいくメスの鋭さや、他者の存在の分析のオリジナリティが読む者を打ち、二十世紀フランス哲学のバイブルとなった。人間存在の根源的な構造から世界全体までの一切を、サルトル自身の分析力だけで徹底的に解明しようとしたこの力業の影響は、陰に陽に以降のあらゆるフランス哲学に及んだ。

サルトルが亡くなって十九年を経た一九九九年、『ル・モンド』紙とフナック書店がまとめた「フランス二十世紀の名作ベスト五十」において、『異邦人』や『失われた時を求めて』など多くの文学書が並ぶ中、堂々十三位にこの『存在と無』がランクされた[4]。これは、哲学書として異例の影響をフランス人に与えたという、何よりの証拠であろう。サルトルは一九四五年までに、このほか『自我の超越』や『情緒論素描』、さらには『想像力の問題』など、現在でもなお興味を持たれる哲学論文を公にしている。

こうして戦後のフランス哲学界は、圧倒的な実存主義哲学の大波に洗われることになる。ドゥルーズやデリダら、後のフランス哲学を領導することになる若い哲学徒は、『存在と無』を読むことから学問的人生を出発させたのである。その後、次代の哲学である構造主義が現われるまでには、さらに十数年が経過しなければならなかった。

一方、戦争直前の一九三八年にガリマール書店から刊行され、ゴンクール賞候補にもなった『嘔吐』は、存在の暗黒面を徹底的に掘り下げ、生《せい》にどのような意味も見出し得ない悲劇から、かろうじて救われる方法を探ろうとする純粋小説であった。

サルトルはすでに戦前、『嘔吐』と短編集『壁』によって存在感を示していた上に、一九四五年秋には全体小説『自由への道』の第一部と第二部を一挙に刊行して文学界の話題をさらう。この作品は、人類が経験した未曽有の悲劇である第二次世界大戦を、文学の形で世界の作家が芸術化しようとした試みの中でも、第一級のスケールと質とを誇っているが、それればかりではない。サルトルがこの小説にこめた狙いは、プルーストやジョイスなど、二十世紀文学を中心とする前衛文学が、さまざまな形で追究してきた主観的リアリズムの手法——内的独白・意識の流れ、神の視点の排除、人物再出（同一人物の、他の作品への登場）などの手法、カットバック、同時描写などの時間の処理等々——を総合させたものであり、ここまで考え抜かれ、技巧の粋を凝らしたスケールの大きな作品の登場によって、フランス内外の小説世界に深い衝撃を与えることになった。

とくにフランス国内についていえば、サルトルの方法意識をさらに先鋭化させ、しかしながら社会的広がりや政治参加の意識を欠いた、いわば内向的小説群が、サルトル自身によって「アンチ・ロマン」（反小説）と名付けられ、戦後に溢れ始める。ナタリー・サロートの『見知らぬ男の肖像』

の序文で、サルトルによって命名されたこの名称は、その後「ヌーボー・ロマン」（新しい小説）と名を変え、アラン・ロブ゠グリエ、ミシェル・ビュトール、クロード・シモン、そしてフィリップ・ソレルス、ジャン゠マリ・ル゠クレジオらへと続いていく。

二十世紀のフランスの哲学と文学は、すべてサルトルに流れ入り、再びサルトルから流れ出すことになる。サルトルはまさに、哲学と文学の二本の巨大な脚を持つ、雲衝く巨人となっていた。しかも彼は、ユニークな劇作家でもあり、鋭い文芸評論や社会評論でも文名を馳せ、そのうえ、総合雑誌『レ・タン・モデルヌ』編集長として、知の世界全体にその勢力を及ぼそうとしていた。まさに知の帝王、万能の人であった。あらゆる分野に越境し、あらゆることを知り尽くそうとしたサルトルが、魁偉な姿で一九四五年のフランスの空に立ち上がってきたのだ。

この巨人のキーワードは「実存主義」、それは戦争の絶望を乗り越え、不安な未来を自らの手で切り拓こうとする新思潮であった。しかしながら、流行語にまでなったこの言葉について、サルトルは少なくとも一九四五年の夏までは、それが自分の哲学に適用されるのを嫌っていたのだ。四五年九月に「実存主義」小説『他人の血』を刊行したボーヴォワールは語る。

レジスタンス小説と言われたその作品は、同時に実存主義小説と銘うたれた。実存主義という言葉は、それ以来サルトルと私の作品に機械的に貼りつけられるようになった。……その夏開かれた討論会の席上、サルトルはガブリエル・マルセルがこのレッテルを彼に貼ることを拒否した。

《僕の哲学は実存の哲学です。実存主義とはいったい何物なのか、僕は知りません》(5)

しかし、抗議したところで自分たちに貼られたレッテルが変わらないことを悟ると、二人は逆に、この肩書を自分たちのものとすることに決めるのである。

こうして私たちは、まったくその気なしに、その秋のはじめに《実存主義攻勢》を開始することになったのである。私の小説が刊行されてから何週間も経たないうちに、『自由への道』の最初の二巻が出版され、『現代』〔レ・タン・モデルヌ〕誌の最初の号が出た。サルトルは『実存主義はヒューマニズムか？』という講演をやり、私も小説と形而上学にかんする講演をクリユブ〔クラブ〕・マントナンでやった。……私たちがまき起こした大騒ぎは私たち自身をびっくりさせた。突如として、ちょうど映画の中で、額にはまった絵がその額をはみ出してスクリーンいっぱいに大写しされるように、私の生活もそれまでの領域をのりこえてしまった。私は世間の光の中に投げ出された。私は大した作品も出していなかったけれど、みんなは有無をいわさず有名人にまつりあげたサルトルの名前に私の名を組合わせた。私たちのことが新聞に載らない週はなかった。『コンバ』紙は私たちが書いたり喋ったりしたことを、残らず好意的に伝えた。エルバールが創刊した週刊誌『人間の土地』は、数カ月で廃刊になったが、その間毎号私たちのためにたっぷり紙面を割いて、親切な、または甘ずっぱい記事を載せた。どっちを向いても私たちの著作や私たち自身についての噂が目に入った。通りを歩けばカメラマンの集

中攻撃だし、いろんな人が話しかけてきた。フロールでもみんな私たちをじろじろ眺め、耳うちをしていた。(6)

サルトルはスターだった。まさにスーパースターだった。だからこそ、次のような「叱責」までがついてきた。

ある晩のこと、私たちがゴルフ＝ジュアンの店を出ようとした時、食事中ずっと悪意の眼差しをサルトルに注いでいたひとりの客が奥さんに言った、
《ほれごらん！　なんてことだ、あいつは鼻なんかかんでるじゃないか……》(7)

サルトルに関係があるともいえ、またないともいえる「風俗としての実存主義」は、一九四五年から四七年ごろまでのパリで、一世を風靡する。すでに述べたように、サン＝ジェルマン＝デ＝プレ界隈に集まり、昼はフロールやドゥ＝マゴのようなカフェにたむろし、夜はタブーなどの地下クラブで酒とジャズと乱痴気騒ぎに明け暮れる無軌道な若者たちが、「実存主義者」と命名されていた。日本で戦後、それまでの価値観を否定した、虚無的で退廃的な若者たちを、批判的に「アプレゲール」（戦後派）と呼んだのと同じである。こうした風俗以前から、フロールやドゥ＝マゴを行き来していたサルトルとボーヴォワールが、こうした若者グループの「王」と「女王」に擬せられ、「巫女」役は、長い髪に黒装束で物憂げにシャンソンを唄うジュリエット・グレコだった。

では、戦争から解放されたフランスを象徴し、またサルトル自身の代名詞ともなった「実存主義」とは、一体何であったのか？　それを次にくわしく見てみよう。

2　実存主義の制覇

本節では、サルトルの名を、哲学史にピンで留めるように定着させた「実存」について振り返り、その聖典となった『存在と無』ほかの作品を、二十世紀の風景の中で改めて見つめ直してみよう。「実存」は、あのクラブ・マントナンの一夜からすでに七十年近くも経た二十一世紀の現在では、まったくの死語になっている。しかし長い間、この語にはある重い響きが伴っていた。それはすなわち、自分が他者とは決定的に切り離され、しかも取り換えのきかない、かけがえのない存在であること、そしてまた、生まれた瞬間から死に向かって歩み続けねばならない存在であることを認めたうえで、外界から否応なく押し付けられる過酷な条件に対して、あえて自らの選択と責任において生きていくという、「主体的な生」を意味する言葉であった。

わずか二十一年ほどの間をおいて巨大な二つの戦争が、人々に逃げ場も与えないほど破壊的な勢いで、ヨーロッパ全域を覆ったのだ。ロシア、ポーランド、ドイツ、イタリア、フランス、イギリスでは、死体の山と、瓦礫の原が作り出された。ヨーロッパの死者は三千六百五十万人。その地獄の中では、生き残った者も、飢えと病いと不安と絶望につきまとわれ、疲労困憊の極で生きていかねばならなかった。

著名な作家を例にとろう。トーマス・マンは一九三三年、国外講演旅行先でドイツにおけるナチスの独裁権力掌握を知り、そのままドイツ国内の一切を捨てて家族とともにスイスからアメリカへ亡命し、二度と祖国には戻らず、一九五五年に没した。伝記作家として著名なシュテファン・ツヴァイクは、ユダヤ人であるがゆえに、一九三四年にナチス・ゲシュタポによってザルツブルグの自宅の家宅捜索を受け、翌年イギリスへ、さらにブラジルへと亡命。しかしこの地で日本軍の真珠湾攻撃の報を聞いた翌日、妻とともに自殺する。またヴァージニア・ウルフは、一九四一年五月に入水自殺、五十九歳だった。精神を病んでいたにせよ、戦争を心の底から憎んでいた彼女が、前年八月以来のすさまじいドイツ軍によるロンドン爆撃に衝撃を受け、さらに当時深刻に危惧されていたドイツ軍によるイギリス本土上陸に、精神を圧迫されていたことは疑いない。

世界戦争の中で、孤立した自己をとりまく肌を刺すような緊張、ひたひたと押し寄せる恐怖、現在では想像することすら難しいとはいえ、死と向かい合いながら、地下室や屋根裏や廃墟の中でろうそくの炎を見つめつつ、不安な明日を待つ姿が、ヨーロッパ大陸のどこででも見られたのだ。砲撃、爆撃、敗走、占領、密告。叫び出したいような戦争のさまざまな状況にのしかかられながら、自分はどう生きるべきなのか、生き延びるために何をすべきなのか、また人間として何をしてはいけないのか——その緊迫のさなかを生きる「実存」は、戦争と革命の世紀といわれる二十世紀が大きく育んだ思想であった。

しかしそもそも、「実存」という概念自体は二十世紀より前のものである。フランス語や英語の

existence、ドイツ語の Existenz の訳だが、もともとは中世のスコラ哲学で「本質」（essentia）に対する「現実存在」（existentia）を意味していた。日本語の「実存」は、「現実存在」を略した、『「いき」の構造』の著者、九鬼周造の造語である。

　本質と現実存在の違いは、たとえば「一角獣」の本質が、「額に一本の角を持ち、処女にのみ狎《な》れる」ことにあったとしても、それが現実存在するかどうかはまた違った問題だという点にある。しかも本来、哲学が探求すべきは普遍的な本質の方であって、その本質が現実化して現われる「現実存在」の方には偶然的要素が含まれ、真摯な思考の対象には値しないものと考えられていた。

　この語が、キルケゴールなどを経て、はるかに「進化」した末に現われた二十世紀の「実存主義」（existentialisme）は、不安な世界で、緊張した生を強いられる人間の現実存在を思索の中心に据えることで、大きな影響力を持った。

　この「実存主義」より少し前から用いられていた「実存哲学」は、第一次大戦後、敗戦国ドイツの精神的な荒廃の中で思索を重ねたヤスパースやハイデガーによって、開始されたものである。しかし二人は、やがて第二次大戦後に流行となった「実存主義」の呼称が、自らの哲学に印されることを拒否する。もっともすでに指摘したように、サルトル自身が初めはこの言葉を嫌がっていたのだから、当然ともいえよう。しかし、「実存」を自らの哲学の中心に据えて思考したという意味では、サルトルを含めた三者を同一の思潮、すなわち広義の「実存主義」に含める考え方も、現在では成り立つ。

「実存」は壁の意識、不安の意識が生んだ概念である。その点をめぐって、実存主義の源流とされるキルケゴールとそれ以降に目を向けて、過酷な歴史的現実と実存とを重ね合わせて考えてみることにする。

二十世紀の実存概念の祖といわれるデンマーク人のセーレン・キルケゴールは、自身が世間や教会から白眼視され、迫害されているという、いわば「壁」の意識を持った人間であった。こうして不安に取り囲まれた意識は、一人だけで神の前に立ち、自らの行く手を選び取ろうとする。この時真に正しいものとは、ヘーゲル的な壮大な体系でもなく、世間のさまざまな掟でもなく、この私にとって生死を賭けるに値する真実である。ここに、「単独者」としての人間、そしてその人間の「主体性」というものが析出される。

しかしキルケゴールは十九世紀半ば、コペンハーゲンの路傍に倒れて息を引き取り、本国でも忘れ去られて半世紀が過ぎる。デンマークのすぐ南に位置し、そのいわば文化的宗主国であるドイツでキルケゴール独訳全集が刊行され始めたのは、第一次大戦の迫る一九〇九年のことだった。このキルケゴール全集を二人のドイツ哲学徒が、二つの大戦をはさんだ暗い時代に読み、衝撃を受ける。ヤスパースとハイデガーである。国家と文化が破局に瀕し、あらゆる価値が疑われた危機の時代の哲学こそ、実存を見つめ、実存を探究するものとなるのである。

「実存」は、ドイツの二度にわたる戦争の悲劇の中で、大きくその翼を羽ばたかせた。近代ドイツは悲劇的な国家である。後進資本主義国家であるドイツは、自らの生産力の爆発的上昇に煽られるように、先進西欧列強に追いつき追い越そうとして、二度にわたって世界大戦を引き起こした。

「実存」を時代の哲学に押し上げた恐ろしい「母」としての二つの巨大戦争に、ここで触れておこう。

まず、第一次世界大戦について。その被害は、それまでの戦争を桁はずれに上回るものだった。主要同盟国側の死者は、ドイツ一七七万、オーストリア＝ハンガリー一二〇万、同じく連合国側、ロシア一七〇万、フランス一三六万、イギリス九一万、イタリア六五万、(8)これらの国だけでも総計は約七五九万人にのぼる。この死者のそれぞれに家族がいたわけであり、死者をはるかに上回る負傷者の数を考えれば、この戦争によってどれほどの哀しみがヨーロッパ大陸を襲ったかは想像に余りある。フランドルの野からウクライナの草原まで、北海・ユトランド沖からバルカン山脈まで、ヨーロッパ中を血に染めて砲弾が飛び交った。

たとえば七五ミリ砲弾の消費量を、フランス参謀本部は開戦前に一日当たり一万三六〇〇発と予想していたが、開戦一年余を経た一九一五年九月ごろには連日一五万発が消費され、予想の十倍を越えていた。普仏戦争以来四十三年、高まりきった緊張が、その頂点で爆発するようにして起こった第一次世界大戦は、それまで互いが誇示し合い、恫喝しあってきた陸海空の新兵器の実験場となり、また一大消耗戦となった。銃後の国民もまた、軍事生産に大規模に駆り出されていく。もはやヨーロッパに逃げ場所はなくなったのである。

第一次大戦に死力を尽くして一九一八年に敗れたドイツ帝国の前には、当然のことながら苛酷な運命が待っていた。——アルザス・ロレーヌほかの割譲、膨大な賠償金、ドイツが二度と立ち上がれぬようにするための軍隊放棄、等々。ドイツは悪の国家として断罪され、国民は重い賠償金の負担にあえいだ。

そうしたドイツの暗い闇の中で、ヤスパースとハイデガーの二哲学徒が心の中で対話し続けたものこそが、あのキルケゴール全集であり、その結果生み出されていった作品が、ヤスパースの実存哲学の萌芽、『世界観の心理学』（一九一九年）、『現代の精神的状況』（一九二九年）、『哲学』（一九三一年）であり、そして現在では二十世紀最大の哲学書と目される、ハイデガーの現象学的存在論『存在と時間』（一九二七年）であった。

緊張と不安の中で、ともに人間の「実存」をまじろぎもせずに見つめたことは、ヤスパース、ハイデガーともに共通していたとはいえ、両者の「実存」概念の取り扱いには著しい差がある。

ヤスパースは、「実存」それ自体は対象化しえないものであり、実存哲学の役割は、人間の実存をとりまく苛酷な状況の内外を照らし出し、思索を深めていくことにあると考えた。

これに対しハイデガーは、究極的に存在の意味を解明するために、その手段として実存を分析し、それがどんな構造をもつかを鮮やかに解析してみせた。有名な「世界内存在」とは、その実存の最も基本的な構造である。しかしハイデガーは、実存分析を自らの哲学の中心的課題と考えていたわけではない。ハイデガーによれば、「存在の意味は時間である」というテーゼを証明するために、その手段として、存在を問う能力を持ち、また存在とは何かを理解している「現存在」（「実存」）を分析したにすぎない。にもかかわらず、『存在と時間』は、実存分析をした「前半」だけが慌ただしく刊行されたのみで、結論たる後半部分を未刊のままに残した。それゆえこの本は、「前提」

部分のみで「二十世紀最大の哲学書」となったわけである。

　こうして実存が分析されて出てきたもののうち、ハイデガーの二十世紀哲学への、いやむしろ哲学の歴史への最大の貢献は、「世界内存在」の発見であろう。この言葉の意味するものは、人間は、カントやフッサールの超越論的主観からイメージされるような、世界を前に確固として屹立する堂々たる「主観」といった存在などではなく、あらかじめ世界のネットワークの中に組み込まれた姿で生まれ、またその中で呼吸をしつつ生きていく存在だということである。こうした、いわば「構造」の中に絡めとられた存在としての人間の姿が、やがてフランスで構造主義を掲げる人々によって高く評価されることになる。

　このように「世界内存在」としての姿が人間実存の存在構造であるなら、ハイデガーはそこに働く人間のメカニズムは「気遣い」（Sorge）であるとする。人は自己を気遣い、さまざまな物に、他者に、世間一般に気を遣っている、というわけである。哲学に世俗的なニュアンスが入り込むこのへんの論述は非常に興味深い。謹厳で抽象化の権化のようなフッサールにも、生活世界（『ヨーロッパ諸学の危機と超越論的現象学』）の重視というリアルな対応があるが、恐らくそれを踏まえたハイデガーの「世界内存在」ないし「気遣い」という着想も、神秘化・抽象化を得意とするハイデガーとは信じられないような、リアルでホットなものとなっている。

　フッサール現象学の根本テーゼ「意識は何ものかについての意識である」（Bewußtsein von etwas）＝「意識の志向性」が、ハイデガーではより感覚的でより世俗的な「気遣い」に変わっているのだから、すなわち、いわば「意識は何物かについての気配りである」ということなのだ。この実存分析はやがてサルトルに至って、喫茶店のボーイの職業的演技や、鍵穴から覗いている人間が背後の物音で自身が見られていると知って凍りつく自分の存在の分析へと、展開していく。

さて、再び大戦間の実存哲学の話に戻ろう。ハイデガーの実存哲学の思索が展開していくなかで、世界史は劇的に変貌していた。打ちひしがれたはずのドイツは、第一次大戦から九年後、『存在と時間』刊行の一九二七年には、すでに戦前の生産力の水準を取り戻し、やがてフランスを凌駕していく。二十世紀は基本的に、中部ヨーロッパのゲルマン圏を統合したドイツが、ヨーロッパ最大の生産力を誇った世紀なのである。

ようやく明るさを取り戻しかけたドイツ経済が、一九二九年以降の世界大恐慌で再びインフレのどん底に突き落とされた時、ファシズムという麻薬に頼って自らを賦活させることを、もはやドイツ人は誰も止めることができなかった。

そしてヒトラーの戦争である第二次世界大戦が起こる。再びドイツによって引き起こされた第二次大戦は、前大戦とは比較にならないほどのさらなる悲劇を引き起こした。枢軸側主要国の死者は軍人・民間人合計で、ドイツ四二八万、日本二二二万、イタリア三八万。連合国側は同じく、ソ連一八〇〇万、中国一一三一万、フランス五六万、イギリス四六万、アメリカ二九万(9)。双方を合わせれば、三七五二万に達する。戦車の強力化と高速化による陸上兵器の圧倒的展開、戦艦、航空母艦、駆逐艦、潜水艦といった海上兵器の劇的な発達、そして戦闘機、爆撃機など航空機の革命的発展、さらには焼夷弾、魚雷、原子爆弾といった高性能爆弾の開発など、機械力が完全に人間を圧倒するという、ほとんど黙示録的な歴史が展開した。その直接の結果として現われたものこそが、これらの膨大な死者であった。

硝煙の中で思索を重ね、自らもドイツ軍の捕虜となったサルトルによって生み出されたフランス実存哲学、それはやがて「実存主義」と名前を変え、ハイデガーの影響を色濃く受け継ぎ、さまざまな実存の基本条件に言及しながらも、どのような束縛も受け付けず、自らの身体という所与からも決定的に切り離された、人間の意識のいわば全能性、絶対的な自由を強調するものとなって戦後世界に躍り出る。さらにその自由を対外的に投げかけ、外部世界に対する責任をも負う、きわめて社会色の濃い実存思想として成立したのである。

同じく実存を中軸に据える哲学であっても、ドイツ国境を越え、フランスという異文化圏に入ったとき、思想はその姿を決定的に変えていた。「実存」にまつわるヤスパースの静謐性、ハイデガーの神秘性は消え、代わって明晰で軽やかで生き生きとした、しかも何よりも主体の創造力と決断力に信頼を置き、あえて世界への責任をも負う、積極的な哲学に変貌していた。第二次大戦の硝煙の中から、新しい哲学が誕生したのだ。

『存在と無』に表われたものは、明晰、明澄な人間の「意識」への、過剰とも思える徹底した信頼であり、その「意識」の明晰さと解析力をもってすれば、人間と世界の事象のすべてを解明しえるという自信と、その実例による証明である。そこにはハイデガーの実存分析をさらに徹底させた、人のしぐさや日常の細々した意識の分析から、人間の知と意思の究極の欲望までが語られている。

では「実存」概念の転変の末に、いまやフランス実存主義の聖典となった『存在と無』とはどのようなものであったか。

一九四五年十月のクラブ・マントナンでの講演によって、サルトル現象が爆発したことはすでに述べた。この講演を書籍化して翌一九四六年三月に刊行された『実存主義とは何か』では、その冒頭のペーパーナイフの例が有名である。ペーパーナイフは現在ではあまり使われなくなったが、かつてのフランスの書籍では左右ページの外側（小口という）などが断裁されないままのものがあり、これをペーパーナイフで切って読み進めていくことが、読書の楽しみになっていた。このあまり鋭利ではないナイフは、封筒の開封にも用いられ、机上にありふれたものだったのだ。

ペーパーナイフは、人があらかじめその本質を「紙を切るもの」として設定し、それに従って作り上げられたもので、現実の存在においてもそれ以上にはみ出すことはありえない。しかし一方、このペーパーナイフを使う人間の方は、目的もなければ何らの本質も定められておらず、まずそこにいい、現に存在しているではないか、とサルトルは言う。まったく白紙の委任状をもってこの世に生まれてきた人間は、根源から自由であるがゆえに、自らの思う通りに自身と自分の世界とを築くことができるのである、と。

このペーパーナイフの挿話はあまりにも有名で、さまざまに言及されており、すでに手垢のついたものになってしまっている。しかし今改めて考えれば、『存在と無』のサルトルの思想を、これほど短く正確に表わしているものはない。ペーパーナイフと人間との対比は、まさに「存在」と「無」のことであり、不自由な「物」と自由な「意識」のことである。人間をとりまく大部分の物は、たとえば都市全体にはりめぐらされた高速道路網から、その中の個々の信号ランプの赤いガラスに至るまで、人間によって構想され、設計され、現実に作り出されたうえ、設定どおりに配置、運用されているものであって、その役割が正確に規定されている。それに対し、そこに関わる肝心の人間にはどのようなタガもはめられていない。だから、「人間はみずからつくるところのもの以外の何ものでもない(10)」。

人間にはどのような本質も運命もない。つまり自己を縛りつけるものなど何もなくて、根源的に自由である。そうであるなら、この世界が人間の労働の集積によって存立している以上、人間は自らの自由を使って望ましい世界を創造しうるではないか。こうして『実存主義とは何か』の主張する実存主義とともに、その理論書たるべき『存在と無』もまた、「自由と主体」の宣言となっているのである。それはまた、無生気な「物」とは隔絶した、人間存在の持つ至高の「特権性」をも賞揚しているのだ。

こうした「明るい」考え方は、構造主義以降の「暗い」思潮には馴染まないであろう。戦後復興への強い力のベクトルのあった時代特有の、楽天的思考であり、現実には人の心の裡も世界全体もさまざまな構造化がなされており、どこに自由があるのか――というのが現在の一般的な思考となっていよう。

しかしながら、いわれるほど人間が構造にがんじがらめになっているのであれば、なぜ十八世紀末にフランス革命が起こり、二十世紀末に東欧革命が起こったのか。そもそも一般に歴史が転回していくことを、どう説明するのか。現在のような高度資本主義社会の中で、たとえ個人の役割がますます圧迫されてはいても、なお結局のところ、現実に歴史を動かしているのは、個人の心の中の「自由」であることについて、現在であればこそ、もう一度考え直す余地があるように思われる。つまり、永遠に存続するかに思われた巨大帝国ソ連の影にすっぽり覆われ、またその手先となって暗躍し続けた警察国家官僚たちの動静に怯えながらも、東ドイツを初めとする解放を求める東欧の人びとの心の中の「自由」だけは、ついに誰も奪えなかった、という厳然たる事実をである。

ところで実存主義ブームを支えた『存在と無』とは、二十世紀の哲学的風景の中でどのような存在であったのだろうか？

サルトルが三十八歳で刊行した『存在と無』は、奇妙な大著である。邦訳四〇〇字詰約二九〇〇枚は、師匠格たるハイデガーが三十七歳で書いた『存在と時間』の約一六〇〇枚を、ボリューム的にはるかに凌ぐ。『存在と無』を構成する思索は、一九三九年九月からの奇妙な戦争のさなかに少しずつ書きためられ、『存在と無』という哲学書を目指してまとめられ始めたのが、一九四〇年七月二十二日、フランス国内のドイツ軍捕虜収容所の中でだった。このため作品中に戦争・戦闘に関するシーンが次々と登場する、類例のない哲学書となっている。たとえば、

　奇襲作戦のとき、茂みのなかをはらばいになって進んでいく兵士たちが「避けるべきまなざし」としてとらえるのは、二つの眼ではなくて、丘のうえに、空をくぎって見える一軒の白い農家全体である。……茂みや農家やその他のものは、決して、カーテンの背後や農家の窓の背

後にいて待ち伏せしている伏兵の肉眼を、指し示すものではない。それらは、ただそれらだけで、すでに眼である。[11]

逃亡するこの兵士は、さっきまでまだ「敵－他者」に銃口を向けていた。敵と彼とのあいだの距離は、彼の弾道によって測られていた。……だが、いまや彼は、銃を塹壕に投げすてて逃げ出す。たちまち、敵の現前が、彼をとりまき、彼を圧倒する。いままで弾道によって隔てられていた敵は、弾道の消滅したまさにその瞬間に、彼におどりかかる。[12]

といった具合である。このほか、動員令、動員ポスター、脱走しようと試みる捕虜、拷問など、およそ哲学書らしくないテーマがしばしば現われるが、もちろん、意識の現象学、意識とその自由を巡っての論述が主軸となって展開する。

この膨大な大著をあえて一言で言い表わすとすれば、人間は「無、しかしそれゆえに一切」と表現できるだろう。開巻まもなく、この世のあらゆる存在は「物」と「意識」とに分けられる。それは、世界と人間のことでもあり、即自存在と対自存在、すなわち存在と無とも表現される。即自存在（物）は自身が自らにぴったりと重なり、それ自身においてどのような差異も持たず、無限の密度で充実した存在である。しかしながら、自らの充実そのものの中にいわば眠り込み、どのような意識も意志も感情も持たない。

これに対し、対自存在（意識）は（即自）存在のいわば矛盾概念としての「無」、つまり虚ろな存在ではあるが、否定作用を根源に持つことできわめて能動的である。意識はあらゆる所与から自身を切り離し、さらに、新しい理想的な自己ないし世界を作り出し得る存在として描かれる。意識は自らの裡に根拠を持たぬ「無」ではあるが、その本源的な否定能力のゆえに、自己や過去から常に自由であり、他者を対象化し続けることで自由を得ようとし、またあるべき世界像を作り出し、その実現に向けて現実を変えようとする自由そのものの存在なのである。

この力強い自由と主体の人間論は、戦時下のサルトルの秘かなレジスタンスとして打ち出されたものであったが、戦後になり、新しい時代のエネルギーを与えるイデオロギーとしての哲学理論となった。

サルトルの哲学は、ドイツ3Hと言われたヘーゲル、フッサール、ハイデガーから大きな影響を受けている。このうち後の二者は、サルトルよりそれぞれ四十六歳、十六歳年長のいわば同時代人であり、フッサールに始まる現象学運動の中にサルトルも属し、ドイツ哲学のフランスへの導入者ともなった。サルトルにとって、両者は師匠筋にあたる。「現象」「生活」「他者」などのキーワード／テーマを見ればそれは一目瞭然である。しかし当然のことながら、個性の強いこの三哲学者がそれぞれのテーマにかけた思索には、さまざまの差異が発生しており、その点に注目すると三者の異なった体質が浮かび上がって興味深い。

そもそも、人間の具体的な生活という、およそ二千五百年の哲学的伝統にふさわしからぬテーマを哲学に引き込んだのはフッサールであったが、その弟子ハイデガーは実存哲学の立場からそれをさらに拡大し、不安や恐怖、気遣い、おしゃべりといった、それまでは考えられなかったような日常的、感性的対象が、晦渋な哲学的言辞によって分析されることになった。サルトルに至ってはさらに、カフェのボーイの「役割になりきらんがための」欺瞞的ダンス、スキーヤーと雪原の関係、匍匐前進する兵士と敵兵の潜む丘の上の農家からの眼差し、性行為やマゾヒズム・サディズム、果ては女性性器の形状についてまで、分析の手が及ぶ。まさに、哲学がカフェに引き下ろされたと称されるゆえんである。しかしそのことは、哲学もまた人の生に立脚している以上、褒められはしても決してけなされる筋のものではないだろう。

ついでに言えば、これらのキーワードの変遷のうち最も興味深いものは、現象学の根幹たる「志向性」であると思われる。「志向性」（Intentionalität）は、ブレンターノからフッサールが引き継ぎ、「意識は何物かについての意識である」という定式で現象学を象徴するテーゼとなった。デカルト、カント以来の伝統の中にあって、フッサールにおいても、世界に対峙する人間主観というニュアンスをもって主観―客観図式を作り上げてきたものであったが、いわば「巨大な主観」を嫌うハイデガーにあっては、この世界を見据えるはずの「志向性」が、「気遣い」（Sorge）と表現を変えたと言い得るであろう。つまり、自分自身に対する気遣いが実存という形をとり、自己の外部に対する気遣いが世界内存在という形をとっているわけである。

すなわちハイデガーにおいては、主観は決して世界を睥睨する絶対者ではなく、人はただ単に、人々の意識が複雑に絡み合うネットワークとしての世界の中に常にあとから入り込み、周りに気を遣い続ける「気配り存在」でしかない。この発想は、神とは言わないまでも、大いなるものの中にある、ないし世間というものの中にいる人間という、いかにもドイツの田舎に育ったハイデガーの心の地盤を象徴しているようで興味深い。

この点からするなら、サルトルはフッサールに戻り、さらには世界を呑み込もうとするヘーゲル的な発想にまで本家帰りをする。ただし、現象学のキーワードが、志向性─気遣いへと移ってきたのだとすれば、それに相当するサルトルのキーワードは「まなざし」（regard）となる。しかしサルトルにおける「まなざし」は、フッサールを受け継いで対象を鮮明に捉えるのみならず、異様なニュアンスを持つ。先の、「丘の上の敵兵の潜む農家というまなざし」の引用にも表われているように、『存在と無』の三分の一を費やしてサルトルが論じ続けた「対他存在」において、「まなざし」はきわめて敵対的な作用をもたらす。このため『存在と無』が描き出す世界像は、人間が互いに相手を見据え、限りなく相剋しあう、万人の万人に対する不気味な戦いになってしまった。しかし、このまなざしの不気味さ、その敵対性は、日常生活から国際政治にまで及ぶ一面の真理ではあっても、当然すべてではない。まなざしの理論はリアルであり、独創的でもあったが、その攻撃性の強調のために、ハイデガーの気遣いのコンセプトに含まれる人間同士のネットワークなどの積極面を、全面的に否定してしまい、理論としてややバランスを欠いたものになっている。

この点については、拙著前作でも詳述した、サルトルの幼時からの他者恐怖、世界恐怖が前面に出てきたものと解釈できる。サルトルには恐らく、人間同士の愛情、友情、交流を、積極的に肯定することに対するためらいがあったのであろう。人間同士の根源的な関係が対立であり、相剋であるというこのペシミズムは、やがて社会思想のレベルにせり上がっていく『弁証法的理性批判』で大きな桎梏となり、サルトルはその矛盾に苦しむことになる。

それでも、『存在と無』全巻を統一するサルトルの視点は、世界を目指す自由で主体的な主観に置かれており、フッサールが真理の基準を直観の明証性に置いたことを受け継ぎ、どこまでも明澄な眼差しと明晰な論理によって、自らの知の力だけで世界を知り尽くそうという意気に溢れている。ハイデガーの哲学が思索的、神秘的なのに比べれば、サルトルの哲学はまちがいなくフットワークが軽く、生き生きして行動的であった。フッサール、ハイデガーいずれの哲学に比べても、活力に富み、現実に関わろうとする意志が強く、メッセージ性も含まれていた。サルトルはのちに呼ばれることになる「行動する哲学者」の素質を、あらかじめ持っていたと言うべきであろう。

このような若々しいエネルギーに溢れる『存在と無』であったが、刊行された一九四三年初夏には、パリはまだナチスの占領下にあり、この大著への公けの評価は淋しいものだった。コーエン＝ソラルによれば、出版後の一年間で取り上げた書評はたった一本だけだったという。

しかし、世の反響は決してそれだけではなかった。やがてポスト構造主義の巨匠となるジル・ドゥルーズは、サルトルより二十歳年少の、当時まだ高校生だったが、刊行直後の『存在と無』を友人とともに買っている。以下は、『ル・ヌーヴェル・オプセルヴァトゥール』誌の一九九五年十一月十六日号に掲載されたドゥルーズの証言である。

サルトルは、わたしにとって、すべてでした。驚異的な現象でした。フランスがナチスの占領下にあった間、精神の領域におけるひとつのあり方だったのです。(13)

『存在と無』は、このポスト構造主義哲学者の知的基盤を準備する書だったのだ。その後、同書が書評で採り上げられた数は、同じくコーエン＝ソラルによると、「四四年には三本、四五年に九本、四六年は十五本以上」と増えていく。先に述べたように、一九四五年秋にはサルトル現象が爆発していたのだから当然と言えば当然だが、サルトル哲学の影響は、ドゥルーズより五歳年少、サルトルより二十五歳年下のデリダに至れば、さらに圧倒的なものとなる。『現代思想』誌一九八七年七月号の「自伝的な〝言葉〟」と題するインタビュー記事の中で、デリダは次のように語る。

ジャン＝ポール・サルトルという名前は……私にとってもとても親密な名前で……私が哲学的にものを読み始めて以来、ずっと目の前にあり続けてきたからです。中等教育の最終段階になった頃、私はいわゆる哲学と哲学書とを発見しました。サルトルを読み始めたのはその時です。私はサルトルから始めたのです。私にとっては、その頃目の前にあって地平を形成していた、そのような形でサルトルの名が刻まれていない哲学の地平、哲学の空間は存在しません。(14)

十八歳の頃アルジェでエコール・ノルマル準備課程第一学年にいたときこれらの本〔『存在と無』と『嘔吐』〕を読み始めたのを思い出します。(15)

デリダが十八歳の時というのは一九四八年と思われるが、この頃までには『存在と無』が若い哲学徒たちをすっかり支配していたさまが明らかであろう。

こうして見れば、二十世紀後半のフランス・ポスト構造主義の巨匠、ドゥルーズとデリダは、ともにサルトルを峻拒して自らの哲学を作り上げたと考えられてきたが、インタビューという形で彼らの哲学の生い立ちを探ると、まったく異なった色彩のサルトル観が表われてくる。ポスト構造主義はいわばサルトル哲学の乳を飲んで育ってきたのであり、それはつまり、二人がともに身を置いたフランスの哲学界に、どれほどサルトルが影響力を持っていたかを証明するものであろう。

こうして実存主義を戦後世界に提出し、その理論書とされる大著によって二十世紀哲学の代表的な仕事をしたサルトルは、同時にまた、実存主義文学の代表的作品とされる長編小説を、戦前の『嘔吐』に引き続き、戦後すぐの『自由への道』の第一部、第二部、さらにそれ以降の第三部以下として、続々と発表した。この『自由への道』は、世界の戦後文学の白眉とされ、その刊行が二十世紀の文学的風景の一シーンとなった長編小説である。

この小説はすでに触れたように、全四部からなる。全体の主人公的役割を担う哲学教授のマチウが、求め続けた真の自由を得られずにパリを彷徨する第一部『分別ざかり』。第二次大戦の危機が迫った一九三八年九月の「ミュンヘン危機」を中心に、マチウやその周辺の人々のみならず、ヒトラーやチェンバレン、ダラディエら歴史上の人物たちまでもが慌ただしく動き回る第二部『猶予』。そしてナチスの攻撃の前に潰走するフランス軍や捕虜収容所、あるいは疎開する人々の混乱や抵抗を描く第三部『魂の中の死』。そして未完成の第四部『最後の機会』のうち既発表分の「奇妙な友情」である。全体は邦訳で四〇〇字詰原稿用紙約三二〇〇枚にも達する大著である。

サルトルは文学ジャンルでは、一九三三年刊の処女作『嘔吐』ですでにゴンクール賞候補となり、続く短編集『壁』はジッドの激賞を受けただけでなく、前線召集中の一九四〇年にポピュリスト賞を受けた。さらに、関係の深まっていたガリマール書店発行の『ＮＲＦ』に多くの文学評論を書き、鋭い筆鋒をふるっていた。そのサルトルが一九四五年九月に、戦時中に書きためていた『自由への道』第一部、第二部を一挙に刊行したのである。

当時、雨後の筍のように叢生していた月刊誌を中心とするジャーナリズムは、他を圧倒するこの巨大な小説の出現にいっせいに反応し、大きな反響が巻き起こった。コーエン＝ソラル[16]によれば、まず『レットル・フランセーズ』が、「ジャン＝ポール・サルトルは今日の最も偉大なフランス作家として確実に地歩を占めた。類まれなパワーを持つ彼の才能の輝きが確認された」と激賞した。また『ル・モンド』は作品を腐《くさ》しながらも、著者サルトルが「実存主義の教授であり、その名のもとに今日若者のある部分から尊敬されている師」であることを認めている。モーリス・ブランショの書評となると、「一人の人間の内の、しかも等しく才能豊かな哲学者と文学者の出会い、それは哲学・文学双方が彼をそうした人間として選んだからだ」とまで褒め称えている。

サルトルを「バルザック、ゾラ、プルースト」の高みに評価する評も現われ、哲学の巨人にして文豪サルトルという怪物的なイメージが、いやがうえにも増殖していった。

人間の真の姿を探究する哲学『存在と無』、時代に巻き込まれる人間をさまざまな角度から追究する文学『自由への道』。実存主義が一世を風靡し、『存在と無』をその理論書として一般人までが手にとり、『自由への道』をその実践書として大衆が読みふけるようになったゆえんは、暗い時代から明るい時代へ向かうなかで、人間を遥かに超越した歴史に抗するための力を、この思潮、この哲学から受け取りたいと考えた人々の強い願いが、そこにこめられていたからであろう。

ここで、実存主義のマニュフェストとなったあのクラブ・マントナンの『実存主義とは何か』に戻ることにしよう。

この書は、実存主義に対する、「静的哲学」「ブルジョワ哲学」という左派（コミュニスト）からの批判、また人と世界の「醜悪」ばかりつついて「無意味」ばかりを得ている哲学という右派（カトリック）からの非難に対し、それは人間に光明をもたらす哲学だと反論するところから始まる。先のペーパーナイフの例をあげ、この世のあらゆる「物品」のように、予め本質が決定（限定）された存在とは根本的に異なる「人間」は、根源的に自由であり、自分自身と、自分を投企する世界とは、いずれも自らの責任で自由に形成しうるものであるとして、人間を絶対的に称揚する。人間の主体性が徹底して前面に出され、どのような状況をも克服しようとする人間の「乗り越え」が評価される。

クラブ・マントナンでの講演をベースにしたこのマニュフェストの底を流れるものもまた、『存在と無』や『自由への道』と同様、戦争という暗い過去から立ち上がり、自らの力でフランスを再建しようという若いエネルギーであろう。戦後に賭けた昭和二十年代初期の日本の知識人たちと同じように、四十歳のサルトルもまた新しいフランスに賭けていたのだ。

われわれは人間がまず先に実存するものだということ、すなわち人間はまず、未来にむかってみずからを投げるものであり、未来のなかにみずからを投企することを意識するものであることをいおうとするのだからである。人間は苔や腐蝕物やカリフラワーではなく、まず第一に、主体的にみずからを生きる投企なのである。この投企に先立っては何ものも存在しない。何ものも、明瞭な神意のなかに存在してはいない。人間は何よりも先に、みずからかくあろうと投企したところのものになるのである。(17)

こうして自由に根源的な選択をする人間は、したがってまた、自分に対してのみならず、全人類に対し責任を負う。現在の世界の状況は、その存立に自分が根源的に関わっているのだ。これもまた、戦争を通過したサルトルならではの責任感であろう。

このようにして哲学を中心に、文学や他の芸術にまで深い影響を与えはじめた実存主義の巨大な波は、まったくの敗戦国でありながら、ナチス・ドイツの敗北ゆえに形式上「戦勝国」になっていたフランスの「国策」にも合致していた。ボーヴォワールは次のように証言する。

列強国の中で二流の位置に落ちたフランスは、輸出向けに、純粋の国産品である高級洋裁《オート・クチュール》と文学とを宣伝することによって自己防衛しようとしていた。ほんのちょっとした作品も歓声をもって迎えられ、その著者をめぐって鳴物入りの大評判がまき起こるのだった。外国の人びとはこの騒動を好意的に受け取って感激してくれ、ひときわ大きくとりあげた[18]。

『レ・タン・モデルヌ』第二号に掲載されたサルトルの「文学の国営化」もまた、作家が大企業や国家に「役に立つ存在」として利用されようとしているフランス特有の事情を、皮肉たっぷりに描いている。「文学の国営化」とは奇妙なタイトルであるが、これは戦後フランスで盛んにおこなわれていた、ルノーを初めとする大企業の「国営化」をもじったものであろう。

こうした中で、国家に利用されたかどうかは別として、サルトルとボーヴォワールの名はフランス国内のみならず、周辺の国々にまで広がっていく。

サルトルは、かねての野心を越え、かつそれと矛盾する名声を得たことに不安を抱かずにはいられなかった。彼は後世の人びとに愛読されることを望んだにしても、生きているあいだは少数の読者しか得られないと思っていた。ひとつの世界の出現という新しい事実は彼を世界的作家にした。『嘔吐』が遠からず翻訳されるだろうなどとは想像もしていなかったのに、近代的技術、伝達と伝播の迅速化のおかげで、彼の作品は十二カ国語で刊行された[19]。

実存主義ブームが続く中、一九四六年が明ける。講演を頼まれてチュニスとアルジェに出かけたボーヴォワールは、そこで実存主義について話してくれるよう依頼される。同じ年の五月から六月にかけては、サルトルとボーヴォワールはスイスにも出かけている。サルトルの第一回講演には一一〇〇人もの聴衆が集まった。第二回も六〇〇人で会場は満員。夕方には一五人もの新聞記者に質問攻めにされている。

二人がスイスを離れる時、国境の町の役人は次のように告げたという。

税関吏は、サルトルにパスポートを返しながら、
《貴方の本はなかなか手に入らないのですよ[20]》

サルトルが外国にまで名声を轟かす原因となったものは、大戦の暗い現実の中から立ち上がり、自らの主体性を信じて未来に賭けようという「実存主義」のメッセージにもあったろうし、さらには哲学者・作家にして劇作家という多才への讃嘆もあったろう。しかし同時にまた、革新的な総合雑誌の編集長として、あえて政治の世界にフランス人が歩むべき道を探り、行動する思想家としての姿勢を鮮明にしたことにもあったであろう。次節では、新雑誌『レ・タン・モデルヌ』と、そこに掲載された彼の一連の評論について見ていくことにしよう。

3 『レ・タン・モデルヌ』とアンガージュマン文学

　前節末で述べたように、サルトルが知の帝王として、フランスのみならず国外にまで影響力を及ぼすようになった理由としては、『レ・タン・モデルヌ』編集長として、大戦末期から隠然たる力を振るい始めた米ソのいずれにも与しない第三の道を選択したことも大きいであろう。具体的にはフランス国内で非共産党左翼として新しい道を切り拓こうと努力し、またその根本的立場として、戦争を経由した実存主義哲学から生まれたアンガージュマン（政治参加）の考え方を打ち出したことが、内外に強い影響を与えた。こうした事情を、『レ・タン・モデルヌ』の誕生や、その初期に掲載された三つの作品から探ってみよう。

『レ・タン・モデルヌ』は一九四五年十月、ドイツからの解放後一年余を経てパリで創刊された、政治・文学・哲学を扱う総合雑誌である。白い表紙に黒と赤の文字だけ、つまりタイトルと記事名・執筆者名のみが印刷された、じつにそっけない作りであるが、その鋭い論調でたちまちフランス論壇の雄に躍り出た。現在もなお刊行され続け、六十年以上もの生命を保っているから、風格としては「大雑誌」であろうが、ジャンルとしては「リトル・マガジン」の代表選手である。

　二十世紀はアメリカを中心に、発行部数が数百万部にも及ぶ大雑誌を生み出す一方、いわゆるリトル・マガジンを各国に叢生させた。リトル・マガジンは売り上げ、広告収入が少なく、経営的に安定してはいないが、逆に売れ行きをさほど考慮する必要がない分、編集は自由にできた。『レ・タン・モデルヌ』はその代表的なものであり、これを作り出したサルトルの頭の中には、先行誌として、一九〇九年にジッドたちが創刊し、二十世紀前半のフランス文壇を支配した文芸誌『NRF』があったであろう。

『レ・タン・モデルヌ』は『NRF』に比べ政治の比重が重い分、まさに戦争が生んだ新雑誌だった。それは現実政治を監視し、採るべき道を探り、文学者・知識人たちに政治参加《アンガージュマン》を呼びかけながら、有力な言論誌として成長した。

『レ・タン・モデルヌ』の構想がサルトルの頭の中で形作られていったのは、一九四三年ごろと思われる。ボーヴォワールの『女ざかり』下巻に、四三年ごろに始まったカミュとの交流が描かれ、さらに次のような一節がある。

サルトルは私たち皆〔カミュ、メルロ゠ポンティ、サルトル、ボーヴォワール〕で主宰する雑誌を作る決心でいた。私たちは夜明け前に到着し、今や日が白もうとしている。私たちは肘と肘をつき合わせてまったく新しい出発をするのである。(21)

当時の情勢を日の出前にたとえているのは、この年の初めにスターリングラードでドイツ軍が敗北し、あれほど圧倒的優勢を誇ったドイツ支配が、あちこちでほころびを見せようとしていたからであろう。

翌四四年になると、五月のパリ解放を経て雑誌計画は急速に進展する。

私たちはすでに九月から編集委員会を組織していた。カミュは『コンバ』紙の仕事が忙しくて、それに加わることができなかった。マルローは拒否した。参加したのはレーモン・アロン、

〔ミシェル・〕レーリス、メルロー＝ポンティ、アルベール・オリヴィエ、〔ジャン・〕ポーラン、サルトル、それと私だった。……

私たちは誌名をさがした。……みんなの意見が一致したのは『現代《タン・モデルヌ》』だった。地味な題だがチャップリンの映画〔モダン・タイムズ〕の連想がみんなの気に入った。……《それに——とポーランはあながち不真面目とも言いきれない、例のわざと真面目くさった調子で言った——雑誌というものはN・R・F誌におけるがごとく、そのイニシアルで示し得るものでなければならない》。となれば、T・M《テー・エム》はなかなか語呂がいい。第二の問題は表紙をきめることだった。ピカソがとてもきれいなのをひとつ描いてくれたが、それは『現代』誌よりは美術雑誌にふさわしいものだった。見出しを入れることができないのだ。……結局ガリマール書店のデザイナアが出した案がみんなの賛成を得た。[22]

こうして一九四五年十月、『レ・タン・モデルヌ』が刊行される。さらにボーヴォワールの証言を続けよう。

しばらくのあいだは雑誌が私をとりこにした。サルトルの名声と彼の参加の主張がまき起こした論争のおかげで、私たちの雑誌は多数の読者を得た。それはみずからを確認しようとしている時代を反映することに努め、その成功は長続きした。長いことN・R・F誌を主宰していたポーランは、その有能な手腕を私たちのために生かしてくれた。割付けをするのはたいてい彼だったし、私にもそのこつを教えてくれた。『自由フランス』紙で経験を積んだアロンも技術的な忠告をしてくれた。彼は『現代』誌の発展を注意深く見守っていた。おそらく彼は、サルトルが長期間この雑誌を続ける根気がないと見て、後を継ぐつもりだったのだと思う。……この雑誌はサルトルにとって大きな意味を持っていた。この世界のあらゆることは、あらゆる意味を持ち得る「徴《しるし》」である。私たちの独創性は人が見逃がしやすい啓示的な事実を探し出すことにあった。同時に作品の選択や論文の方向づけを通して、私たちは同時代人に影響を与えたいと思っていた。それにまた、私たちが腹にすえかねることや、驚異、賛同の気持を即座に表明できる手段を手近に持っていることは、ひじょうに有益だった[23]。

『レ・タン・モデルヌ』創刊号に掲載された「『レ・タン・モデルヌ』創刊の辞」、翌月の第二号に掲載された「文学の国営化」、さらにはその一年余りのちの一九四七年二月より連載された『文学とは何か』という、初期『レ・タン・モデルヌ』掲載作品を貫くサルトルの主張を一言で言えば、「政治参加」の文学、いわゆるアンガージュマン文学の提唱である。

『文学とは何か』の中でサルトルは、両大戦間に安逸の日々をむさぼった自分たちを断罪し、襲ってきた戦争によって「大地がわれわれの足元からくずれてゆくように思われ[24]」たと告白している。ヒトラーによる「大手品」が、サルトルたちに教えたものは「歴史」だった。芸術至上主義の作家が、「何の役にも立たない作品を作[25]」り、自分は「社会の埒外に立つ[26]」と考えても、それは無駄というものであり、すべてが歴史の中に包含され、歴史のうねりから逃れるすべはない。逆にいえば、人間は一つの「全体」であり、よく読みとる目には、その個人に状況すべてが、世界全体が映し出されている。

人間が開示するものはこの世界なのである。一人の人間は全地球である。人間は……一切に対して責任を持つ(27)。

だから人間は歴史を注視し、よりよい社会を選択せねばならぬ。

社会が人間を作るとすれば……人間はまた社会を作る(28)

であるとすれば、大戦後、瓦礫の山となった閉塞した現実の中で、自分たちの力で現状を打開できないだろうか。アメリカに助けを求めるのではなく、ソ連に寄り添うのでもない。第三の道、新しいヨーロッパは築けないか?

一応の目標として社会主義ヨーロッパを目指すが、フランス共産党に入党し、「猫を猫と呼ぶ(29)」こともできなくなるのは真平《まつぴら》だ。「主人持ちの文学」になることは拒否する。社会主義は手段であって、それが自己目的化するのでは何にもならない。究極の目標は人間の解放であり、自由だ。

——このようにサルトルは熱っぽく説く。

こうして『レ・タン・モデルヌ』は、しだいに対立の深まる米ソの谷間で翻弄されるフランスの状況を監視し、第三の道を探り、また一方、この世界に巣食う瞞着を暴き、この時代を表現する文学を提出するよう呼びかけたのである。

そして、政治参加しない作家は断罪される。

作家は彼の時代のなかに状況づけられている。一つ一つの言葉はさまざまの反響を生むのだ。一つ一つの沈黙もまたその通り。私はフローベールやゴンクールを、コミューヌにつづくあの弾圧について責任があると考えている。なぜなら彼らはこの弾圧を阻止するために、ただの一行も書きはしなかったからだ[30]。

アンガージュマン文学の出発を告げる、四十歳の編集長サルトルの口吻は若々しい。

作家には何としてものがれる道がないのである以上、われわれは作家がしっかり自分の時代と一つになることを望むのだ。自分の時代が作家の唯一の機会なのだ。時代は作家のために作られ、作家は時代のために作られている。……もっとよい時代はあるかも知れないが、これはわれわれの時代なのだ[31]。

名文だった。サルトルのアンガージュマン文学の提唱は、大きな反響を呼んだ。フローベールたちへの非難などは、現在から見れば文学の幅を狭くとり、相当強引な論理でもあるが、戦争直後のことであり、誰もが「歴史」の翻弄に心の傷を負い、占領の苛酷な抑圧の記憶も生々しかったから、多くの知識人の共感を呼んだのであろう。このような批評家にして総合雑誌編集長も兼ねた、まさに超人的な姿が、フランス国内はもとよりヨーロッパ各国、アメリカ、さらにははるか極東の日本にまで、さまざまな形で届いていたことは言うまでもない。

一九五一年（昭和二十六）の日本の文芸雑誌『文学界』九月号の対談[32]で、文学批評の雄、小林秀雄は、サルトルには「復讐の念みたいな、残酷なものがある」と批判しながらも、サルトルの批評の「あの鋭さにはとてもかなわない」と脱帽している。小林という自信家にしてこの言葉だった。

知の帝王としてのサルトルの覇権は、ここに極まることになる。

邦訳四〇〇字詰約二九〇〇枚の『存在と無』に加えて、同じく六四〇枚の『嘔吐』と、第一・二巻のみですでに二一〇〇枚の『自由への道』。これだけでも異常な才能である。ちなみにカント『純粋理性批判』で一九〇〇枚、ヘーゲル『精神現象学』で一四〇〇枚、ハイデガー『存在と時間』で一六〇〇枚である[33]。

古来、哲学者の数は多いが、一級の哲学書に加えて一級の文学、それも長編小説を書いた者はいない。プラトンの著作が「文学的」といわれることはあるが、それは哲学を文学ふうの対話に仕立てたということである。万学の祖アリストテレスも、スコラ哲学の大成者トマス＝アキナスも、近代哲学の祖デカルトも、ドイツ観念論の巨峰カントやヘーゲルも、大仕掛けの芸術作品を書くことは不可能であった。ニーチェ、フッサール、ハイデガーも同様である。

二九〇〇枚もの哲学書を書きあげる緻密な頭脳を持ち、なおかつ三二〇〇枚もの長編小説を書くことのできる想像力豊かな才能は、人間の歴史上サルトルただ一人しか、これまでに現われたことがない。ついでに言えば、日本の長編小説の代表として名高い『源氏物語』は、与謝野晶子の現代語訳の枚数で三四〇〇枚となっている。世界の代表的な長編小説として名高い『戦争と平和』で四五〇〇枚である(34)。

現象学の創立者フッサール、実存哲学の巨匠ヤスパースとハイデガーに対抗する、フランス実存哲学の金字塔『存在と無』を中心に据え、この哲学作品によって世界を原理的に把握する一方、どのような哲学者もなしえなかった長編小説作家としての顔も、『嘔吐』および『自由への道』第一、二巻（『分別ざかり』『猶予』）によって併せ持つ。さらに『蝿』『出口なし』以下、劇作を続々と発表し、そしてなお、自ら創刊した『レ・タン・モデルヌ』の編集長として、鋭利な切り口の社会批評、文芸批評を生み出すジャーナリストとしての顔も持ち続けた。このような稀な才能――巨大で多彩、しかも緻密で想像力豊かな知の万能人が、一九四五年、占領から解放されたフランスの首都パリに出現したのだ。

屈辱に満ちた戦争による翻弄と、うしろめたいドイツ占領の影を払拭すべく、サルトルは書き、対話し、講演した。論争し、説得し、罵倒した。疾走するサルトル、疾走し続けた才能サルトル。

好意的なものであろうと、ゴシップであろうと、サルトルの記事がジャーナリズムを賑わせない週はなかった。彼の名前を知らないフランス人はいなかった。彼の著書は世界中で翻訳された。フランスだけでなく、世界がサルトルを見つめるようになっていった。サルトルの時代だった。一九五二年（昭和二十七）一月、極東の日本で、第二十六回芥川賞を受賞した堀田善衛の『広場の孤独』には、「サルトル、サルトル、サルトル、日本でまでサルトルは有名か」などと、サルトルの名が十三回も現われた。『週刊朝日』一九五三年十月四日号によれば、日本を訪れた『フィガロ』紙の記者は、京都の芸者からサルトル論を吹きかけられてしどろもどろになった。あの幼いサルトルの夢想通りに、世界は彼の前に跪いていた。

　いつか人間たちが自分の足下に平伏するにちがいない(35)

たしかにその日がやってきていたのだ。サルトルは世界の知の帝王だった。サルトルの時代だった。

第4章　政治の海へ

1　第三次世界大戦の跫音

知の世界での戴冠が進行していたサルトルは、かつて虜囚から戻った占領下のパリで、敢然と参入しようとして果たせなかった未踏の領域〈政治〉に、今再び挑戦しようとしていた。しかもその政治は、サルトルの本来不得手な分野であり、もともと関心すらなかった世界である。しかし歴史の奔流に藁屑のように押し流され、あまつさえ虜囚という屈辱まで味わった「知の帝王」としては、万難を排して自らの版図に組み入れないではいられない領域でもあったのだ。

政治は、人間の日常生活、知的活動から、産業、経済、軍事ほか、あらゆる領域をことごとく横断・包括し、いわば人間の一切を支配する枠組みである。この政治という分野について、若き日のサルトルは、やがてボーヴォワールとの対話『別れの儀式』の中で述べるように、いずれ五十歳ぐらいにはやらねば、と思っていたようだ。しかしそれは、作家として書くべきものを書きつくした後、いわば名誉職として、あるいは隠居仕事として関わるつもりであったろう。

だが「サルトル現象」の起きた一九四五年にはまだ四十歳、文学も哲学もなおこれから存分に展開させねばならない年齢で、政治の敷居を跨いでしまったのだ。それほどまでに戦争の衝撃は大きく、しかもようやく解放された戦後の雲行きには、ただならぬものがあったのである。

戦後のサルトルの政治へのアプローチは、大まかに言って、一九四五―五二年の七年間の試行錯誤期（第一期）、五二―五六年の四年間の共産党との同伴期（第二期）、五六年以降、二十四年にもわたる非共産党左翼期（第三期）とに分けられよう。このうち五六年以降、晩年までの第三期については、主として第6章で詳述するが、この章で扱う第一、二期および第三期の初めについては、次の三点がサルトルの政治行動の象徴としてあげられるだろう。

第一は、すでに前章でも述べた『レ・タン・モデルヌ』の刊行である。サルトルはこの雑誌によって、政治潮流を鋭敏に探知し、またそのつど論評という形で、編集グループの判断を世に伝えようとした。

第二は、ＲＤＲ（民主革命連合）の結成。これは、米ソいずれにも与しない第三の道を目指した政治組織である。この組織に、サルトルは全面的に肩入れをした。資金を提供し、演説をし、政党を現実に組織しようと、直接的な行動にまで踏み込んだ。

そして第三は、『弁証法的理性批判』の執筆である。ＲＤＲに失敗したサルトルが現実の世界から一歩退き、書物によって政治を捉えようとした試みで、現実政治をさらに越え、人間の行為の総体としての「歴史」の解明を目指す壮大な企図をもつ書となった。

本章では、これら三つのキーを中心に、政治分野をも自らの版図に繰り入れようと苦闘した、サルトルの戦後の姿を追っていくことにしよう。

一九四五年十月、パリ。作家と学者たちが一体となって、混乱を極めるヨーロッパ世界の中で、政治・文学・哲学を探究する新時代の月刊誌、知の航路を切り拓こうとする雑誌『レ・タン・モデルヌ』を出帆させようとしていた。その二カ月前、アジアでは日本が降伏し、五年にわたる第二次世界大戦はすでにその業火を収めていた。極東の鎮火に先んじ、すでに四五年五月に交戦の終了していたヨーロッパでは、各地で復興の槌の音が響いていた。

パリの人々は真新しい白い表紙の『レ・タン・モデルヌ』創刊号を開き、新編集長が毎週火曜と金曜の五時半から七時半の間に接見をするという告知に目をとめた。記事では、戦争中ロンドンで反独誌『自由フランス』で健筆をふるったレイモン・アロンの「自由の幻滅」と「事件以後、歴史以前」、またすでに現象学者として名をあげていたリヨン大学講師メルロ＝ポンティの「戦争は終わった」などが目についた。これと並んで、編集長ジャン＝ポール・サルトルによる巻頭第一ページからの「創刊の辞」、そして一六三ページから始まる「大戦の終末」という記事も掲載されていた。その記事は、アロンの「事件以後、歴史以前」が終わった次のページから始まり、日本が降伏した暑い夏の日、一九四五年八月半ばのパリを描写してこう始まっていた。

旗を掲げて祝えとは言われていたものの、人々はそうはしなかったし、大戦は、無関心と懊悩とのなかで終焉を告げた。……うっとうしい夏の午後に、平和到来を告げる一門のか細い大砲の音が咳をするように鳴っていた。人々は、橋の上を、街のなかを、慢性になった飢えと不安とで外のことは考えられずに、生気のない眼をして、通っていた。(1)

なぜ、なのか。なぜ地上から戦闘がすっかり消えたのに、人々の眼は輝かなかったのか。もちろん、パリから戦火が去って一年半、なお食料の配給が続き、いまだ生活が楽にならないということはある。しかしそればかりではない。大戦が終わり、再び平和が巡ってきた時、フランス人はもはや、かつてヨーロッパ中央に君臨したフランス帝国が失われ、大英帝国と覇を競い、アジアにまで進出した世界第二の大国の栄光が、もう二度と戻ってこないことを知っていたのだ。

今まで平和というものは、何か昔の状態の再来のように思われていた。一九一八年から一九二五年にいたる気違いめいた年月の再来、フランスの繁栄、フランスの偉大の再来のように思われていた。……最近の嵐の彼方にぼんやりと予知される平和は、フランスがもはやごく小さな位置しか占めないような巨大な世界平和である。あの午後、咳をするようにして鳴っていた小さな大砲の音は、フランスとヨーロッパとの地すべりを決定してくれるものだった。世界の他の端で下された決議は、我々の汚辱や苦悩が終わったことを教えてくれた。ありがとうと言うより外にしかたがなかったわけだ。(2)

人々が「生気のない眼」をせざるをえなかったもう一つの理由、それはヨーロッパ世界の「他の端」、荒れ果てたヨーロッパ半島のその向こうに、フランス人たちは途方もないものを見なければならなかったからだ。

封建的な小さな王国、ドイツ、イタリア、日本は地上に倒されている。世界は単純化され、たった二人の巨人が立ち向かい、しかも、お互いに好意のこもった視線では眺め合っておらぬのだ。(3)

第3章ですでに述べたように、ヨーロッパで戦闘が終わった時、東はウクライナから西はフランス大西洋岸まで、延々三〇〇〇キロにわたって、ヨーロッパは瓦礫の山だった。崩れた煉瓦と曲がった鉄骨と穴だらけの地面の大陸に残されたものは、半病人のような国家の群れで、それらの両端に「二人の巨人」アメリカとソ連とが睨み合っていたのだ。

かつての栄光の大陸、「文明」の名に値した唯一の大陸ヨーロッパが、二十世紀前半に産み落とした凶暴な鬼子としてのファシズム、その暴威の前に、母なるヨーロッパは徹底的に蹂躙され、破壊された。かろうじて耐え続けたのは、海に浮かぶイギリスのみだった。しかし島国イギリスはひたすらナチスの猛爆に耐えたのであって、自力による反攻など望むべくもなかった。一時は世界を席巻するかと思われたファシズムを打ち破った勢力はヨーロッパではなく、その辺境から現われたのだ。

ヒトラーによる大陸完全支配の野望に対し、肉を切られながら骨を嚙み砕いたのはソヴィエト連邦であり、史上空前の敵前上陸を敢行して戦局を決定的に転換させたのはアメリカ合衆国であった。ソ連の戦争犠牲者は、軍民あわせて千八百万人にものぼる。それはヨーロッパ大陸の外側でまで死闘を繰り返したドイツ側の、同じく四百三十万人をはるかに凌ぐ犠牲者数だった。ソ連は、産業の中心だったヨーロッパ・ロシアの主要部分を失いながら、工場や諸施設をウラルの東に移動させ、苛烈な焦土作戦を繰り返しながら、一九四二年末のスターリングラード反攻を機に、戦局を奪い返した。アメリカは一九四二年半ばのミッドウェイ海戦以来、片手で日本軍を南太平洋から追い払いながら、もう一方の手でナチスを北アフリカに、南イタリアに、さらにはノルマンディに追い詰めていった。

ヨーロッパは自らの力では何もできず、ただこれら辺境に位置する両大国の反攻を待つだけだった。このようにして一九四五年五月、焼け野原となった大陸の東と西には、かつては非ヨーロッパの蛮国として蔑まれながら、いまや超大国と化した二国が聳え立っていたのである。

大戦が終わった時、世界の金（ゴールド）の三分の二を保有し、空前の経済力を誇り、世界最大の空軍と海軍を擁するアメリカと、壊滅したヨーロッパ大陸に世界最大の陸軍を展開していたソ連。しかもこの両巨人がともかくも手を握り合っていたのは、共通の敵、ナチス・ドイツが存在していた間だけであり、すでに大戦終了前から種々の微妙な対立が始まっていた。

一九四五年後半、半病人国家の集合にすぎないヨーロッパ世界は、サルトルの目に不安に映った通り、この二つの超大国にはさまれ、その反目に怯えていた。四五年五月のドイツ降伏の頃、ボーヴォワールはすでに次のように記している。

で、これから先はどうなるのだろう? マルローは第三次世界大戦の幕はすでに切って落されたと断言していた。[4]

再び戦争になるのだろうか。なるとすれば、両者の勢力がせめぎ合うヨーロッパが主戦場となることは目に見えている。第三次世界大戦の恐怖はそれ以降、ヨーロッパの人々にずっとついてまわることになる。戦争はどのように起こるのか。今は食べ物にもこと欠くフランス人は、どちらについたらいいのか。

フランスの国家戦略は、米ソどちらにもつかず、「第三の道」を模索するというものであった。しかし現実には、「敗戦国」フランスが米ソの厳しい対立から自由でありえるはずはない。あえて「超然たるフランス」を志向したド＝ゴールが大統領となって権力を握っていたのは、一九四四年八月から四六年一月までと、五八年六月から六九年四月までであるが、むしろこの二つの間の時期こそ冷戦が深刻化し、フランスが米ソ核戦争の脅威に怯えた期間なのである。一九四六年一月に、政党間の対立に嫌気がさしてド＝ゴールが下野したのち、フランスは背に腹は代えられずアメリカに援助を仰ぎ、欧州復興を目指す四七年六月のマーシャル・プランを経て、アメリカの懐《ふところ》に深く入り込んでいった。

しかしながら、サルトルを含むフランス知識人の間では、事情はまったく異なっていた。欧州東端の巨人ソヴィエト社会主義共和国連邦に対しては、なお地上の楽園、労働者たちの祖国という革命神話が生き続けていた。すでに述べたように、『レ・タン・モデルヌ』が創刊された一九四五年十月は、ロシア革命後二十八年。フランス人が歴史に誇るフランス革命はブルジョワ革命なのであり、その正当な嫡子として百二十八年後に引き続いて起きたものこそ、プロレタリア革命たるロシア革命である――こういうレーニンたちの主張は、フランス人のプライドをそれなりにくすぐるものでもあった。

その嫡子ソ連を無視して、金まみれの資本主義国アメリカ合衆国について行っていいのか？　しかも、一九一七年の十月革命で権力を奪取したレーニンは、第一次大戦の戦線から一方的に離脱して以来、ソ連外交の「平和主義」を売りものにしていた。平和主義のソ連を見捨てていいのか？

一九四五年十月の戦後フランスの第一回総選挙で、共産党が第一党になったことに象徴されるように、ソ連や共産党に対する期待は高く、レジスタンスでおびただしい共産党員の血が流れたこともあり、コミュニズムは強力な牽引力を持っていた。

このような状況で、政治的針路を探るべく新雑誌を創刊したサルトルは、どのような立場を選択するのか。

まず、サルトルの前に立ちふさがった最大の存在は「歴史」である。『奇妙な戦争』の中で、彼は次のように書いている。

〈歴史〉は、私の同時代人だれもがそうだったが、私を取り囲み、ひしひしと締めつけ、その圧力を感じさせていた。(5)

万能の人たるべきサルトルを締め上げた「歴史」は、「奇妙な戦争」の執筆当時は、確かにまだ「締めつけ」る程度ですんでいた。しかし、次の瞬間にはフランス軍全体の大敗北、軍組織の決壊となって、一兵卒サルトルを逃亡の濁流の中に押し流したのである。

いままた米ソ二巨人の睨み合いという形で、再び歴史の大決壊が危惧されていた。苦い屈辱を味わってきたサルトルであったから、彼のこの時の決意を『自由への道　第二部』(『猶予』)の中のマチウの言葉で示すなら、「二度とだまされまい」ということであったろう。だまされないためには、目を皿のようにして「時代」を見つめなければならない。『レ・タン・モデルヌ』という誌名には、明らかにサルトルをはじめ同人たちの、時代に対するそうした問題意識が潜んでいよう。

サルトルが政治的に目指したものは、「自由な社会主義」であった。この立場は、一九四一年の「社会主義と自由」以来、『レ・タン・モデルヌ』の創刊後も変わらなかったし、ついに死ぬまで変わらなかった。

彼はブルジョワの支配する資本主義社会を嫌い続けた。マルクスの説いた通り、いずれプロレタリア革命を通して社会主義社会が実現するだろうし、またそうあるべきだと考えていた。しかし、ソ連やフランス共産党という社会主義組織の現実に見られる暗い影——独善、専制、抑圧、強弁などに対してもまた、強い反感を抱いていた。だからこそ「自由な社会主義」なのである。

すでに述べたように、社会主義という政治体制への共感は、サルトル個人のものというより、一種時代の考え方、知識人たちの共通認識だった。第二次大戦中、フランスの唯一の輝きであったレジスタンスの戦いそのものが、「社会主義フランス」を夢見ていたのだ。パリ解放の一九四四年八月頃についての、ボーヴォワールの証言がある。

C・N・R〔レジスタンスの統一機関〕の憲章によって、フランスは社会主義への道をたどるはずになっていた。フランスの国は土台まで十分にゆさぶられたから、新たな変動を待たなくとも、その社会構造の根本的な改革を実現できる、と私たちは考えていた。〔カミュ主宰の〕『コンバ』紙がスローガンとして掲げた「レジスタンスから革命へ」という言葉は、私たちの希望をそのまま表現していた。(6)

こうした時代風潮の中、しかもロシア革命後三十八年、「鉄のカーテン」の向こう側の暗い現実がいまだ明らかにならない中では、コミュニズムを現実化した姿としてのソ連やフランス共産党に対する多少の違和感は、いわば「我慢の範囲」と捉えられていたであろう。

現実のソ連やフランス共産党に種々問題はあっても、それらは理想との「誤差」であって、いずれそれは正しい方向に変わるであろうし、また変え得るだろう。ともかくコミュニズムこそが人類の希望であり、人間が初めて自身の手で作り出した、自らを正しく統治し得る理想、最終の政体なのだ――そうした熱く切実な期待がかけられていたのだ。

このようにしてコミュニズムは、戦後フランスの知的世界を支配し、眩暈させた黒い太陽のような存在であった。その実体については、現実の姿であるソ連やフランス共産党を含め、節を改めて詳しく検討することにしよう。

サルトルは捕虜体験以来、理論と実践の両面から、社会主義を望ましい唯一の政治体制と考えていた。一九四四年九月、『レ・タン・モデルヌ』編集委員会発足ごろのサルトルの心情を、ボーヴォワールは次のように語っている。

もし人間を新たに作るということなら、これ以上彼を夢中にさせる任務はないのだった。それ以来彼は個人主義と集団を対立させるかわりに、そのふたつを切り離して考えることができなくなった。与えられた状況を主観的に引受けることによってではなく、その状況を客観的に変化させ、自己の渇望にふさわしい未来を築きあげることによって、自由を実現するのだ。この未来は、彼が大切に思っている民主的諸原理から考えても、社会主義であるべきだった。……今や彼はそこに人類にとっての唯一の救いと、彼自身の実現のための条件を見出すようになったのである。……大衆は共産党のあとに続いて前進しつつあった。社会主義が勝つためには共産党によるほかはなかった(7)。

「社会主義を通しての自由の実現」——その麗しい文言は当時のサルトルとボーヴォワールの心情をよく物語っていよう。しかし、本当に社会主義とフランス共産党は、それほど光輝ける存在だったのか。

2　コミュニズムという神話――時代の磁力

「あなたが社会的にはっきりした立場をとりたければ（Si vous voulez vous engager）」と馬鹿な若造がいった、「なぜすぐ共産党へ入らないのですか？」と。[8]

という強烈な出だしで『文学とは何か』は始まる。政治参加がしたいのなら、フランス共産党に入ればよいではないか――こうした問いを、馬鹿らしいと紙上で拒絶するサルトルの口吻には、どこかに苛立ちが見えるようだ。それほどまでに当時、フランス共産党、さらにはコミュニズムの権威が強く、そうした「馬鹿な」問いを単純にはね返すことが、実は困難だったからである。

日本の戦後にも同じ風潮が見られた。日仏共産党はともにファシズムに身を売らなかった唯一の政党として、両国の戦後社会に屹立した。ことにフランス共産党はレジスタンスを主導することによって、七万五千人にものぼる殉難者を出した「聖なる党」だったのだ。

海原峻『フランス共産党史』が引用している、E・モランの『自己批判』によれば、

> 知識階級の連中は、スターリン主義とは愛想のよい敬意のこめられた関係、または、なれあっているといってよい関係を保っていた。サルトル、マルロー、カミュの側からも本質的な批

判は一向になされなかった。……知識人たちはわれわれを恭順な臆病さをもって眺めていた。われわれは、銃殺されたものの党であった(9)

共産主義はマルクスの言うように、まさに「妖怪」の如く十九世紀半ばに現われ、二十世紀に至って政治の中心に、強靭さと酷薄さとをもって君臨した。サルトルの後半生は、コミュニズムがもしなかったなら、どれほど心穏やかな、また実り豊かなものになっていたかと思われる。

コミュニズムは、恐らく二十世紀最大の問題であろう。自由を求め、人間の解放を求め、人々の希望を担って出発した天使のような思想が、とうてい信じがたいほどの殺人と恐怖と抑圧という悪魔を呼び寄せた。地上の楽園をもたらすコミュニズムという神話は、東欧ではその過酷な実態ゆえに戦後早々に葬られることになったが、鉄のカーテンの外側ではそうではなかった。

この世に実現した天国という、ソヴィエト国家をあげてのプロパガンダの中で、西欧のみならず、広く世界の労働者、知識人の間に、コミュニズムは「聖なる思想」として広まった。世紀も半ばの一九四九年、アジアの大国中国に革命は輸出され、さらに朝鮮、ベトナム、キューバへという形で、ついには地球上の三分の一が共産圏に含まれ、未来への人々の希望として二十世紀に君臨した。鉄のカーテンの向こうから漏れてくる呻き声は、しだいに人々に疑惑の念をもたらしたとはいえ、西欧では一九八〇年代に至るもなお、「それでも資本主義よりはまし」という幻想を撒き続けた。

コミュニズムによって殺された人間は、ソ連だけで一一五〇万人とも、あるいは五〇〇〇万、八〇〇〇万ともいわれるが、いずれの数字であっても、「反革命」という罪名でこれだけの人々が殺されてしまうというのは、まったく信じがたいことである。史上最悪と非難されるナチのユダヤ人虐殺ですら、六〇〇万人なのだ。人間が自分の頭で捻り出したイデオロギーがもたらした惨禍は、身の毛もよだつものであった。

そもそも、サルトルの後半生に背後霊のようにまとわりついたコミュニズムとは何であったのか？　そして一九一七年のロシアで、それが国家形態として現実化したあと、フランス国内で活動拠点となったフランス共産党の実態がどのようなものであったか、ここで改めて振り返ってみよう。

一八八三年に没したマルクスの清新な思想、コミュニズムは、「いっさいがカネ次第」の資本主義社会を倒壊させ、私有を廃することによって働く人々を貧困や絶望から救い、あらゆる人間が人間らしく生きられる社会を建設することを目指した。このほとんど天使的な理想を持ち、唯物史観と剰余価値説によって理論武装されたコミュニズムは、革命は経済的、歴史的に必然であるとするその強烈なテーゼにより、たちまちのうちに最有力な社会主義思想に躍り出た。マルクスの死後三十四年の一九一七年、マルクスの予想しなかった資本主義後進国、というよりむしろ農業国であった、ヨーロッパの東の果ての寒い大地ロシアで、「社会主義革命」が実現する。肝心のプロレタリアートがろくに存在しない国での「プロレタリア革命」であったが、これは天才的な政治手腕をもつレーニンによって「人工的に」造り出されたものだった。

しかし、革命の父レーニン及び彼に率いられたボルシェヴィキ党による、革命の暴力性、排他性、独善性は当初からのものだった。それは次のような点から明らかである。

たとえば、一九一七年十月二十五日の十月革命後、ボリシェヴィキ新政府が布告・実施した選挙で成立した憲法制定議会では、ボリシェヴィキは四分の一しか議席を取れなかった。すると制憲議会開催初日の一八年一月五日、レーニンは自身の意見が通らないことを確認するや、ただちに議会を一方的に解散してしまう。「革命全体の利益は、制憲議会の形式的な利益に当然にも優先する」という理屈であった。

同じ頃、一九一七年十二月末、反革命に対する闘争のためとして成立した非常委員会が、しだいに秘密警察化し、「反革命」の汚名を浴びせて反対派を次々に拘束した。

あるいは、本来は他派が起こした革命の果実を簒奪したボリシェヴィキに対し、一九二一年六月、「党（ボリシェヴィキ）ではなく、ソヴィエト（労農会議）に権力を！」というスローガンのもと、反旗を翻したクロンシュタット軍港の二万の水兵を、問答無用とことごとく殺害する。

さらには、ボリシェヴィキ党以外の政党がすべて禁止されただけでなく、一九二一年のクロンシュタット反乱のさなか、党内分派を禁じる命令がレーニンによって出され、ついに党内民主主義も否定された。

このようにして、「絶対無謬」の党中央による超中央集権が形成され、いっさいを上部が決定し、逆らえば排除、さらには収容所での強制労働か、果ては銃殺が待っているという、恐怖の体制が成立していった。

確かに、史上初の社会主義革命であるがゆえに、国内の反対派に加え、西欧や日本まで含めた革命圧殺勢力の「死に物狂い」の干渉圧力の中で、何としても革命の灯を守ろうという意識が、レーニンたちの心にたぎっていたであろう。しかし、反対をいっさい許さず、国民から意思決定の方法を取り上げ、「先験的に正しい」共産主義理論を体現しているはずの党中央が、思うがままに国家を丸ごと強引に引きずっていくというレーニン・システムは、多くの虐殺を繰り返しながら、暗く、恐ろしい巨大な怪物を、二十世紀の世界に生み出していった。

さらに付け加えれば、レーニンたちにとっては、のちのスターリン時代に唱えられる「一国社会主義」など、本来考えることもできないものだった。世界革命こそがレーニンたちの目指す目標であり、ロシアに引き続いてドイツを初めヨーロッパ各地で次々と革命が起こらなくてはならないし、また起こるはずだ。そうでなければ、ロシア革命など何ほどのものでもないし、第一もたないだろう。

そうであればこそ、各国の共産党は、各々独立した存在であるどころか、革命を現実に成功させたロシア共産党の出先機関か現場事務所でかまわない。もちろん、ソ連の傀儡と見られては反発を呼ぶため、表面的には独立した存在として振る舞ったし、モスクワもそのように取り繕った。しかし、フランス共産党が「モスクワの長女」と呼ばれたように、実態は確かな目で見る者には明らかだったのである。

サルトルと永年死闘を演じた、非社会主義国最大の勢力を誇ったフランス共産党は、当然「ロシア出先機関」の一つであった。その出発は一九二〇年の社会党大会で、社会党員一八万中、一三万人が、レーニンの呼び掛けに応じて脱党、フランス共産党として誕生したものである。

この時の社会党党首、レオン・ブルムが分裂反対の演説で、「ロシア・ボリシェヴィキの『セイレーンの声』に惹かれて行く先は破滅への道であり、光栄あるフランス革命の真の後継者である社会党を捨ててはならない」と必死に訴えた叫びは、いまなお有名である。しかしそのことは逆に、このブルム演説の三年前に起きたロシア革命の栄光がどれほど輝かしく、また魅力的だったかを物語っている。

そのロシア革命から第二次大戦終了、『レ・タン・モデルヌ』創刊まで二十八年。この間、スターリンを独裁者に戴いたソヴィエト連邦は、不倶戴天の敵であるはずのナチス・ドイツと独ソ不可侵条約を結び、ヒトラーの領土的野望を西に向けることで、西欧を大戦の惨禍に突き落としたと非難された。また、ヒトラーと組んでポーランドを侵略し、両国で分割するという、帝国主義国家としての本性を露わにする。

しかし、これら決定的とも思われた信用失墜も、スターリングラード戦以来のソ連の華々しい対独勝利と、フランス共産党員たちのレジスタンスでの果敢な戦い、及びその組織的な指導力とによって、いつの間にかすっかり埋め合わせがなされていた。

あまつさえ、大戦末期のスターリンによる対西側融和政策は、フランス人の警戒心を和らげ、こうした中で人々の熱い期待が、一九四五年十月の戦後第一回目の選挙で現実のものとなる。この総選挙で、投票総数一九六六万票のうち、フランス共産党は五〇〇万票、じつに二五・四パーセントを獲得して第一党に躍り出た。一九三六年の人民戦線内閣成立時の総選挙での得票が一五〇万票であったから、どれほどの期待が加わったかが判るだろう。その後も長期にわたりフランス共産党は高得票を重ねる。戦後もなお、レオン・ブルムの警告した「セイレーンの声」はこだまし続けていたのである。

史上初めて人間が、人間の理性に従って、搾取のない合理的なシステムで運営する国家が誕生した。いや、その国家自体がやがて消滅し、人々が自由に働き、自由に受け取れる理想の国が実現する。コミュニズムへ、労働者の王国へ――その甘美な囁きは、秘かに含まれる多くの棘、見え隠れする暗く恐ろしい影を意識していたサルトルにとっても、また多くのフランス知識人にとっても、なかなかに抗し難いものだった。

それゆえにこそサルトルは、「自由な社会主義」を追求し、党員としての拘束を受けない、「党に属さない社会主義者」という立場を選択し、社会主義を通して最終目標たる自由を実現できないだろうかと考える。

具体的には米ソいずれにも与しない第三の道、独立した「社会主義ヨーロッパ」を目指すこととし、それがそのまま『レ・タン・モデルヌ』の立場となる。その考え方はボーヴォワール、メルロ＝ポンティも同様であった。

3　『レ・タン・モデルヌ』とサルトルの孤立

社会主義への期待が持続する中、『レ・タン・モデルヌ』は戦後ヨーロッパの知の海に乗り出す。その刊行は、戦後フランス、というよりむしろ戦後西欧文化の一偉観であった。

いまだ戦塵冷めやらぬ中、新しい芸術や思想で世界の注目を集めていた百家争鳴のパリから、哲学・文学・政治に新たな知を切り拓く、若きエコール・ノルマル・グループをコアとする総合雑誌がスタートしたのだ。編集長は、哲学者・作家・劇作家を兼ねた巨人サルトル。そのサルトルを新進の現象学者メルロ＝ポンティが、マルクスを原典から読み込んだ政治理論で補佐し、さらには政治批評の第一人者アロン、また実存主義作家にしてやがてフェミニズム思想の開拓者となるボーヴォワール等々、戦後フランスを代表する人々が名を連ねていた。『レ・タン・モデルヌ』は発刊後、十年近くも他誌を圧倒し、激動するフランス思想界を領導した。そのありさまは、当時ロンドンで教鞭をとっていた経済学者ロナルド・ドーアの次の一文からも察せられよう。

当時〔五〇年代初め〕のパリはヨーロッパの知的文化の中心地、知識人が毎月の *Temps Modernes* という雑誌をむさぼり読んで、サルトルやカミュの最新説をわいわい議論するというイメージだった(10)

カミュは『レ・タン・モデルヌ』の寄稿者とは言えないから、正確さに欠けるところはあるが、『レ・タン・モデルヌ』とカミュの主宰した『コンバ』紙とは寄稿者が重なり、それぞれがグループを形成していたため、ロンドンから見るとこういうイメージになったのであろう。

『レ・タン・モデルヌ』の航路は、傍目には派手で生き生きとし順風満帆のように見えた。しかし、その内実は苦渋に満ちたものだったと言わざるを得ない。一九四五年当時、サルトルやメルロ＝ポンティにとって、プロレタリア革命がやがて起きることは「常識」に類することであり、知識人の役割としてそれを「より早く、より確実に」招来させることと、結果として出現する社会主義を、「自由な社会主義」のレベルに引き上げられるかどうかだけが問題であった。

サルトルの立場からすると、『レ・タン・モデルヌ』がフランス思想界を制覇した一九四五年から五三年にかけてのおよそ八年ほどの期間は、サルトルと『レ・タン・モデルヌ』の志向であった、米ソいずれにも与しない「第三の道」を、どのように現実の事件に即して雑誌の針路として採用できるかに、苦悩し続けた時間であった。

この過程で、サルトルは僚友と次々に対立、また論争を引き起こす。アロン、カミュ、ついにはメルロ＝ポンティのいずれもが、雑誌とサルトルのもとを去っていく。アロンが去ったのは、雑誌刊行後わずか一年足らずの一九四六年六月頃、さらにソ連型社会主義の是非をめぐって、有名なサルトル―カミュ論争が起きたのは五二年八月、そして五三年五月にはメルロ＝ポンティも去り、同時に『レ・タン・モデルヌ』の知の世界での覇権が終わりを告げる。

もともと「第三の道」と「フランス共産党との批判的同伴」とを、いわば「二つのテーゼ」とし、知識層をはじめとする強い支持を得て出発した『レ・タン・モデルヌ』だったが、そのアキレス腱は、超大国ソ連及びフランス政界第一党たる共産党に対する微妙な関係、つまりは彼らとの距離の取り方だった。要するに、二つのテーゼの間には、初めから矛盾があったわけである。

一九四四年八月のパリ解放後、翌四五年にかけては、右から左までのあらゆる人間が肩を組み合うような蜜月期があったし、『レ・タン・モデルヌ』の第一回編集会議が開かれたのもその時期である。しかし、そうした美しい年月は矢のように過ぎ去る。

解放されたフランスで、人々は機会あるごとに革命を語り、『コンバ』紙第一面の社名の下には、抵抗から革命へ、というスローガンが掲げられ、ジョルジュ・ビドーは「法による革命」というスローガンを掲げた。だが、こうした美辞麗句は空疎なものだった[11]。

醒めた眼差しをもつアロンは、「第三の道」を求めるという「第一テーゼ」に拠って『レ・タン・モデルヌ』に参加したのであろう。しかしこの類まれな政治分析家は、創刊号と第二号に三本の記事を立て続けに書いたあと沈黙してしまう。早くも、サルトル、メルロ＝ポンティ、ボーヴォワールといった雑誌の核になるメンバーとの間に齟齬が生じたのだ。それはアロンだけではなかった。この間の事情を、ボーヴォワールは次のように証言する。

『現代』誌〔一九四六年〕六月号は、「編集長ジャン＝ポール・サルトル」と明記して刊行された。編集委員会が割れてしまったのだ。オリヴィエは右傾して、新しく生まれたゴーリストの「国民連合」に共鳴していた。アロンの反共ぶりも目立ってきた。ちょうどその頃かまたはその少しあとで、私たちはアロンやピアとゴルフ＝ジュアンで昼食した。ピアもドゴール主義にひかれていた。アロンは、アメリカもソ連も嫌いだが、もし戦争になったら西側につく、と言った。サルトルは、自分はスターリン主義にもアメリカにも愛着は感じないが、戦争が起こった場合はコミュニストとともに戦うつもりだと答えた[12]。

アロン、オリヴィエは刊行後一年足らずで雑誌を去っていった。アロンの批判はその書『知識人の阿片』（一九五五年）に詳しく、マルクス主義を知識人の阿片と断ずる舌鋒は鋭い。アロンは、サルトルやメルロ＝ポンティなど多くの左派の知識人が、コミュニズムをあらかじめ絶対善と決めてしまい、資本主義とコミュニズムの間でダブル・スタンダードを適用していると批判する。

民主主義の失敗に対しては、情容赦のない態度をとりながら、〔社会主義という〕都合のいい教義の名においてなされる限り、極悪の犯罪に対してさえ、寛容である知識人[13]

まったくその通りだった。なにしろサルトルたちの方はプロレタリア革命が目標なのだから、社会主義を目的とする行動は、どうしても弁護の対象となる。アロンの言うことにまちがいがあろうはずがないのである。そして社会主義以外に人類救済の道を求めようとしないサルトルの態度を批判し、エコール・ノルマル以来の旧友は敵同士になってしまう。

一方、「サルトル―カミュ論争」によって二人が喧嘩別れしたのは、アロンとの訣別より六年後の一九五二年であった。カミュの場合もサルトルとの対立軸は、アロンと共通している。カミュはレーニンの暴力革命を嫌い、ソ連のコミュニズムを「専制社会主義」と非難していた。革命を起こすとしても、マルキシズム革命以外の革命もあるのではないか、というのである。

さらに、サルトルがカミュと訣別した翌一九五三年には、メルロ＝ポンティもサルトルのもとを去っていく。メルロ＝ポンティは、もともとマルクスの原典からコミュニズムを研究し、一貫して社会主義を擁護し、サルトルを引っぱってきた論客であった。しかしソ連における強制収容所が発覚したり、共産主義勢力による朝鮮戦争勃発などが重なり、社会主義の理念は正しくとも、現実の社会主義は汚れており、擁護に値しないばかりでなく、そもそも米ソの巨大な武力対決の狭間では、知識人の言論など意味を持ちようもないとして、政治的沈黙を選択するに至る。

サルトルはといえば、こうした僚友たちとの対立、論争のたびごとに常に相手よりも、より左派的なスタンスを採ることを選択し、しだいに共産党、ソ連寄りの立場に自分を置き直していった。サルトルは、社会主義の理念こそが、抜き難い歴史的な真理と判断していたのだ。

フランスをはじめとする資本主義社会という「貧困と絶望」の牢獄と比べれば、ともかくもソ連の方が搾取をしないだけ「よりまし」であった。社会主義を実現したソ連にさまざまな問題はあるにしても、まず資本主義下の貧困と絶望を除くために、社会主義革命を起こすことが何にもまして優先する、というわけである。

「歴史理性」というものが、プロレタリア革命からコミュニズム社会への道をはっきりと指し示していると考えるならば、フランス共産党とソ連とは、どれほど負の面を抱えていようとも、「最終選択肢」とならざるを得ない。サルトルの困難は、それらの負の面がしだいに無視できなくなるに従い、それをどのように自他に納得させられるかという点にあった。

もともとサルトルは「社会主義と自由」の経験から、政治運動における現実的有効性の面から、共産党抜きに革命は無理だという実感があったであろう。権力側からの弾圧をかいくぐり、抑圧に対して有効な打撃を与えるには、共産党の如く軍隊のように組織され、上意下達、全体が一丸となって敵から身を守り、敵を攻撃できるシステムを持たなければ、苛烈な政治闘争を生き抜くことはできないと考えていたであろう。

しかし共産党的組織はまた、宗教団体のように自身の絶対無謬を「信仰」させるとともに、政治的有効性を絶対的に優先する非人間性も持つ。例えば上部の方針変更は下部に対し、突然また無慈悲に降って来る。そのことに下部は抗弁できない。それゆえ、組織の末端では、永い間周囲に説いて回ってきたことを、上部の命令一下、一朝にして一八〇度変えなければならないことも発生する。また、政治的プラグマチズムを優先する世界では、見て見ぬふりをすることも、言辞を弄することも、人を騙すことも、さらには人を殺《あや》めることまでもが必要とされるであろう。この苦悩こそが、一九四五年から五二年にかけての時期、「第三の道」を求め続けていたサルトルの主要なテーマとなり、『自由への道』の第三部、第四部をはじめ、『シチュアシオン』シリーズに並ぶ『文学とは何か』をはじめとする評論や、『汚れた手』などの戯曲にも繰り返し登場してくる。

『汚れた手』はこの時期のサルトルが、政治の過酷さをテーマに取り上げ、一九四八年四月に初演されて大きな反響を呼んだ。

時は大戦末期の一九四五年三月、所は中欧のイリリ国。退却するドイツ軍と迫るソ連軍とで情勢が逼迫する中、青年党員ユゴーが出獄してくる。二年前、左派＝労働党と右派＝ファシスト政府、中間派＝自由ブルジョワ政党との合作を画策した党指導者エドレルを、「不純」だとして労働党幹部が暗殺命令を出し、ユゴーが実行したのだ。しかしこの二年間に、ソ連の指導により党の方針が変更され、今では三派合作というかつてのエドレルの方針が採用されて、暗殺者こそが反党分子として党の刺客に狙われることになる。ユゴーに好意を持つ党員オルガは、出獄したユゴーに対し、かつての暗殺者ユゴーは死んだことにし、自らは別人格として党に「回収」されるよう説得するが、初めてすべてを理解したユゴーは、「回収不能だ！」と叫んで、刺客の銃口の前に身をさらす。

この戯曲は、「革命に向けて着実に前進するプロレタリア」という真理に裏打ちされている以上、組織としての「共産党」は絶対的に正しく、誤ることなど決してありえないという神話が、それを担う生身の人間たちにどれほど過酷な運命を押しつけるかを、どぎついまでのタッチで描いている。つまり、無謬性の神話を維持するためには、党の判断が変わる時には、以前の判断によって下部が行なった行為は、その行為者個人の過ちとされてしまう、という非人間性である。党のため、党の命令で行なわれた「正義の」殺人が取り消され、彼は単なる裏切り者の暗殺者にされてしまうのだ。――共産党なしに革命はないが、共産党による革命は汚れた革命、汚れた社会主義にならざるを得ない。しかし革命のためであれば、すべては許されるのか？

一九四七年二月から『レ・タン・モデルヌ』に発表された『文学とは何か』にあるように、「作家の機能は猫を猫と呼ぶことにある(14)」と考えるサルトルにとって、共産党に入党して猫を猫と呼べなくなるのは、耐えがたいことだったのだ。さらに、四六年に発表されていた『唯物論と革命』では、マルクス主義者たちが金科玉条とする弁証法的唯物論を、観念的であり、思想的に誤っているという断罪までしている。しかし、フランス共産党に対しこちらから関係を断とうとはせず、往きつ戻りつするサルトルの苦悩は深かった。

新しい展開は、一九四八年にやって来る。「『レ・タン・モデルヌ』創刊の辞」から『文学とは何か』に至るサルトルのアンガージュマンの思想は、ついに自ら政党を起こし、「第三の道」を現実的、具体的に提供するという直接行動を生むことになる。ＲＤＲ（民主革命連合）の試みである。

一九四七年に『文学とは何か』を書き、作家の社会参加を説いたサルトルには、ジャーナリストのダヴィッド・ルーセから、本物の、つまり具体的かつ直接的な社会参加を求められた時、断る理由はなかった。ルーセの提案は、ＲＤＲ（民主革命連合）の設立、すなわち左派系知識人を糾合して、非共産党左翼の党を立ち上げ、非米・非ソ連を貫いて、中立の社会主義ヨーロッパを目指そうというものだった。それはまさにサルトルの主張そのものであった。

一九四八年二月二十七日、フランス中の新聞はＲＤＲの成立を報じた。この「サルトル＝ルーセ党」は、まさにサルトルの主張した「第三の道」を求めるものであり、米国紙にまで取材を申し込まれるなどの反響をまき起こして、順調に発展する。四八年末の政党集会は、カミュらのほか、アメリカ、イタリア、インド、ベトナムなどからも多数の参加者があり、四千人以上の人々でにぎわった。しかし、それがピークだった。

もともと組織とは相容れない性格のサルトルであったから、組織に入ることはもとより、組織を巧みに運営していくことなど、とうてい無理な相談だった。第三の道とはいいながら、組織内には反米トーンが強い勢力がある一方、反ソに固まった人々もあり、さらには資金難からルーセがアメリカの労組に援助を仰いだことで、ついに組織は分裂し、分解してしまう。サルトルの入党は四八年二月、離党は四九年十月、わずか一年八カ月の「アンガージュマン」であった。

アニー・コーエン＝ソラルは、その著書『サルトル　一九〇五—一九八〇』の中で、ルーセへのインタビューを載せている。ルーセはそこで、サルトルが大会や集会などでの演説をはじめ、RDRを成功させようと真剣に努力をしていたことは認めている。しかしそもそも、サルトルを政治運動に誘ったこと自体がまちがっていた、とも述べている。

　彼〔サルトル〕は活動家たちと実に率直に交流をしていた。しかし彼はいつも教皇のようなドグマの中に留まっていたんだ。これがつまりは政治活動への彼の参加を常に妨げていたのだと思う。というのも実のところ、明晰さにも拘らず、彼は現実からは程遠い世界の住人だったのだから。……確かに彼は観念のゲームや運動には非常に激しく興味を抱いた。しかし、現実の事件にはそれほどでもなかったし、世の中のことになんか情熱はなかったんだよ。……そうさ、サルトルはシャボン玉の中に住んでいた、そういうことなんだよ。(15)

サルトルの極度の観念性をズバリと言い当てて余すところがない。八年前、一九四一年の「社会主義と自由」の運動と同様、サルトルの直接的な政治参加は、このように非共産党左翼を作ろうとして失敗し、苦い挫折感を味わった。

さて、ではどうすればよいのか？

一九四九年九月にソ連の原爆保有宣言があり、同年十月に中華人民共和国が成立、五〇年六月に朝鮮戦争が勃発する。冷戦深刻化の中で、サルトルは沈潜と逡巡の二年半の後、一九五二年六月から五四年四月にかけて『レ・タン・モデルヌ』に発表した『共産主義者と平和』によって、「第三の道」を事実上捨て、フランス共産党とソ連に同伴するという道を選ぶ。

社会主義革命は不可避であり、共産党こそがプロレタリアの自由そのものであり、ソ連は建国以来侵略的であったことは一度もないと、共産党・ソ連を「絶賛」した『共産主義者と平和』は、人々の耳目をそばだたしめた。もともと労働者を資本のくびきから解放する社会主義革命を目標とし、現実のフランス共産党やソ連との関係は留保・調整していくというスタンスのサルトルだったが、目標達成のための現実的で効率的な方法を見出せない以上、思い切って「転向」し、結局は共産党・ソ連と同伴せざるを得ないという、いわば「必然」の結果であったであろう。

しかし大きく左カーブを描く過程で、レイモン・アロンとはすでに敵対しており、さらにはカミュ、メルロ＝ポンティらを周囲から去らせてしまったことは、サルトル自身にとって大きな損失になった。ただ、二十世紀も半ばを過ぎたこの時点になっても、なお社会主義へと誘う「セイレーンの魔性の声」が、知の世界に流れ続けていたことは、驚くべきことと言わねばなるまい。

『共産主義者と平和』によって、フランス共産党からもろ手を挙げて歓迎されたサルトルは、翌五四年には招待旅行でソ連を訪れ、フランス＝ソ連邦協会副会長というポストに収まる。しかしこの蜜月時代は四年余りで終了することになる。

一九五六年二月に、ソ連共産党中央委員会でスターリン批判が行なわれた。この後、スターリン時代の終了によって、東欧の自由化を期待した勢力によりハンガリーで動乱が起こったが、ソ連が武力介入し、二五〇〇〇人もの市民が殺された。

サルトルは直ちに、『レ・タン・モデルヌ』誌上に「スターリンの亡霊」を発表する。この血塗られた怪物をなおも社会主義と呼ばねばならないと、社会主義自体は擁護し、ソ連やフランス共産党にもたっぷりと未練を残しながらではあったが、もはやスターリニズムは捨てよと述べて、共産党との提携を解消するのである。

かくして共産党との蜜月時代は四年余で終了し、サルトルは『レ・タン・モデルヌ』のみに拠り、再び文筆の人に戻る。五十一歳になっていた。

一切を知り、一切を透視しようと、類まれな努力を払ってきたサルトルは、その幼時からの志向が戦争によって骨の髄まで蹂躙された後、戦雲晴れたパリから知の雑誌を出帆させ、それによって歴史への針路を探ってきた。彼は言論や政治行動により、歴史に自ら参加すべくアンガージュマンを繰り返した。

しかし、人々の歓声の中で一九四五年秋に出帆した『レ・タン・モデルヌ』号は、世界政治の荒波の中で乗組員の分裂を繰り返すうちに影響力を失っていった。直接行動に走ったRDRもうまく行かず、フランス共産党との同調にも失敗したサルトルは、再び書斎に戻り、歴史そのものと直接対決する道を選ぶ。

なすべき仕事は、人間の行為の総体として積分される「歴史」の解明である、歴史はなぜこのように捉えがたいのか、またどうすれば捉えうるのか、という究極の問いかけであった。『存在と無』が、人間存在の構造とその世界との関わりを、いわば静的に捉えた書であるならば、そうした人間たちが全体として織りなすダイナミズムとしての歴史の本質を透視すること、その仕事が共産党やソ連との厳しい対決を経験したあと、直接行動から身を引いた五十一歳のサルトルの前に横たわっていた。

なお信頼していたマルクス主義を下敷きにし、そのマルクス主義が現実になぜ正常に機能しないのかを問いつつ、歴史のダイナミズムをサルトル自身の力で解き明かすこと、それが一九五七年一月に着手し、三年余の年月を経た六〇年五月、第一巻として刊行された『弁証法的理性批判』である。

4　歴史の解明へ――『弁証法的理性批判』の世界

『弁証法的理性批判』は一九六〇年、サルトルが歴史の解明を目指し、個々の人間の生と生産の原点から出発し、社会構造の成立過程を哲学的に俯瞰しようとした壮大な企てである。『存在と無』から十七年、そこで到達したさまざまな知見をベースに、ある部分はそれを継承し、またある部分は大胆に修正を加えて、現実に生きて動く人間と世界の本質を、丸ごと捉えようとした。

この「歴史の解明」という課題は、第二次世界大戦の狂おしい奔流に押し流された苦い経験をもつサルトルにとって、戦後最大のテーマであったと言い得る。「歴史」への言及、そしてまたそれを解明すべき哲学の必要性は、戦後のサルトルの著作に再三再四にわたって登場する。例えば、一九四五年十一月刊の『レ・タン・モデルヌ』第二号に掲載された「文学の国営化」には、すでに次のような一節がある。

歴史の圧力を受けて、われわれは、われわれが歴史的存在であることを学んだ。デカルトの数学が、十七世紀の学問と文芸のさまざまな分野を条件づけたように、十八世紀ではニュートンの物理学が、十九世紀ではクロード・ベルナールとラマルクの生物学が、二十世紀では歴史が、それぞれを条件づけた。われわれは、われわれのどんなにひそかな動作も、歴史をつくることに貢献し、最も主観的な意見も、歴史家が一九四五年の一般的精神と名づけるであろうあの客観的精神を形成することに協力しているのを知っている。……魚が水のなかで暮らしているように、われわれは歴史のなかで暮らしている。(16)

歴史の中の人間、世界史というたぎりの中に投げ込まれた二十世紀の人間。歴史は戦後のサルトルにとって、真に切迫したテーマであったのだ。だからこそ、それを解明すべき哲学が、『レ・タン・モデルヌ』の第二号に続き、翌一九四六年六月の第九号、七月の第一〇号に掲載された『唯物論と革命』においても、盛んに言及されている。そこでサルトルは、「黙っていても革命は起こる」式の「俗流唯物論」の独断を厳しく批判しつつ、唯物論の真理は、神も秩序も人間によって造られたことを見抜いているところにあり、それら部分的真理を統合し、観念論／唯物論を乗り越えた革命的哲学が必要だと書き記している。その新しい哲学こそは人間の解放を志向するものであり、自他の自由を承認し合うものだとして、『存在と無』以後の新哲学を示唆する。こうしてゆっくりとではあるが、『弁証法的理性批判』への道が辿られ始めた。

では、それは一体どんな哲学であるべきなのか？　右の「文学の国営化」にもある〈我々は歴史の中にいるが、我々の中に歴史もある〉という捉え方は、歴史に打ちひしがれながらも、歴史を創り出す存在としての人間の力に希望を託すものだった。我々一人一人が歴史の原動力なのであり、その歴史創造のダイナミズムを知の力で摑み取ることができるならば、人間がついには自らの手で歴史を創造することも可能なのではないか。こうした希望を担って書き始められた哲学こそが、『弁証法的理性批判』だったであろう。

しかしながら「歴史」は巨大である。人間と物の一切であり、しかも圧倒的な力で個々人の意志を踏みにじっていく。この途方もない存在に、そもそもどのようにアプローチしていくことが可能なのか。サルトルはまず、「歴史」が単体として捉えうるものであるかどうか、つまり歴史にたった一つだけの意味、すなわち「真実の姿」があるのかどうかを、検証することから始める。

そもそも、相対性が跋扈し、個々人の認識がそれぞれに異なる、無限に多彩なこの世界では、人の数だけ異なる世界認識、歴史認識があるといわれても仕方がない。では、なにゆえ「正しい歴史」認識が一つあって、それ以外ではないと言えるのか。その保証をサルトルは、真理の全体化作用に求める。それを全巻の初めに説き起こすものが、『方法の問題』であった。この全体化作用については、あとで触れることにして、ここでは『方法の問題』と、『弁証法的理性批判』本巻の成立について述べておこう。

一九六〇年に刊行された『弁証法的理性批判』は、『方法の問題』と本巻の二つの部分から成る。同書全体の方法論にあたる『方法の問題』は、五七年に『レ・タン・モデルヌ』誌上に発表され、六〇年に若干の加筆を施されて、「序章」として本巻に組み込まれた。本巻は「第一巻　実践的総体の理論」と名づけられ、このあと続編の「第二巻　歴史の可知性」も予告されていたが、サルトルの生前に刊行されることはなかった。第二巻のうち既述部分は、死後五年たった八五年に遺稿として刊行されたが、第一巻の理論をさらに展開させるには至っていない。

また『弁証法的理性批判』は、マルクス主義を補完するという旗を掲げて発表されたが、マルクス主義の理論書というわけではない。それは、サルトル＋ヘーゲル＋マルクスという三つの思想のアマルガムであり、世界を知り尽くしたいというサルトルの欲望の、最突端に位置する知的冒険の書である。

それら三つの思想系から、それぞれキーとして『弁証法的理性批判』に流れ込んだものをここで挙げておけば、次のようになるだろう。

まずサルトル自身からは、この書の根本原理としての「実践（プラクシス）」が提出されている。これはマルクス主義で強調された用語ではあるが、本書では実存主義的な「主体性」、あるいは「投企」、さらには「自由」が転形し、かつもとのニュアンスを保持している。人間が目の前の物質や環境に主体的に関わり、それらを改変し、乗り越えていく力が、「実践」という言葉で表現されている。

ヘーゲル由来のものは「弁証法」である。人間の認識の原理であるとともに、人間世界での存在の理法でもあり、「否定の否定」によって状況を乗り越えていくという法則の形で、個人的実践から歴史の進行まで、あらゆるレベルの人間活動を貫徹している。

マルクス由来のものは、まさに「マルクス主義的認識」、即ち、「階級闘争」によって、人間が平等で自由な国へと長い行進をしている、という認識である。

こうしたポイントを念頭に置きつつ、以下、具体的に『弁証法的理性批判』の内容を見ていこう。

歴史の実体とは何か――世界はどのような仕組みで成り立ち、作動し、どんな方向に向かって行くか、を検証したものが『弁証法的理性批判』であるが、すでに述べたように、この書の巻頭に置かれた『方法の問題』は、全体の方法論となっている。

まず、このように価値の多様な世界の中で、動態としての世界、つまりは歴史についての真理がただ一つだけあると言えるのはなぜか、が問われる。これをサルトルは、真理が存在すれば必ず「全体化作用」を起こすからだと答える。全体化とは、個別を全体との関わりの中で理解する態度を背景に、統合化、共通認識化などを意味するサルトルの用語である。人間の知のシステムが、否定の否定を重ねていく弁証法に則っている以上、真理は、それが真理である限り、必ず一人の人間にとどまらず万人に広まることになり、したがって世界全体について真理は一つ、つまりは歴史はただ一つの意味を持つようになる、というのである。

このような世界を動かし、歴史を進める実体として、サルトルが一切の根源に据えたものこそが「実践」である。それは個々の人間が、労働ないし行動によって自らをとりまく状況を乗り越える力であり、前著『存在と無』で「投企」と呼ばれて対自（意識）の自由を実現し、この世界を主体的に変革していくものとされた概念が、この「実践」の中に組み込まれている。さらに、『存在と無』では世界を見晴るかす王者のような存在だった「認識」もまた、この中に取り込まれ、「認識とは……実践の一契機[17]」となる。

知の力、認識によって世界を「我有化」しようと考え続けてきたサルトルの幼い日からの夢は、戦後の現実世界を厳しく通過するうちに消え、今、「哲学者たちは世界をさまざまに解釈したにすぎない。大切なことはしかしそれを変えることである[18]」という、マルクスのテーゼに取って代わられる。世界をひたすら知るだけではなく、人の手で変えることこそが問題となったのだ。

ところで世界の原点であるこの「実践」とは、言葉を換えて言えば、人の頭の中にある観念が、労働・行動を通してこの世界に実現することである。この現実化により、「観念」は目に見え、手で触れ得る「物」となって、他者にも自己にもはっきりと認識できるようになる。このように、認識は物質化の道を通らなければ世界を動かせない、とサルトルは考えるようになった。

実践とは結局、内面化を通っての客観的なものから客観的なものへの移り行きである。[19]
認識そのものはかならず実践的なものである。それは認識されたものを変化させる。[20]

こうした実践↓認識↓実践という形で、人間の生き方の本質を捉えるサルトルにとって、「観念論化した唯物論」に凝り固まり、マルクス主義理論を雲上の思惟とし、不可触のものとして、そこからあらゆる事象を意味づけ、しかもその「解釈権」を独占しようとする教条的マルクス主義者たちは許すことができなかった。

元来、具体的思惟とは実践から生れて、それを解明するためにふたたびそれに帰るべきものである。……ところで党の指導者たちは、集団の統合化を極限まで押しすすめることに熱中して、心理の自由な成り行きがあらゆる討論や矛盾を伴って闘争の統一をやぶりはせぬかと恐れた。それで彼らは路線を決定し事件を解釈する権利を自分たちの手許にとどめておいた。……彼らは教条を経験の力の及ばぬところに置いた。理論と実践の分離はその結果として、実践を原理を欠いた経験主義に変え、理論を純粋で凝結した知に変えてしまうことになった。他方では、みずからの誤謬をみとめようとしない官僚政治によって押しつけられた計画化がまさにそのために現実に加えられた一種の暴力となり、役所のなかで、しばしばその地域をはなれて国民の将来の生産が決定されたために、この乱暴なやり方はそれと引きかえに絶対的な観念論をともなうことになった。人間も事物も先験的に観念に従属せしめられた。(21)

フランス共産党やソ連指導部の頑なな教条主義に悩まされた、戦後のサルトルの心情がよく表われている一節であろう。こうして有名な、ブダペストの「反革命的地層」の逸話が出てくる。

ブダペストの地下鉄はラコシ〔首相〕の頭の中では現実のものであった。それでもしもブダペストの地層がその建設をゆるさないならば、それはその地層が反革命的であったということになる。(22)

「反革命断罪」の対象が地層であるうちはいい。だがどれほど多くの人々が、党幹部の意に添わないがために、「反革命」の名のもとに粛清されていったか。しかし、サルトルはマルクスを非難したわけではない。マルクスが生み出した理論自体は、人間をその全体性において、即ちその条件の唯物性をもとにして取り上げる唯一の人間学であるがゆえに、『弁証法的理性批判』のベースを支えるものとして評価する。

唯一の真実は、個々の人間が労働と行動によって状況をのりこえる力を持っていることであり、この原動力としての「実践」の中に、サルトルのそれまでの「認識」も「投企」も「自由」も、さらにまた「乗り越え」も、すべてが注ぎ込まれることになった。

以上のような『方法の問題』に続く『弁証法的理性批判』の本巻は、「第一巻　実践的総体の理論」と名づけられ、大まかに見ておくと、「序論」に続き、「第一部　個人的実践から実践的＝惰性態へ」があり、ここでは、個人の労働が消費物や商品、機械などを生み出す中で、活性を失った人間の集合態や組織などの社会的な存在が生まれるまでを扱う。邦訳全三分冊のうち、第一分冊がこの部分に当てられている。邦訳の第二、第三分冊に相当する部分が、「第二部　集団から歴史へ」である。第一部の後半で、人の労働から生み出された「物」群の中にあって、日常性に埋没し、活力のない人間たちの存在＝「集合態」が生まれていた。この集合態が、第二部では革命の熱気の中で活性化して燃える「集団」となり、それが再び惰性化の階梯を辿って、最終的に制度・国家となっていくさまが描かれる。

では、詳しく本巻の内容を見ていこう。

「序論」では、まず「弁証法」の威力が語られる。すでに『方法の問題』で指摘されていたように、人間の知と行動の理法こそが弁証法なのであり、人間は自らと矛盾・対立するものを取り込んで発展する。自己を取り囲む「物」や状況を、弁証法的にのりこえていく人間の実践こそが、やがて積算されて歴史を造る。そうであるなら、弁証法をキーにして検証すれば、過去・現在・将来の歴史は、基本的に理解可能であると主張される。

続く「第一部　個人的実践から実践的＝惰性態へ」では、初めにすべての根源たる個人的実践に光が当てられる。ここでは、原始生活で人が自らの力を使って周囲の動植鉱物から衣食住を形成していくさまがイメージされ、人の「物」に対する欲求の中に、巨大な歴史が有機的に創造されていく起源もまたあるとされる。

　実践する人間はもちろん一人だけではない。二人の時（二元）と三人の時（三元）の関係が基本的な人間関係となる、とサルトルは考える。二人で労働にいそしむ関係は一見、その間に存在論的統一が生まれるように見えて、実はバラバラの宇宙でしかないとサルトルは言う。「三元」つまり第三者が現われて、二者を対象化することによって初めて、「二元」に統一が生まれる。二人がまとめて扱われるとき初めて二元はチームとなり、またこの第三元こそが、権力の萌芽となるというのである。

　こうして人間社会が形成され始めるのだが、サルトルはそのスタートにあたって、人間を取り巻く自然の最大の属性を「稀少性」として挙げる。人の前に現われる物質的自然は、常に人間たちの欲望に対して過少であり、人は生きるために他の動物に敵対するどころか、人間同士で相争わねばならない。だからまず、物質獲得のレベルで「地獄とは他人」という事態が発生する。この本でのサルトルは、稀少性こそが人間間の相剋の原因だと考えているようである

　　一切の人間的出来事は――すくなくとも今までは――稀少性にたいする灼熱的な闘争だった(23)

稀少性の相の下に横たわる人間の歴史は、血塗られた闘争の連続となり、他者は怖ろしい存在と

してしか現われることがない。しかもこうした恐怖の他者像は、稀少性が存在しない領域にまで普遍化し、他者は現われさえすれば直ちに攻撃の対象となってしまう。

一方、実践する人間と物との関係はどうなるか。『存在と無』では物（即自存在）はまったく無気力な惰性そのものでしかなかったが、本書ではずっと積極的に評価される。即ち、人間は実践によって、自己の意識を物に移しかえることができ、そのことで意識は形を持つことができるようになる。形があれば他者すべてに明示でき、また自分もそれを客観的に認識し得る。

> 物質だけが意味を構成すること。物質は意味を碑文として自分のうちに保持し、意味にその真の有効性をあたえる。すなわち、人間の投企はそこでその人間的特性を失いつつ〈存在〉のなかに刻みこまれ、その透過性は不透明性に変じ、その稀薄さは厚みに変じ、その揮発性の軽やかさは永続性に変ずる。人間の投企は生きられた事件としてのその性格をうしなって〈存在〉にぞくするものとなる。そして〈存在〉にぞくしているかぎり、それはたとい判読され認識されても、認識のなかに解消してしまうことは拒否する(24)

さらにサルトルは言う。

> 物が人間活動をすっかり吸収し、それを物質化しつつ復権させる……それ以外にありようはないのだ(25)。

意識は物を通過して復権するというのだが、物（即自存在）とは、かつてサルトルに汚物の堆積（『嘔吐』）とまで非難された存在であったから、これは同時に物の復権ともいえるものである。

さてこのように、人間の意識は実践を通じて物に姿を変えて現実化、物質化するが、それは必ず社会化されるということでもある。しかもその現実化の過程で、必ず物質の力学、他者の力学を受け、実践者の純粋な意図からはズレて実現されざるを得ない。ヘーゲルのいわゆる疎外である。

サルトルはこれ以降、「実践的＝惰性態」という概念を登場させて疎外論を展開する。実践的＝惰性態とは、文字通り人間の実践の結果現われた惰性的なものであり、本来は消費物や機械などの「加工された物質」を意味するところから出発している。それが、論の展開上集積的に複合され、物質の受動的な統一も生まれ、また同じ質を持つ人間の集合にも適用されるに至って、はるかに大きな概念となる。即ち、実践の結果、本来人間のために生まれてきたものであるのに、その生産物が社会的存在となる運命の中で、組織化され、社会化された物と人間のネットワークが実践的＝惰性態となって、人間の前に巨大な壁となって立ちはだかる。サルトルは、都市は実践的＝惰性態そのものだと言う。

バスを待っている集団内の一人一人にとって、大都会は……実践的＝惰性的総体としてあらわれる。大都会は朝から要求、道具性、環境等としてそこにある。(26)

この領域では弁証法が働かず、惰性が支配する日常社会領域であるが、サルトルはそれを打ち破り、再活性化する人間のエネルギーを、「第二部　集団から歴史へ」の中で提示する。そのキーワードが、「集合態」から「集団」への移り行きを示す「溶融集団」である。

例として提示されるのはフランス革命。一七八九年五月、招集された三部会の大行列をただ見守っていたパリ市民の「集合態」は、確かにまったく無気力な人々の群れである。しかしそれから二カ月、状勢が動かない苛立ちの中で、人々は「勝利か死か」に賭ける。七月十四日、国王軍による攻撃の恐怖と怒りの中、ついにパリ市民は立ち上がる。パリ全市の教会という教会の鐘が打ち鳴らされる中、手に手に武器ならぬ武器を取り、反権力のかどで捕えられた人々を幽閉する難攻不落の要塞バスチーユ牢獄に迫るパリ市民たちの姿こそが、「集団」発生の典型として描かれる。

フランス革命を例に採り上げたサルトルは、これら熱い血をたぎらせた人々の集まりを、とくに「溶融集団」と呼ぶ。これはいまだ構造化されておらず、組織として成立していないが、誰もがリーダーになることができ、またいつでもリーダーが一成員に戻りうる、柔軟な燃える集団である。集団全体と個人（例えば私）との間を第三者が媒介し、その第三者が権力者化することなく自由に交代し得る自由の究極状態として、この「媒介する第三者」論を語るサルトルの筆は軽やかなものがある。この溶融集団こそ、集団の弁証法にとって最初の重要な契機となるのである。

さて、外部からの危難による恐怖によって燃え上がった溶融集団であったが、その外部からの圧迫が遠のくにつれて求心力は弱まり、しかもなお集団性を維持する必要があれば、ここに誓約が交わされ、誓約集団となる。

これがさらに、職分・権能などを持った組織集団、さらに制度という惰性の典型を導入させた制度集団へと変貌する。制度は自らを本質的なものとして措定し、それを埋める人間を、制度を永続化させるための非本質的な手段と規定する。権能の上に聳える権力は、実はその下の広い制度体系に支えられており、その制度集団の最終形態こそが国家である。

この国家が惰性の極に達した時、先の溶融集団の再出現によって再び倒壊させられるとすれば、これら諸集団間には一定の循環性があることになる。つまり同書全体でサルトルは、対象（「物」）への労働によって人間が自己を外化させ、自己実現をしていく「個人的実践」のスタートから、疎外による惰性化、そして社会の桎梏を打ち破るべく闘争の火が点火されて社会シーンが転回し、歴史全体が推し進められていくさまを提示する。しかもそれらあらゆる断面で、人間の実践を弁証法が貫いていることを説き、それゆえ弁証法的に歴史は理解可能である、としたのである。——以上が、膨大な『弁証法的理性批判』本巻（第一巻）が描くところである。

『弁証法的理性批判』の内容を一通り見渡したところで、以下では、同書のキーとなるいくつかの概念について、もう少し詳しく考えてみよう。その際、必要に応じて、前著『存在と無』との比較にも踏み込んでみたい。

『弁証法的理性批判』は、予告された第二巻が引き続かなかったとはいえ、脂の乗り切った五十五歳のサルトルが一切を説明しようとした、究極の作品である。絶対を探究したこの大著の要石は何かといえば、それはまちがいなく、頻出する「実践（プラクシス）」という名の、人間の主体性であろう。

問題はその先にある。そのように世界の一切の根源にあり、すべてを動かす、いわば「万能」な人間の主体性ではあるが、それら主体群が雲集する「社会」へと至る第一歩として、主体間の関係はどうなるのであろうか。万能な人間同士はうまくやっていけるのであろうか。

じつはこの点について、前著『存在と無』は、暗い展望しか与えることができなかった。ここでいったん『存在と無』に戻って、その人間把握を振り返っておこう。

――何もない空間。私が佇み、向こうに一人の人間がいて、私をじっと見つめている。いわばこういう不気味な状況設定から、『存在と無』の「対他存在」は始まっている。

いかなる瞬間にも、他者は、私にまなざしを向けている。(27)

この不気味な他者は、私の明澄で完璧な世界である球状の宇宙にひびを入らせ、「宇宙の一つの内的流出、一つの内出血を起させるような対象である」(28)。それゆえ、人はまなざしの地獄から逃れることはできず、どのように振り払っても、私を即自に変えてしまう他者の「メドゥーサのまなざし」はついてくる。

それゆえ、人間存在は、「他人を超越するか、もしくは、他人によって超越されるか」というこのディレンマから脱出しようとこころみても、むだである。意識個体相互間の関係の本質

は、共同存在Mitseinではなくて、相剋conflitである。(29)

サルトルが「メドゥーサのまなざし」に例えた「人間同士のまなざしの相剋」の比喩は、その凄絶なイメージで多くの人々が賛否両論、言及するところとなったが、こうした見取り図では、人間同士が自由に生き、平和に暮らせる世界は決して巡ってこないだろう。ホッブズの「万人の万人に対する戦い」が社会の本質であるのなら、共感に満ちた理想社会などあり得るはずもないから。

戦争以来、社会主義社会に未来を託そうと考えてきたサルトルにとって、人間の主体間にこのような存在論的対立があるという『存在と無』の図式は、早晩変更する必要があったであろう。『存在と無』の末尾でサルトルが、人間関係の学である倫理学執筆を予告したのは、社会主義への展望を持っていたサルトルにとって当然のことであり、それを担ったものこそ、ついに生前には刊行されず、死の三年後、一九八三年に遺稿の形で出版された『倫理学ノート』である。

しかし、相剋を「和解」させるべく説き去り説き来るこの遺稿中、「セクション一　存在論的倫理学のための計画」と題されたメモの第八項には、次のような一節がある。

> 他者と直接的な関係をもつのを断念する。
> 他者との真実の関係は決して直接的なものでない。(30)……

これは断片的発言ではあるにせよ、見過ごすことのできない言葉である。「他者との直接的な関係」という最も根源的なところで敵対が解決できないのなら、「間接的関係」によってどれほどその亀裂を糊塗しようとしても、それは所詮無駄というものであろう。それはあたかも、傷の内部が膿んでいるのに、ひたすら表面を癒そうとするようなものであるから。ここには、「人間同士のメドゥーサ性」を社会主義の理念のために何としても読み替えたいと、無理をするサルトルの姿が浮き彫りにされているであろう。

ではこの点は、『倫理学ノート』よりも十年ほどのちに書かれた『弁証法的理性批判』ではどうなっているか。『弁証法的理性批判』のサルトルは、社会を根源から動かす「実践」や、弁証法上ポジティブな存在に変わった「物」、あるいは人に物に縦横に関係を広げていくさまざまな「媒介」を語る時は、実に雄弁である。ところが「基本的な人間関係」という、社会性の根幹に関わる記述になると、行論の切れ味がどうしても重くなるのを避けられない。一言で言ってサルトルは、来《きた》るべき社会主義社会を展望するはずの『弁証法的理性批判』において、自由な主体間の相互承認たる「理想的な相互性」に、存在論的に達することがどうしてもできなかったのである。

サルトルは『弁証法的理性批判』の中で、共同作業にいそしむ二人の労働者を登場させるが、彼らはついに、二人だけでは「統一」に達することができない。

二つの総合的全体化の進行中におこなわれる相互認知のなかには、統一化の限界というものがあり、つまり、二つの統合作用がどんなにさきまでおしすすめられても、この二つはおたがいに尊重し合い、いつまでも二つのままにとどまっていて、各自べつべつに全宇宙を統合する

> のである。[31]
>
> これら二主体間の統一をもたらすものは、ただ第三者の登場を待つしかない。

> 二元性に統一性がもたらされるのは外から、第三者の実践によってである。[32]

> つまり、二元がチームとなるのは己れの全体性を生み出すことによってではなくて、まず全体性を存在規定として身に蒙ることによってなのである。[33]

二人の労働者に「統一」をもたらす第三者のまなざしとは、権力の萌芽でもあった。集団のレベルに階梯が達し、死を賭してバスチーユを目指す溶融集団の構成員の間に熱い連帯が形成されようとも、それは集団が燃えている間だけのことであり、やがて熱が冷め、集団を人為的に維持しなければならなくなると、さまざまな惰性が忍び込む。このような限界を持つ溶融集団の相互性は、『存在と無』で言及されたMitsein（ハイデガー由来の「共同存在」。ただしサルトルでは、一時的な共同）と本質的に同一である。人間同士の平和で安定した関係は、サルトルにおいてついに事実上承認されることがなかった。

しかしそれは、サルトルの思想家としての誠実さであったとも言い得る。サルトル自身が生涯、この「メドゥーサのまなざし」の認識を改める気にならなかったことについては、『弁証法的理性批判』からさらに十六年を経過した、晩年のボーヴォワールとの対話のなかに、次のような発言がある。

ふつう、街でぼくを見る人、ぼくとすれちがう人は敵意を持っている［とぼくは感じる］(34)。

そして次のようにも述べている。

他者の主体［観］性との接触を、ぼくは最小限にとどめたいんだ。……何よりもぼくは他者の主観［体］性というものがあまり好きじゃないんだ(35)。

社会を根底から支えるはずの人間関係への不安が拭えなかったサルトルだが、『弁証法的理性批判』では、主体同士の存在論的対立に言及することはない。言葉を換えて言えば、その副題を「現象学的存在論の試み」としていた『存在と無』から、『弁証法的理性批判』においては「社会哲学書」に立場を移したとも言い得る。

じつは、『弁証法的理性批判』においても「他者の恐怖」は語られるのであるが、それは「存在論的」な、いわば「ア・プリオリ〔先験的〕」なものとしてではなく、「ア・ポステリオリ〔後天的〕」なものとされる。それが即ち、「稀少性」である。「稀少性」は、人間の実践の前提となる自然の最大の属性とされ、人が生きるために必要な食料をはじめとする物資は常に過少であって、奪い合いが発生する以上、「存在論的」にではなく、「存在するため」に「恐怖の他者像」が形成されざるを得ない、というのである。

以上のように主体の問題の裏には、『弁証法的理性批判』ではそれと背中合わせで「実践優位」「現実性の優位」の考え方が満ちている。その点につき、ここで少し考えてみよう。

すでに述べたように、サルトル三十八歳の時に刊行された『存在と無』は、なお幼時からの彼の夢を映し出していた。

> 私の野心は私一人だけで世界を知る——といっても、細部（科学）においてでなく、全体（形而上学）として知ることなのである。私にとって認識は、我有化といってもよい魔術的な意味を持っており、知るとは自分のものにすることなのだ。(36)

明澄な知の光のもとに世界を照らし出す。知によって一切をわがものとする。このように認識の絶対性をひたすら追求した『存在と無』から一転して、『弁証法的理性批判』では、物を創り出し、行動を起こし、現実を変化させる「実践」が前面に躍り出る。

> 元来、具体的思惟とは実践から生れて、それを解明するためにふたたびそれに帰るべきものである。(37)

この実践↓認識↓実践という考え方は、『存在と無』の認識至上主義との決定的な訣別であった。

　認識とは、たとえそれが最も初歩的なものであっても、実践の一契機である。(38)

この実践優位の発想こそが、『存在と無』との決定的な差であろう。すでに引用した文章ではあるが、一部再掲する。

　物質は意味を碑文として自分のうちに保持し、意味にその真の有効性をあたえる。すなわち、人間の投企はそこでその人間的特性を失いつつ〈存在〉のなかに刻みこまれ、……〈存在〉にぞくするものとなる。(39)

ここで言われていることは、投企は物質化することで軽やかさを失うが、代わりに存在として自立することになる、ということである。つまりここで意識が物になり、対自が即自化しているのである。

認識――人の頭蓋の中に観念という形で存在しているものになど、何ほどの価値もなく、すべて物になり、形を持ち、人の目に捉えられるものとなって、客観的に存在するようにならなければ、人を動かし、世界を前進させる有効なものとはなりえない。このリアリスティックで厳しい発想に、

『存在と無』から十七年にしてサルトルが到達したことに、この間のサルトルの労苦を想像すべきなのであろう。

こうして『存在と無』のキーワード「意識」は後方に追いやられ、その働きたる「認識」は実践の一契機に格下げされる。社会性を持つものにしか、実体性、実在性が認められなくなった。だからこそ、「意識」は「実践」に置き換わったのである。

「実践」は『弁証法的理性批判』の根幹をなすものであり、永年サルトルが拘り続けた「自由」の転形した姿ともなっていて、この言葉に注がれた彼の思いは格別であろう。その実践の手応え、充実感が生き生きと描かれているのが、先に触れた「バスチーユへ!」と人々が叫び、雪崩を打って、国王軍が銃砲で堅固に固めた要塞へ向かうシーンであろう。

実践的=惰性態の象徴のようなブルボン王政末期の社会的停滞の中から、ついにパリ市民が立ち上がって変革の火が燃え上がる。全員が心を一つにし、死を賭して戦いの場に向かう隊伍の中では、一人一人が、他者と集団全体とを媒介する。私と集団全体とを「媒介する第三者」が現われるかと思えば、たちまち私が、他者と集団全体とを「媒介する第三者」ともなる。

私は、全員の疾走によって走り、私が「停まれ!」と叫ぶと、全員が停まる。誰かが「進め!」とか「左へ! 右へ! バスチーユへ!」と叫ぶ。全員は、また出発し、規制者的な第三者にしたがい、彼をとりかこみ、彼を追い越す。そして、他の第三者が〈合言葉〉や全員から見える行為によって一瞬に規制者として立つや否や、集団はふたたび彼を呑み込む。しかし、合言葉は、服従されるのではない。誰が服従するであろうか。そして、誰に。[40]
合言葉を唱え、右に左にと叫ぶ人間は、次の瞬間には集団の一人となり、権力者化することはない。この溶融集団の中にこそサルトルは、自由＝主体＝共同が一体となった、人間の実践の究極の姿を見つめていたのであろう。

このように人間の主体性に信頼を置き、その実践を根源として社会形成を辿った『弁証法的理性批判』であったが、その最終的な目標たる「歴史」の解明への道を、どのように辿ろうとしたのか。そこに現われてきたのは、ヘーゲルと弁証法の姿だった。ここでは、ヘーゲル弁証法について考えてみよう。

すでに述べたように、「歴史」はサルトルにとって、戦争以来の最大のテーマだったと言い得る。『存在と無』においては、人間存在の基本的条件を全面展開するため、スタティックな「意識対物」の現象学で一貫させたが、『存在と無』以降は、その対極にあり、あらゆる人間存在を包含する歴史のダイナミクスを哲学的にいかに捉えるかが、一貫したサルトルの関心の的となった。

そのようなサルトルの考察に役立ったものは、決してハイデガーではない。ハイデガーは、本来性、非本来性などのキーワードによって、一見歴史の中の人間を捉えているように見えても、そこには人間が所与をのりこえ、また所与から規定されるという、相互作用の考察が欠落している。戦争を通過し、「歴史にしめつけられる」体験をしたサルトルには、ヘーゲル哲学の「意識対物」「意識対歴史」のダイナミズムの独創性が、大きく視界に広がっていた。
『存在と無』と『弁証法的理性批判』の間、一九四八―四九年ごろに書きためられていた『倫理学ノート』には、

もし歴史というものがあるのなら、それはヘーゲルの歴史である。それ以外にはありえない。(41)

という一節があり、さらに次のような記述がある。

弁証法――先入見なしに事を考えれば、ヘーゲルは哲学の絶頂を示している。彼以後は後退だ――マルクスはヘーゲルが全面的に展開しなかったもの（労働に関する発展）をもたらした。しかしマルクスにはヘーゲルの多くの偉大な観念がない。ヘーゲルには及ばない。その後はマルクス主義の退化。ポスト・ヘーゲルのドイツ哲学の退化。ハイデガーとフッサールというちっぽけな哲学者。フランス哲学などゼロに過ぎない。(42)

かつて一九四〇年には、捕虜収容所の中でまで『存在と時間』を読むほどハイデガーに心酔し、四五年の『実存主義とは何か』では、自分とともに、「無神論的実存主義者」として共闘する哲学者に分類していた。ハイデガー自身が、仲間扱いされることをきっぱり否定したことも影響したのであろうか、この『倫理学ノート』が書かれた一九四八―四九年ごろには、すっかり評価が変わっ

ていたことがわかる。サルトルは『存在と無』での達成に、ヘーゲルとマルクスを加算し、自力で歴史を解読しようと考えたのであろう。

サルトルが『弁証法的理性批判』の中で、最も根源的な個人的実践から究極目標としての歴史解明まで、一切を貫徹する「法則」として承認したものこそ弁証法であった。サルトルはヘーゲルを継承し、人間の知の、また行為の、つまりは人間存在の理法として弁証法を宣揚する。

〈弁証法的理性〉というものは……方法論のわくをとびこえて、宇宙の一分域が何であるかを、さらにはおそらく宇宙全体が何であるかをも教えるものとなる[43]。

理性の働きそのものである弁証法によって、宇宙の中の人間圏が説明し得るだけでなく、宇宙全体も弁証法によって解き明かされる、とまでサルトルは語っている。この弁証法の歴史事象への適用によって、現在及び過去の歴史が理解可能となり、したがって未来もまた、その先に展望し得るというのである。

この弁証法への全面的依拠が、『弁証法的理性批判』における、『存在と無』との大きな違いである。『別れの儀式』の中に次のような証言がある。

〔ボーヴォワール〕――でも、『存在と無』のなかには弁証法はまったくないわね。
サルトル――まさにそうなんだ、ぼくは『存在と無』から弁証法的思想へと移ったのだ。

〔ボーヴォワール〕――そうね。『共産主義者と平和』を書いたとき、あなたはすでに一つの歴史哲学を構想しはじめていたわ。それがいくらか『方法の問題』を生じさせる基《もと》となったのだと思うわ(44)。

これはつまり、ヘーゲルへの依拠とも言い得る。ヘーゲル弁証法は、意識が目の前に現われる対象を否定的に取り込む形で自ら発展していく、認識の論理にして存在界の理法である。『弁証法的理性批判』においてサルトルは、弁証法に全面的に依拠し、すべての根源たる個人的実践において、人間の目前の物に対するさまざまな欲求から、すでに弁証法が意識の理法として働いているとする。目の前の与件は、何としても捕えたい獲物であることも、家造りに格好な木であることも、あるいはまた行く手を塞ぐ巨岩であることもあるであろう。しかしいずれにせよ、知恵と力を使って対象を手に入れること、与件を乗り越えることが、とるべき道となる。この目の前の問題を乗り越えることこそが、やがて壮大な歴史が有機的に形成されていく、全体化の第一歩となる。こうした個人的実践から出発して、集団の行動、果ては国家システムに至るまで、人間がさまざまな場合に成し遂げる行動・行為の理法として弁証法が存在している。だからこそ、歴史を人間の自由・解放に向けて推し進める力の理法もまた弁証法に基づいているのであり、この弁証法による乗り越えの理解を通じ、歴史事象全体が理解可能になる、とサルトルは考えた。

同時に、マルクス主義をベースとする歴史把握の立場から、サルトルはマルクスを承けて、人間の「乗り越え」の歴史を階級闘争の歴史として捉え、人間が平等にして桎梏から解放された社会へ歩み続けている歴史であるとした。

人間諸関係の唯一可能な可知性は弁証法的なものであり、この可知性は、稀少性をその真の基礎とする具体的な歴史においては、敵対的相互性としてしかあらわれ得ないのだ、と。こうして、実行としての階級闘争はたんに弁証法的解読を指示し得るばかりではない。まさに階級闘争こそが、歴史的に決定された諸情況の基礎の上に、弁証法的合理性の進行中の現実化として、人間的多数性の中に必然的にあらわれるのである。われわれの〈歴史〉がわれわれに可知的なのは、それが弁証法的だからであり、それが弁証法的なのは、階級闘争がわれわれを集合態の惰性を弁証法的闘争集団へとのりこえるものとして生みだすからである[45]。

『弁証法的理性批判』の内容検討の最後に、同書におけるサルトルの「現実主義」について一言付け加えておこう。

世界を動かす根源的な力を、『存在と無』では対自の「存在欲求」であるとした。これは対自が自らの内部的空虚を埋め、即且対自になりたいという欲望、つまりは神になりたい欲求によるものであった。しかし『弁証法的理性批判』では自らの欠如分の追い求めという声はかき消え、自身の肉体的欲望を満たし、稀少性を解消しようとする「乗り越え」によるものと変化している。

しかも『存在と無』では徹底して主張された人間の絶対的な自由の主張も、『弁証法的理性批判』では、その実現を目指して行なわれる実践の結果、ことごとくが疎外の中に巻き込まれ、人間は常に惰性の中で、あるいは自己の存在すら惰性そのものとなって生きねばならない。

こうした厳しい現実的な眼差しが、サルトルにおいて二著作の十七年の間に変わった最大のものではないだろうか。戦後の苛烈な現実の中で、責任者の一人として揉みぬかれ、冷厳な眼差しを持たざるを得なくなったのだ。それは、超高空から世を眺めていたサルトルが、五十五歳にして地を這い、地で工作する者の目を手に入れた、ということでもあったろう。

この節の結論として、これまでの論旨と重なるところはあるが、『弁証法的理性批判』についてまとめておこう。

『弁証法的理性批判』は、実存主義的立場からなされた、きわめてユニークな社会哲学の試みである。個人の自由な実践を最重要視し、人間が知と力とをもって物質を加工し、また自身をもつくることを世界の根底においている。しかし「加工された物質」のネットワークは、「実践的＝惰性態」となって社会を形成する。この無気力な組織という巨大な塊の中で、人間もまた惰性的な存在に陥っている。これを打ち破るものこそ、自由の再点火たる溶融集団という革命的エネルギーであり、人はその中でこそ至福の時間を味わうことができる。しかし集団は、やがて自らの存在の維持のために惰性を取り込み、規約や制度をつくって国家にまで至る。その惰性の極で、再び革命集団が結成されて循環する――こうした経緯を、弁証法を駆使して説いた書である。

こうしたいわば組織上、構造上の変遷に対し、通時的に時間を貫徹して行なわれるものが階級闘争であり、人々が自由を求めてさまざまな与件を乗り越えていく総体が歴史となる。

のちに現われる構造主義と比べると、断固として人間の尊厳を守ろうとし、社会の根本原理として個人的実践がクローズアップされ、この力こそが一切を動かす原点だとされる。『存在と無』同様、人間の力への信頼は揺るがない。また、世界を構成するものが意識と「物」とであり、主体性そのものである人間の実践が、活力のない惰性としての「物」を巻き込んで世界を動かす、という構図も『存在と無』同様である。

このように『弁証法的理性批判』は、人間が目の前の物質や環境に働きかけて、欲求を満足させ、よりよい状況を生みだそうとする実践の「乗り越える力」を基礎に、人間の知独特の全体化、有機的総合化の力を使って、よりよい社会に向けて努力し続ける姿を描く。この実践、乗り越え、全体化などの力で歴史を築き、進展してきた人類史を、哲学的に理論づけようとした野心的な書である。『存在と無』と大きく異なる点は、「意識」の扱いであろう。『存在と無』の「意識の哲学」は、『弁証法的理性批判』では「行動の哲学」に変わった。意識は物に姿を変えてこそ意味があるとされ、意識の尊厳は、『存在と無』でのあらゆるものを認識し尽くすことによる「我有化」で保証されるという考え方から、「物→意識→物」という新たな発想で、実践の絶対優位に切り替わる。幼い頃からサルトルが夢見続けた「認識による世界の我有化」の野望が消滅し、「大人のサルトル」が誕生したともいえよう。

サルトルはヘーゲル弁証法を復活させ、フッサールやハイデガーのような静的、思索的な哲学から、ダイナミックな、激動する時代の哲学を紡ぎ出した。状況をいかにしてでも乗り越える人間の力、人間関係の微妙な支配・被支配の関係、闘争する熱い集団内での幸福な充足感など、人間行動の諸側面にまで入り込んで、歴史の諸相をおさえようとした。

同時に、『存在と無』のアポリアとなっていた人間同士の根源的対立の問題を、行動する人間、また実践にあたって媒介する第三者とそこに生まれる共同的個人という理解で乗り切ろうとした。いずれにせよ、『弁証法的理性批判』は、弁証法化され歴史化された『存在と無』として、確実にサルトル哲学を前進させた大著といえる。

『弁証法的理性批判』の枠組みは、『存在と無』を土台とし、ヘーゲルとマルクスを加えた社会哲学であり、マルクス主義史観をバックにおきながらも、人間実存の主体性が弁証法的に歴史を創造していくという考え方がとられている。サルトル本人の意図は、「歴史とは何か」という究極の問題を極めることにあったようで、その至高の課題が達成されたとは言い難いが、原理的に追究しえたとは言えるだろう。ボーヴォワールの証言にもあるように、覚醒剤を貪るように齧りながら、憑かれたように書き継いでいったとされる『弁証法的理性批判』は、難解な上に錯綜し、また説明も不十分な個所が多出し、『存在と無』のようにサルトルの巧みな描写に舌を巻くといった経験も得られない。しかし、世界全体を自らの知によって呑み込もうとしたサルトル哲学の、究極の書であることもまちがいないのである。

サルトルが残したこの巨大なモニュメントが、その死後十二年経った一九九二年、東欧の知識人たちにどのように扱われていたかを伝える、レヴィ『サルトルの世紀』冒頭のエピソードは感動的である。ユーゴスラヴィアから独立しようとして二十万人が殺害されたとされるボスニア・ヘルツェゴビナ紛争下の一九九二年、サラエヴォで――。

包囲された首都に留まる決心をしたボスニアの知識人たちは、毎週水曜日にセルビアの狙撃兵をものともせず、町中の至る所から、前線に近いドブリニヤの地下室までやって来ては、極度の精神集中の雰囲気の中で、一ページ一ページと『方法の問題』を注釈するのであった(46)。

サルトル没して一時代経った後、銃弾をかいくぐって開かれ続けた秘密の読書会のテクストこそが、『弁証法的理性批判』全体の方法論たる『方法の問題』だった。歴史に翻弄されながらも、歴史を創り出そうと立ち上がった人々にとって、サルトルの歴史を見極めようとした究極の仕事が、エネルギーの糧となっていたのである。

第5章　人間の探究——巨大山脈としての評伝

1　他者の征服

前章で扱ったサルトルの知は、第二次大戦直後の混迷するフランスの政治の透視からスタートし、人間社会の本質的な構造、さらにははるか歴史の果てまでをも視野に収めようとするものであった。しかし同じ時期、サルトルの知は、そうした人間の外部空間にだけ向けられていたわけではない。サルトルは、同時にさまざまな人間の内部空間——詩、小説ほか、人の「心」を中心とする諸分野でも、そこに革新的な知見をもたらした人々の営みを探究すべく、強力な活動を続けていた。

それはつまり、第4章で扱ったような「世界」や「歴史」を知ろうとする試みではなく、「人間」、とくにその内部のドラマを探る試みである。

一九四九年の『自由への道　第四部』(『最後の機会』断片、「奇妙な友情」)を最後に、事実上小説の筆を折ったサルトルにとって、幼い日から全存在を賭けて求め続けてきた「文学」の代替となったものこそ、本章で一望しようとする「評伝」という「他者への知力と想像力の行使」であった。『シチュアシオンⅨ』に収録された「サルトル、サルトルを語る」の中で、『家の馬鹿息子』即ちフローベール論を書き進めていた一九七〇年頃、インタビュアーからの質問に対し、サルトルは次のように語っている。

——ではあなたはどうして小説を書くのをやめたのですか。

サルトル——わたしはもはや小説を書く欲求をおぼえなかった。作家とはつねに、程度の差こそあれ想像界をえらんだ人間です。彼にはどうしても若干のフィクションが必要です。わたしの場合、わたしはそれをフローベールについての仕事のなかに見出しています。それでそれを小説だと見なしてもらってもよいのです。わたしは人びとが、これはほんものの小説だ、と言うことさえ希っています。[1]

このように晩年まで一瞬たりとも止まることのなかったサルトルの文学志向であればこそ、戦後の政治の季節のさなかでさえ、休むことなく強力な活動を続けていたのだ。本章では、戦後を通じた派手な政治闘争の一方で、コツコツとまた執拗に形成され続けた「評伝」の大山脈を縦走してみる。それは、一九四七年の『ボードレール』の刊行から、失明のため、一九七四年に『家の馬鹿息子』の中止を余儀なくされるまで、延々三十年近くにわたって続けられた人間探究の試みであり、実態に即していえば、人間の心の「完全解読」の試みであった。この壮大な仕事の中で、サルトルは何を求め、何を達成することができたのかを辿ってみたい。

ところで「評伝」とはまさに「他者」の探求である。前章までで扱ったように、「歴史」とその推進力となる「政治」とは、全知を目指したサルトルにとって、三十代に突如現われた巨大なブラックボックスであった。それは、ヘーゲル並みの「絶対知」を誇っていたサルトルを驚愕させ、以後の正面の敵とせざるを得ない巨大な謎であった。だが、それに劣らず「他者」もまた、サルトルの生涯を様々な形で脅し続けた恐ろしい敵であった。「私」に常に眼差しを向けている不気味な他者の脅威は、ほとんどサルトルの意識の発生以来の恐怖であり、具体的に諸作で説いているところを、再掲も含めて次に示してみる。

例えば一九四三年刊の『存在と無』では、

> いかなる瞬間にも、他者は、私にまなざしを向けている。(2)

あるいは、一九六〇年刊の『弁証法的理性批判』でも、

> 各人はすべての〈他者〉たちにたいして非人間的な人間であり、すべての〈他者〉たちを非人間的な人間と見做し、現実に〈他者〉を非人間的にあつかうのである……人間にとって何が怖いといっても、人間の知性を了解してその裏をかくことができ、人間の破壊をこそまさにその目的とするような、知的で肉食で残酷な種族ほど怖いものは――巨大な野獣も細菌もふくめ

て――何もない。(3)

とまで語っている。さらには、『別れの儀式』に掲載された一九七四年のサルトルの証言にも、

何よりもぼくは他者の主観［体］性というものがあまり好きじゃないんだ。(4)

こういった表現が引きも切らずに飛び出してくる。サルトルの感性の面を別にしても、彼のような明晰な哲学にとって、自己の知の範囲を原理的に逸脱し、しかもこちらを監視し、攻撃しかねない「他者」という存在ほど、うとましいものはなかったであろう。

しかし、そうであるがゆえに「他者」は、戦後のサルトルが知を全開させ、次々と「征服」の手を伸ばした対象でもあったのだ。サルトルの幼時からの知のあり方からすれば、他者を解析し、これを紙の上に文字で言い止めることができるならば、その他者は完璧な形でサルトルの支配下に入ったことになる。それゆえに、実生活上で女たちを果てしもなく征服し続けたのと同じように、サルトルは自分が興味を抱いた文化史上の卓越した存在たちをも、次々と評伝の対象にし続けたように思われる。

では一体他者は、具体的にどのようにして征服されたのか。「他者」は『存在と無』や『弁証法的理性批判』が示すように、原理的に「私」の手の届かないところにある。つまり他者の主体性は、通常の現実では決して私がその実体を把握することなどできるはずもないものである。しかし例外

として、過去の文筆家が残した手記や作品などを追い求め、自身の手によって巧みに再構成することができれば、奇跡のようにそこに浮かび上がらせることができるのではないか。サルトルは何人かの著名な人物像を、評伝という方法で、その主体性——根源的選択の内実を鮮やかに捉えることに成功しており、サルトル自身にとっても、この評伝という作業は、きわめて魅力的な仕事であったと想像される。また評伝というジャンルは、すでに述べたように、創作を放棄したサルトルにとって、魅力ある人間を解剖台の上に横たえ、腑分けし、再構成し、サルトルの指示通りに立ち上がらせることで、文学的代替行為ともなったものなのである。

ここに面白い数字がある。

評伝	一万三八〇〇枚
評論	七八〇〇枚
哲学	七四〇〇枚
文学	四四〇〇枚
劇作	三三〇〇枚

総合計は三万六七〇〇枚。これは、人文書院版「サルトル全集」に収録されたものに、『フロイト〈シナリオ〉』と『マラルメ論』『家の馬鹿息子』を加え、全執筆量をジャンル別に分けたものである。すべて邦訳の四〇〇字詰換算の原稿枚数であり、翻訳の終わっていない『家の馬鹿息子』では

既訳部分を原著と比較して全量を推定し、全集に収録されなかった最晩年ないし死後出版のものは原則として加算していない。また、後に詳しく述べるように、『フロイト〈シナリオ〉』を、劇作ではなく、筆者の判断で評伝として入れたこともあり、若干の誤差はあろうが、大要として認められる範囲であろうと思う。

一見して目につくのは、評伝の異様な多さであろう。これは、若きサルトルが命を賭けるはずだった「小説」が、『嘔吐』『壁』『自由への道』で止まってしまい、その後、文学的エネルギーがマグマの如く圧力を高め、評伝という形で噴出した結果だと思われる。ちなみに評伝と文学とを加えると、総執筆量のちょうど半分になる。

ではサルトルは、小説の「代打」としての評伝で、一体どんな人物を、どんな理由でとりあげたのであろうか。サルトルが文学的に探究することに価値を見出し、またその犀利な眼によって裁断することで知的征服を企てた人間は、一体誰だったのか。

サルトルが本格的にとりあげた人物は、ボードレール、ジュネ、フロイト、サルトル自身、マラルメ、そしてフローベールの六人であった。一見、ジャンルも志向もバラバラな人々のように見える。しかしよく見てみると、いずれも相当な変わり者たち、自分の全存在を賭けて世界と対峙した、一癖も二癖もある文筆家たちなのである。

このうち、サルトル自身を扱った『言葉』は、自身の誕生を五十五年もさかのぼり、曾祖父の時代から筆を起こすところがまずユニークであり、その手法はその後の自伝ジャンルに追随者も生んだ。そしてサルトル自身の誕生。若い母と、孫を天才と信ずる母方の祖父とに溺愛され、書物の森の中で、自らを「若きサルトル」と意識しつつ成長する少年が、十二歳になるまでを描く。全体は「読むこと」と「書くこと」とに分かれ、文字に淫し、文学によって永遠の存在たらんとした自らの拠って来たる所を、歯に衣着せぬタッチで描き切る。

この書の内容についてはしかし、サルトル本人の自己分析、しかも幼年時代のみの解明を目指した特殊なものである上、その中味は前著でもしばしば言及したところなので、本書では省くことにする。残るボードレール以下五人のことごとくは、いわば「呪われた詩人」として、保守的な社会から激しい反発を受けており、しかしそれにもかかわらず、それぞれの作品の革命性によって、そのジャンルの風景を一変させてしまった人々である。

彼らはいずれも、周囲が期待するような生を選択していれば、ずっと穏やかな人生を送れたことだろう。しかし彼らは、そうはしなかった。彼らを待っていたのは、困難な人生である。サルトルの筆は、彼らが何ゆえにそうせざるを得なかったかについて、その内面のドラマを追い、彼らの仕事を厳しく評定し、また彼らによる「世界への反逆」を、サルトル自身のドラマのように辿っていく。まさにサルトルは、鋭い切断線をもって彼らの知と生を内部から剔抉《てっけつ》し、その存在自体をわがものとしようとしたのだ。

しかも、その評伝の仕事は、三十年近くの間に六人を次々と平板にとりあげたわけではない。形を変え、手法を変え、より多層的な視点から対象を捉えていったことで、評伝自体のスケールを大きく豊かにし、ついには『家の馬鹿息子』において、前人未踏、追随者が現われ得ないほどの、究極の評伝を完成するに至っている。

では『ボードレール』に始まり、『家の馬鹿息子』へと巨大化、また深化していくサルトルの評伝、すなわち人間探究の筆の跡を辿ることにしよう。

なお、評伝を追究したサルトルについて、ボーヴォワールが評した言葉を次に掲げておく。

彼の心底の考えは、歴史のいかなる瞬間においても、いかなる社会的、政治的背景においても、人間を理解することが常に本質的なことであり、〔サルトルが最後まで完成にこだわった〕自分のフローベール論は、それに役立ちうる、ということだった。[5]

2　ボードレール――サルトルの精神的自伝

一九四七年、サルトル四十二歳の年に刊行された『ボードレール』は、自己と多くの相似点を持つ偉才を探究し、サルトルの評伝がここからスタートしたことを納得させる作品である。

シャルル・ボードレールは、一八二一年に生まれ、一八六七年に四十六歳でこの世を去った詩人である。悲惨極まりないデカダン生活に身を持ち崩す一方、象徴主義に連なる斬新な詩世界を構築することに成功し、不世出の文学者となった。サルトルと同じくパリに生まれ、育ち、没した生粋のパリジャンであるうえ、この二人には、異様なほどの相似点が見出される。

それは、幼年期の酷似である。ボードレールが六歳になる年に父が他界し、そこからボードレールにとっては至福の時である、母子が心身ともに一体化した生活が始まる。しかし、三十三歳の母カロリーヌとの神聖で幸福な生活は、わずか一年七カ月であっけなく瓦解する。母がオーピック少佐（後の将軍）と再婚したからである。

感じやすいボードレール少年の心には、「ひび」が入ってしまう。彼を襲ったものは、「永遠に孤独だという宿命感」だった。しかも義父の転任で、パリから南へ約四〇〇キロも離れたリヨンへ移るが、転校先のリヨン中学では級友たちになじめず、暴力沙汰を引き起こす。七年にわたる暗い時代のあと、義父の再転任でパリに戻り、名門ルイ＝ル＝グラン校へ入学する。

サルトルの幼年期もボードレールそっくりであった。一歳で父を失い、若い母と「姉弟のような」幸福な生活を送る。しかしサルトルが十二歳になる年、三十五歳の母が再婚、同年、義父の転勤によってパリから南西約四〇〇キロにあるラ・ロシェルのリセに転校、いじめと暴力で「生涯最悪」の年月を送る。三年後パリに戻り、やがてルイ＝ル＝グラン校へ入学する。

二人は四〇〇キロ離れた地方からパリに戻ってきて、入学した超名門校のリセまで一緒だったのだ。これだけ境遇が似ていれば、意識するなという方が無理であろう。まして相手のボードレールは、デカダン生活で人格的には最悪だとはいえ、サルトルの目指していた文学史上に永遠に輝く天才であった。ではこの大先輩は、どのような業績をあげたのだろうか。

シャルル・ボードレールは、十九世紀の詩の風景を一変させてしまった詩人である。この世紀の前半は、ヴィクトル・ユゴーらロマン派の詩人たちの全盛期であり、この時点までの詩は日本の「花鳥風月」詠にも似て、折々の感興を真率に、また唇に快く詠んだものにすぎなかった。

しかし一八五七年、ボードレールの『悪の華』一巻が、大都会パリにはびこる暗い現実を、「戦慄の美」をもって暴き出した時、詩壇の大勢からは無視されながらも、斬新な詩空間がそこに出現したのである。それゆえにこそ、それまで決して国境を越えて評価を得ることのなかったフランス詩が、海までも越える事態が引き起こされた。

ボードレールは一八六七年、日本の明治維新の前年に悲惨のうちに四十六年の生涯を閉じたが、その四十一年後、海を越えてあこがれのパリを訪れた永井荷風は、『悪の華』中の一編「陽気な死人」を、「死のよろこび」というタイトルで、のちの自らの訳詩集『珊瑚集』（大正二＝一九一三年）の巻頭に掲げる。また、芥川龍之介が最晩年に自らの生涯を振り返ったアフォリズム集『或阿呆の一生』（昭和二＝一九二七年）の巻頭の一節「人生は一行のボオドレエルにも若かない」は、国境を軽々と越えた斬新な詩の威力を語って余りある。

しかしながら、身も心も呪われたこの大詩人の生涯は、悲惨の一語に尽きた。その後のボードレールの生も辿っておこう。ルイ＝ル＝グラン校をやがて放校となるが、バカロレアには合格し、大学法学部に籍を置く。やがて文学青年たちに混じり、乱脈な生活を送り始める。これを心配した両親は、文学グループとの関係を断つため、ボードレールが二十歳の時に、インド行きの船に乗せる。しかし彼は途中で勝手に下船し、戻ってきてしまう。二十一歳で実父の遺産を相続、パリの中心サン＝ルイ島の豪奢な館に混血女優を愛人にして住み、高価な美術品と家具とダンディスムの生活を送るが、あまりの乱費ぶりに両親によって準禁治産者にされ、以降晩年まで貧窮生活を送ることになる。

法定後見人のもとにおかれた翌年、二十四歳で自殺未遂。一八五七年、三十六歳の時、書きためた詩をまとめて『悪の華』を出版するが、一般には冷たく迎えられ、あまつさえ風俗壊乱罪で起訴されたため、精神的にひどい打撃を受ける。やがて健康が衰え、再び自殺を考えるようになる。四十五歳の時、薬物とアルコールに起因する脳障害による半身不随、失語症に陥り、母に看取られつつ、一八六七年、四十六歳で没。

ボードレールは死と孤独と絶望の詩人と言われる。「彼は自分に価した生涯を持たなかった(6)」の一句で始まるサルトルの『ボードレール』は、詩人の暗い内面を容赦なく抉っていく。ではサルトルは、この詩人の悲惨な生を、どのような線で切り取り、どのように論ずるのか?

サルトル四十二歳の作品『ボードレール』は、詩人の作品の読解ではない。詩も多く引用されるが、その生涯を丹念に追い、手記を通じてボードレールの人間像をくっきりと彫琢しようとする。作品のボリュームはサルトルのものとしては小品で、邦訳四〇〇字詰約三二〇枚。章や節には分かれておらず、自己を凝視し続けるボードレールの性癖の指摘に始まり、その結果としての自己と世界との無意味の発見、さらには増殖する無秩序な自然への嫌悪、それに対抗して人間による整序を志向する創造の称揚へと論が進んでいく。

この評伝で、サルトルはまず、自分と同じように幼いボードレールを襲った「聖母子断絶」に着目する。「聖母子」に擬せられたボードレールとその母カロリーヌ夫人。幼な子ボードレールにとって母は偶像であり、その母の愛によって子もまた聖化されていた。この「完璧な状態」が、母の軍人との再婚によって崩壊し、ボードレールは寄宿舎に追放される。母子二人だけの一体生活が潮のように退き、彼は一人取り残され、乾き切ってしまう。

「聖母子生活」は、即自的に存在していたものではなかった。ボードレールがそのように思い込んでいただけの、まがいものの宝石であった。それなら責められるべきは母でも義父でもなく、幻の宝石を実体視した彼の「意識」ではないか。

六歳のボードレールは、自分の目の前に、「海のように広い」孤独が、無意味に横たわっているのを知る。そこにポツンと取り残されているものは、意識だけだ。自分の意識だけだ。そうであるならば、荒涼としたこの世界では、意識が自分かってに決めた目的以外に、人は人生にどのような目的も持たないだろう。

〈その時〉と、サルトルはボードレールに寄り添って考える。それを知った時こそ、人は選ぶのだ。自らが根拠となって「自分かってに」人生の目的を設定し、そこからこの世界を、またあえてこの孤独を生みだしていくことさえも選ぶ。つまり人生とこの世とは、人間による無からの創造であり、自らが紡ぎ出す言葉の糸によって、砂漠の虚空に目も眩むばかりに輝く白銀の巣を架け、その詩作の作業を通じて、創造の業が純粋な自由たることを証明すること。

ボードレールは人工的なるものを愛した。その理由は、それが人間の真の偉大さそのものである創造力の産物だからだ、とサルトルは言う。反対に自然は途方もなく大きく、無定形で無動機な存在として、憎悪の対象となる。

このようにしてサルトルは、ボードレールの試みを、幼い日に自らの聖なる人生に入った「ひび」を、「あえて自然に反逆すること」、すなわち「意識的な創造」という形で取り返そうとする、人工への夢と捉える。ボードレールこそは、自然・動植物・生命力・多産を憎み、人工・創造・都市・唯一性・不毛・自由に賭けた人間だというのだ。それは、サルトルの生きた精神世界そのものでもあったろう。サルトルのこの評伝は、「ボードレールという人間像」を、詩人自らが創り出した人工物、ホムンクルス（ゲーテの『ファウスト』に登場する人造人間）だと結論づけて終わっている。そして一人の人間の宿命とは、決して偶然によって作り出されるものではなく、彼が世界に対して採った選択そのものなのである、と。

ボードレールと酷似する幼年時代をおくったサルトル、そのサルトル少年の人生にも「ひび」は入っていたのだろうか。そこまでは、彼の「自伝」である『言葉』は告げていない。しかし『言葉』が母の再婚前でピタリと擱筆されていることを考えれば、およその想像はつく。母の再婚によって幼い心いっぱいに広がった「海のような孤独」――それを乗り越えるため、この不毛の世界に、あえて言葉の宇宙の創造を目指したボードレールの人生の選択を、サルトルが自らに重ね合わせたことは、まちがいないことのように思われる。そしてまた四十二歳のサルトルは、自身が自ら創り出したホムンクルスであることをあえて認め、そこから紡ぎ出される「文字の帝国」に賭けることをも宣言しているのである。

『ボードレール』は、サルトルの人間研究である評伝の最初のものであり、やがて究極の形となる『家の馬鹿息子』の二十分の一の分量にすぎない。しかしそれは、強烈な光で詩人の内部を照らし出し、ボードレール研究の系譜に特異な輝きを放つこととなった。

3　ジュネ——最悪を意欲する意志

ひたすら幼いボードレールの心の「ひび」に着目し、いわばその一点で詩人の人生を切り取った前著から五年、サルトルの筆は、現存の詩人、小説家として陰翳の濃い人生を送りつつあったジャン・ジュネに向けられる。『聖ジュネ』は、前著に比べ質量ともに大規模で、複雑な構造を持つ評伝への深化が果たされている。

本章で扱う五人の中では、サルトルが唯一当人と出会い、親交をもった文学者がジャン・ジュネである。ジュネは一九一〇年生まれであるから、サルトルより五歳年少である。一九四二年に獄中で、男色の世界を幻想・空想・回想で彩った小説『花のノートルダム』を書いてデビューし、二年後にはサルトルと会っている。

一九四四年の初対面のジュネについて、サルトルとボーヴォワールの対話を聞いておこう。

サルトル——……ジュネはキャフェ・フロールでぼくに会ったとき、ぼくの著作を通してぼくのことを少し知っていた。フロールで、ぼくは拳闘家に似た小さな若者が入ってくるのを見た。

〔ボーヴォワール〕——私もあなたと一緒だったわ。

サルトル——拳闘家といっても《ライト級》の、しかも《超ライト級》のボクサーの感じだったが、当時彼は何よりも自分の著作類と、それらを世に出すことを夢見ていた。

〔ボーヴォワール〕――私達はすでに『花のノートルダム』を読んでいて、とてもいいと思っていたわね。

サルトル――とてもいいと思っていた。(7)

戦後、ジュネは自分の作品をガリマール社から出版するに際し、サルトルに序文を書いてほしいと頼み、サルトルは承知する。ところがその序文が序文にとどまらず、途方もなく膨らみ、ついには邦訳で四〇〇字詰二二〇〇枚、大著『存在と無』の四分の三のボリュームに達するという超大作になったわけである。

なぜそれほどの量を書き連ねるほどに、サルトルはジュネに興味を抱いたのであろうか。まず、牢獄の中で囚人に対する袋貼りの仕事を与えられながら、その袋にするための紙の裏に小説を書きこみ、それによってデビューしたという奇異なエピソードが、サルトルの心に響かなかったはずはない。そもそも泥棒作家ジュネは、作家が時々泥棒をしてしまうのではなく、泥棒が作家になったのである。

人はなぜ泥棒になり、さらには作家になるのか？　そこには、誰もが泥棒になり、また作家になり得る「必然性」が存在するのではないか。――その秘密を解こうとした作品こそ、一九五二年に出版された『聖ジュネ』なのである。

泥棒作家、ジャン・ジュネは、獄中で書かれた女役の同性愛男娼ディヴィーヌの物語『花のノートルダム』でデビュー。その描く世界は、同性愛、窃盗、暴力、裏切りと、読む者に吐き気を催させるほど猥雑な内容に満ち、しかもそれらを平然と華麗な文体で綴っていく異様さで、大戦後のフランス文壇を震撼させた。なぜこんな作家が誕生したのか。

サルトルは、既刊のボードレールや、またこの頃すでに着手していたマラルメ論とは違った意味で、書くことがその人生にとって根源的で、また決定的な意味を持った文学者について描こうとする。書くことに人生のすべてを賭けた「アンガージュマンする作家」としてのジュネの試みは、その幼時に起爆装置が置かれていたのだ。ジュネの作品群に広がる世界の形而上学もまた、幼時の最初の衝撃から生まれたものだった。

サルトルに沿って、ジュネの人生を辿って行こう。ジュネは大人しい子供だったという。

> 優等生であり、尊敬に価する、やさしい少年、学友たちより身体は弱いし、背丈も低いが、ずっと頭はいい。……その上、真面目で考え深く、おしゃべりでない。要するに絵にかいたようなよい子なのである。(8)

ジャン・ジュネは一九一〇年、パリに生まれた。母は売春婦、ジュネはつまり父なし子である。保護施設に捨てられ、二度と母の顔を見ることはない。七歳の時、中仏モルヴァン地方の農家に預けられ、敬虔な子供として育つ。

そして十歳の時だ。家族がいないと思って伸ばした手の背後から、「泥棒！」という声が聞こえる。「臆病で鄭重で考え深い子供……財産よりむしろ聖性を望んだほど[9]」の子供は、自らへの「泥棒」という定義に震撼させられる。自分は泥棒なのか。

十歳の少年を見つめるサルトルの眼差しはやさしい。この世にたった一人で追放されたジュネ。何一つ所有物を持たない十歳の少年が、わずかな所有を求めて「盗み」を行なう。それに「泥棒」という目も眩む断罪が行なわれ、村中に広められ、この大人しい少年は「泥棒」そのものにされてしまう。

思えば、サルトル自身にも似たような記憶があった。十二歳の時、母の再婚に引き続き、義父の転勤で見知らぬ土地ラ・ロシェルに移り、心すさんでいた時期、サルトルもまた母の財布から金を盗んだ。

しかもそれ以前からサルトルは、心の安定にどこか影が差していた。すでに述べたように、サルトルが一歳三カ月ほどで父を失った時、寡婦となった母はサルトルを連れて実家に戻る。サルトルは祖父母に十分かわいがられていたが、母は幼いサルトルにこう告げるのだ。

気をつけるのよ、ここはわたしたちのお家じゃないんだから[10]

圧倒的多数の子供が、両親の家で育つだろう。そうした子供たちは、目の前の家財を自由に使う。それらを自分のものにしたとしても、「盗む」とは言われない。財布から金を抜けば叱られるにしても、他人にそれを言いふらされることはない。しかしジュネは泥棒呼ばわりされ、村中のさらしものにされたのだ。

　ジュネはどうしたか。打ちひしがれ、以後ひっそりと生きたか、それとも自殺を試みたか。そうではなかった。ジュネは、「じゃあ、泥棒になってやろうじゃないか」と決断するのだ。

　人に気に入られようと奴隷さながらに道化をすることだけでわれわれが精一杯の年頃に、意気沮喪することなく意欲したこの子供を、わたしは心から賞讃する。(11)

　サルトルも認めるように、ジュネは「最悪のものを選んだ」のだ。このあと彼の人生にやってくるものは、「不幸の果てへの旅」である。しかし彼を圧迫して来る外部に決して負けまいとするこの力強い選択こそを、サルトルは評価する。

　生きのびようとするかくも獰猛な野生の意欲、かくも純粋な勇気、絶望のただなかでのかくも無茶な自負心、それらはやがて実をむすぶであろう。この不条理な決意から、二十年後に詩人ジャン・ジュネが生まれるであろう。(12)

　このストーリーも、どこかで聞いたことがある。これを書いているサルトル自身と、どこか似ている。前著で詳述し、またすでにプロローグでも触れたように、幼少期における、彼を取り囲む恐るべき外部、すなわち恐怖としての世界の存在と、それに対し全知を目指すことで対抗しようとし、三十年後、作家・思想家となることでその克服を果たしたサルトル自身と似ているのである。

ジュネはかくして、年若くして泥棒になる。背後から急襲した眼差しのもとで、彼が凝固してしまった「泥棒事件」は、彼の他者への向き合い方をも決定し、処女小説『花のノートルダム』の主人公ディヴィーヌによく表われているように、彼に性的倒錯を引き起こす。ジュネは女役の男色者、男娼となる。「泥棒」にして「聖女」（「ディヴィーヌ」の意とも）というキャラクターは、彼の実人生と創作世界のテーマとなる。

毒を食《くら》わば皿まで、と悪の道をひた走るジュネは、泥棒と男色という社会的に紛うことなき「悪」を次々と重ねていくだけでなく、悪の中の悪とされる「裏切り」にも手を染める。フランスでも日本と同様、悪の世界にも仁義はあり、「裏切り」だけは人間として許されない、悪の中の悪として指弾を受ける。しかしジュネは仲間を警察に売るなど、その悪の最後の閾をもあえて越えていく。彼は常に最悪を選び、汚辱の淵に沈む。

こうして他者の眼差しのもと、泥棒、男娼、裏切りという「悪」そのものとなるジュネは、その選びとる行為を通して、意識の自由を実現するわけだが、それはまた汚辱の極限、人間としての誇りをことごとく失うことでもあった。人間として最低の地点に立ったジュネは、だからこそそこで跳躍する、とサルトルは考える。

監獄の中で詩を書き始めるジュネは、監獄の中の惨めさを書き連ねたわけではない。そうした存在界の外にある仮象《みかけ》の世界、想像力の世界こそが、ジュネの選びとったものである。

彼の詩性《ポエジー》は文学的な技巧ではなくて、救済の手段なのである。……詩性は一つの生き方なのである。彼は自分の卑賤に耐えるために、卑賤を壮麗化し、詩を不在の神に捧呈するのである。(13)

こうして湿気と臭気に満ちた牢屋を輝く宮殿に変え、さらにその外の世界をも丸ごと金メッキすべく、ジュネの筆が動き始める。男色の世界を曼荼羅図に、ことに男娼の目に映ずる世界を錦で飾り、ジュネは美に淫する者、美の享受者となる。

しかもこの美こそは、「正常な」者、善良な一般者たちの価値そのものでもあった。

ジュネの詩性《ポエジー》はわたしたちに糞を食わせる技術《アール》［芸術］であるとも言いうるが、しかしそれは同時に糞を非物質化する技術［芸術］でもある。(14)

こうしてジュネは、『花のノートルダム』以下、『泥棒日記』に至る五冊の小説によって、私たちの常識とは隔絶した不可思議な男色世界の人物像を描き、作品の美しさによって読者をその中に引きずり込み、復讐を遂げる。

彼の著書は刊行され、読まれ、レジオン・ドヌール佩用の〔フランス最高勲章に輝く〕演出家がその劇場で彼が書いた戯曲の一つを上演するが、その戯曲たるや殺人行為をあおるようなものである。共和国大統領は彼が最後の犯行のために服さねばならなかった懲役刑を赦免するが、それもまさしく、彼がその著書の中でそれらの犯行をやったことを吹聴したからなのだ。[15]

一九五二年に刊行された『聖ジュネ』は、その九年前の『存在と無』で描かれた「実存的精神分析」を用いて、この特異で鮮烈な「形而上学的泥棒」の体験を分析し尽くし、作家ジャン・ジュネの誕生の秘密を描いた作品である。「第一部　変身」に始まり、「第二部　最初の回心（悪）」「第三部　第二の変身　審美者」「第四部　第三の変身　作家」へと続く評伝で、サルトルは、ジュネのみじめな原体験から、作家としての豪奢な勝利までを丹念に辿っていく。

この世に生れ出た一個の自由な意識、しかしその前には、圧倒的な「外部」が様々な困難を突きつける。立ち塞がる外部、圧迫する外部、あるいは眼差しによってこちらを対象化する外部。しかし自由な意識はあらゆる困難を乗り越え、前進を続ける。「乗り越え」こそが意識の本領であるからだ。

『聖ジュネ』の終わりに至って、サルトルはこの異常に長い評伝『聖ジュネ』の意図を率直に語っている。

精神分析的な解釈やマルクス的説明の限界を示し、そしてただひとつ自由性のみが一人物をその全容において解明できることを示すこと、その自由性が運命とたたかう姿、まず最初は数々の宿業によって押しひしがれるが、やがて、もり返してその宿業をすこしずつ消化して行く様をあらわして見せること、天才とは天賦の才ではなくて絶望的な状況内にあって作り出される突破口であることを証し立てること、一人の作家が自分自身について、その生涯について、および宇宙の意味についてなした選択を、彼の文体と彼の構想の形式の性格の内部においてまで、彼の数々の像《イマージュ》の構造の内部にまで、また彼の嗜好の特異性のうちにまで再発見すること、自己解放の歴史を詳細にあとづけること、以上のことこそわたしがやろうとねがったことであった。(16)

まさにこれこそが、『聖ジュネ』においてサルトルが狙ったことであった。ジャン・ジュネという作家は個別特殊な人間であるが、同様な状況のもとで、誰もがジャン・ジュネになり得るし、誰でもが泥棒になり得、また作家になり得るのだ。

サルトルの評伝の系譜は、この『聖ジュネ』において大きな飛躍を遂げ、一人の人間の生のベクトルを、一つの巨大な作品構造として造形するというスケールを持つに至るが、なおそれだけには留まらなかった。

『聖ジュネ』を書いた一九五二年の段階では、右の引用にあるように、サルトルはマルクス主義的解釈には、なお否定的な評価を与えていた。それをあえて自分の懐に取り込むことで、歴史的、社会構造的視界をサルトルが開いた作品が、一九六〇年刊の『弁証法的理性批判』である。このアプローチに、次節で扱うフロイトによる、精神形成における幼時の重要性に着目した「精神分析学」、さらに社会学的探究も加わり、永く心から離れなかった作家フローベールを、その一挙手一投足まで分析し尽くそうとした作品が、やがて生まれることになる。それこそサルトルが晩年の全力を投入した作品、『家の馬鹿息子』なのである。

4　フロイト──無意識の併呑

サルトルの評伝の到達点は『家の馬鹿息子』であるが、それを扱う前に、ユニークな形の『フロイト〈シナリオ〉』に触れておきたい。

ここでとりあげた評伝シリーズ中、対象は唯一の非文学者であり、また作品の形式も「映画シナリオ」であるから、評伝に含めるには違和感をもつ向きもあるであろう。しかし、サルトルが書いた他のシナリオ、『賭けはなされた』『歯車』と違い、この作品はシナリオの形こそとってはいても、いわば「精神分析学者の誕生」ともいうべき、フロイトなりの「アンガージュマン」が描かれていて、一種の評伝となっている。

そもそもフロイトこそは、サルトルが生涯愛憎半ばした「ライバル」であり、しかも、『家の馬鹿息子』で詳述する「遡行的―前進的方法」の一つの大きな柱として、その知見を受け入れることとなった精神分析の祖である。そのライバルの誕生を、サルトルがわざわざ大部のシナリオに仕立てたのであるから、あえてこの評伝山脈中の一作として、とりあげておきたいのである。

『フロイト〈シナリオ〉』の刊行は一九八四年、つまりサルトルの死後四年を経て刊行された書物であり、サルトルが自らの意志で刊行した作品と、同列に扱うことに問題がないわけではない。しかし、邦訳された「シナリオ・第一稿」こそは、自分では完成された作品として、一九五八年に依頼者に提出していたものであるし、またその内容が、サルトルの評伝群の『ボードレール』『聖ジュネ』から『家の馬鹿息子』に至る中で、独特の意味を持つため、ここでその内容に分け入ることにしたい。

サルトルにとって、フロイトとはどのような存在であったかといえば、若き日以来、実にアンビヴァレントな存在だったといえるであろう。サルトルが生涯、まさに異常な関心を示しながら、その説をついに受け容れることができなかった存在こそがフロイトなのである。

それほどに惹かれた理由は何かといえば、フロイトがサルトルと同じく、人間の意識の真摯な探究者であり、驚くべき努力の果てに、それまでの常識を覆すに十分な、意識の底にある新しい世界を取り出したからである。しかもいわば「フロイトのアンガージュマン」とでも言い得るほどに、その新説の提出には困難が伴った。その理論の中核は、あらゆる神経症の根源に「性」が隠れており、さらにいえば、「汚れなき」幼児にも男女を問わず性欲が存在するという、当時どころか現在に至るもなお抵抗の強い「汎性論」であった。このため医学界はいうに及ばず、一般社会、さらには友人や家族までの不興を買うといった、社会道徳全体からの総攻撃を受けねばならなかった。まさにフロイトは、自らの思想のために、名誉や人生さえも犠牲にせざるを得なかったのだ。

一方、ついに晩年に至るまで、サルトルがフロイトの説を全面的には肯んじ得なかった理由は、何よりもフロイトの理論が、サルトル本来の意識の絶対的自由、また水のなかのように明澄という、意識の絶対性を根源から脅かすものだったからである。

じつはフロイトがもたらした危機は、サルトルに限ったことではなかった。それは近代哲学の父デカルト以来の、明晰にして「最終審級者」たる理性、神に取って代わり得る人間理性への脅威そのものだったのである。とりわけデカルトの正嫡ともいうべきサルトルの「意識絶対主義」にとっては、自らの哲学の存立そのものを脅かしかねない理論だったのだ。

しかもサルトルのフロイト批判である、精神分析は「非弁証法的思考である」[17]がよく示すように、戦後のサルトルが一貫して主張していた意識の「乗り越え」るダイナミズム、即ち、目前に現われた困難を意識が弁証法的に乗り越えていく力が、フロイトの理論にはなかった。

しかしそれは仕方のないことであろう。フロイトは精神病理学者であり、もはや「乗り越え」られなくなった人々を相手にしていたのだ。異常なストレスから、手足・顔面の麻痺など深刻な身体症状を示すまでに追い込まれた患者たちと正面から向かい合い、従来の神経科による温浴マッサージ、電気療法がまったく無力であることを知り、それを越える新しい療法を生み出すべく、血の滲むような努力を重ねていたのである。

明澄な知のチャンピオン、サルトルが、見ることも触れることもできないフロイトの無意識の世界に強い興味を持ち続けたことを、サルトル自身は決して認めようとしない。しかし若き日の自分のノイローゼが、その理由であった可能性があるのではなかろうか。青春期の自分自身への凄まじいプレッシャーが、メスカリン注射を機に、彼に様々な幻覚を一年以上にもわたって見させた事件である。

いずれにせよ、こうした背景の中で、まさにサルトル哲学の根幹を真っ向から否定するフロイトの「無意識の発見」物語の映画化に、サルトルが精力的に協力するという、ほとんど信じがたい事態が、『弁証法的理性批判』完成直前の一九五九年に起こっていたのだ。

このシナリオは、一九五八年、アメリカの映画監督ジョン・ヒューストンがサルトルに依頼したものである。精神分析学誕生の苦難の時期を描いてほしいとの注文であった。同年末にサルトルのコンテが完成、その合意を経て翌一九五九年にはサルトルによるシナリオが完成した。この原稿をもって、『フロイト〈シナリオ〉』（一九八四年）の編者J・B・ポンタリスは、「第一稿」としている。

一九五九年の完成稿＝第一稿は、ヒューストン監督のもとに送られたが、長すぎたために削除と改変の注文がつき、サルトルによる第二稿が未完成のまま再び監督に送られる。しかしこれもまた監督の受け容れるところとならず、監督のもとで削除・改変され、サルトルの名は付さずに一九六一年に撮影、翌六二年に上映された。

邦訳『フロイト〈シナリオ〉』は一九八七年刊[18]で、フランス語原著にある第二稿との異同などが省かれ、第一稿全文が掲載されている。それによると、全体は三部に分かれる。これを紹介しておきたい。

第一部の舞台はウィーン、一八八五年、フロイト二十九歳、盲目となり脚も麻痺しているヒステリー女性患者が、仮病だと嘘つき呼ばわりされているシーンから始まる。「ヒステリーなる病気は存在しない」と主張する、師マイネルト教授の説に疑問を抱いたフロイトは、師の反対を押し切り、ヒステリー治療に役立つのではないかと、パリで催眠療法を説くシャルコのもとに旅立つ。

この第一部の山場をなすのは、パリから戻ってきたフロイトが、ウィーンの医学会で発表する場面である。フロイトは、それまでの医学界の常識であった「ヒステリーは女性特有のもので、卵巣の障害に過ぎない」という見解を否定し、ヒステリーはれっきとした精神病であり、催眠療法を用いることにより、自己暗示によって身体に障害を引き起こしている患者を救うことができると発表して、満座の反発を買う。師マイネルトはここでも先頭に立ち、ヒステリーは仮病であり、男性にヒステリー患者はいない。ヒステリーは病気ではなく、マッサージ、入浴、電気療法で治癒させるべきだと断ずる。フロイトは罵声の中で打ちのめされる。

第二部は、それから六年後の一八九二年、フロイト三十五歳。死に行くマイネルトは、それまで追放していた弟子フロイトを枕元に呼ぶ。そして自分こそ男のヒステリー患者であり、自分は自分のノイローゼの原因を知らぬままに死ぬ、学者失格である。フロイトよ、たとえ自身は地獄に落ちても、皆が天国の光の中で生きられるよう、人間の心の秘密を暴け、と告白する。死に行く師が、四面楚歌の弟子フロイトを励ます感動的なシーンである。

勇気づけられたフロイトは、催眠療法を実践していた知人ブロイアー医師の患者セシリーの治療の中で、「あらゆる神経症には性的な起源がある」という考えに達する。

第三部は、さらに六年後の一八九六年、フロイト四十一歳、セシリー治療の中で、催眠術をかけず、患者に自由に、心に浮かんだことを話させ、そこに隠された意味を探る自由連想法をあみだす。しかし医学会での発表は再びひどい反発しか招かない。やがてエディプス・コンプレックスを発見。父が死に、また兄として慕友として信頼していた友人たちとも訣別し、自分に忠実に、また仕事に誠実に、一人で生き抜こうとするフロイトの姿で終わる。

作品全体は、周囲の無理解と非難の中、オリジナルな精神分析手法をあみだすフロイトの孤独な姿を描き込んでいる。妻との愛も冷えてしまい、世間一般からも、また師マイネルト、僚友ブロイアー、フリースらとも仕事上のことで決裂しながら、ひたすら自分を貫いた苦悩の精神科学者の像である。シナリオは一貫して、フロイトが自己の安泰な生活をすべて犠牲にし、学問的真理の発見とその公表とに自らを賭けた姿を描き、まさに「フロイトのアンガージュマン」というべきものとなっている。

ここまでサルトルがフロイトという人間に入り込んで、その学説の生誕を描いたことは、フロイトとその理論とがどれほどサルトルの深い興味をそそっていたかを示すものであろう。マイネルト教授は実は、フロイトを公的には認めなかったサルトルその人ではなかったかと思えるほどである。ではサルトルは、フロイトの思想史上の最大の功績、「無意識の発見」に、どれほど賛意を持っていたのだろうか。あれほど「無意識」を敵視したサルトルが、このシナリオの編者ポンタリスの序文での証言によれば、

サルトルはヒューストン〔監督〕について語ってこう言っていたという。「彼の困ったところは、無意識というものを信じないことなんだ[19]」。

これはほとんどジョークである。ポンタリスも指摘するように、『存在と無』の「自己欺瞞」の

章はまさに、その無意識が存在しないことを証明するために書かれたものだからである。

この作品は、困難の中を歩み切ったフロイトを共感的に描いているし、無意識世界の実在を中核とする精神分析、エディプス・コンプレックスなどが、否定されない立場で描かれてはいる。しかし、〈精神分析学の誕生〉というテーマに絞ってあるせいもあり、無意識の構造など、この立場にコミットして描いているわけではない。

『フロイト〈シナリオ〉』を通して、サルトルはいわばフロイトのアンガージュマンを描出したのであって、フロイトの理論を全面肯定して書いたわけではない。しかしサルトルもまた、若き日のメスカリン事件を考えれば、目には見えないストレスの中で、自己の精神がどれほど歪んでしまうかに思いを致さざるを得なかったであろう。また五年後に刊行される『言葉』などの評伝群では、自分を含む人間の幼時体験が、一生にどれほど深甚な影響を与えることになるかを、繰り返し追認することになった。

その意味では、サルトルがこれほどフロイトに興味を示したということは、『弁証法的理性批判』をはじめとする後期サルトルの「自分自身から自由でない自己」に表われているように、前期哲学の第一テーゼ、「絶対に自由な意識」の修正を示すものではないかと問われれば、それはその通りであろう。そうであればこそ、「世界を睥睨する意識」という「超越的な哲学」が、第二次大戦の歴史の暴威の前で決定的なダメージを受けたこととあわせ、後期サルトルにおけるマルクスやフロイト理論の吸収が、巨大な『家の馬鹿息子』の大伽藍を支える靭い柱として、生かされていくのである。

それにしてもサルトルはなお、しかし、と思っていたにちがいない。人間の意識は、完璧に透明ではないにしても、また暗い闇を引きずっていたとしても、なおそれには「乗り越え」があるのだ、と。どれほどの悪条件を突きつけられたとしても、なおそれを組み敷き、自己をも、世界をも乗り越えていく、その意識の逞しさを、すでに『聖ジュネ』が描いてきたし、『フロイト』以降に連なる『マラルメ論』や『家の馬鹿息子』でも、サルトルは描き続けるのである。

5　マラルメ――絶対の探求

評伝の中で、『ボードレール』刊行直後の一九四八年から準備されながら、きちんとした形では遂に刊行されなかった作品が『マラルメ論』である。しかし、マラルメへのサルトルの関心には強烈なものがあったし、またマラルメの精神を準備した歴史的文化構造の研究は、そのままサルトルの評伝の最終形態である『家の馬鹿息子』に移行しているという意味で、『マラルメ論』は『家の馬鹿息子』への先行作品の役割を果たしているといえるだろう。

一九四七年に刊行された『ボードレール』に続き、翌年にサルトルは、もう一人のフランス詩人を採り上げる。ボードレールを引き継ぐ形で、フランス現代詩の一頂点を築いたステファヌ・マラルメである。この詩人はボードレールのように、生い立ちやそのほかの点でサルトルと似ているわけではない。

サルトルはマラルメをフランス最大の詩人と呼ぶ。これはなかなかに聞き捨てならない言葉だが、実際にサルトルのマラルメに対する関心は強く、また長く持続した。一九四八年頃から「マラルメ論」のためのノートを取り始め、それは膨大な量の原稿になったという。晩年に至るまで、断続的ではあるにせよ、ほぼ三十年の長きにわたって、マラルメはサルトルの心の中に居続けた。一書としてまとまりきらなかった理由は、一九六二年、極右秘密軍事組織ＯＡＳのプラスチック爆弾によるサルトルの住居破壊の際、十四年来書きためた「マラルメ論」の草稿のほとんどが失われたことによると思われる。現存する『マラルメ論』（渡辺守章・平井啓之訳、ちくま学芸文庫、一九九九年）は、六二年の爆破をかろうじて免れ、サルトルの死の前年、一九七九年に『オブリック』誌に掲載された未定稿「マラルメの現実参加」と、一九五二年に執筆され、最終的に七二年に『シチュアシオンⅨ』に収められた「マラルメ（一八四二―一八九八）」とから成る。いずれもサルトル在世中に発表されたもので、前者は邦訳約一二〇枚、後者は邦訳約四〇枚と小ぶりながらもマラルメ論としてまとまっており、併せればサルトルの意図の大要を知ることのできる資料だと思われる。

その内容は、膨大な「マラルメ論」のうち消失を免れた「マラルメの現実参加」は、「Ⅰ　無神論の遺産相続人たち」と「Ⅱ　選ばれし者」とに分かれる。第Ⅰ部では、マラルメがこの世に生をうけた十九世紀半ばという時代、「神」と「特権的存在としての人間」とが失われた時代が描かれ、第Ⅱ部では、マラルメの生い立ちが語られ、この時代に淵源をもち、やがてマラルメの最大のテーマとなる「否定」という観念が記述される。宇宙の真実である「否定」あるいは「無」――それを絶対の作品に昇華して語る選ばれた人間こそが、マラルメだというのである。

一方、小品「マラルメ（一八四二―一八九八）」においてもまた、マラルメの幼時や、時代の思想的背景が語られつつ、マラルメの最高の真理たる「無」が浮き彫りにされる。そして宇宙の究極の真理たる「無」を開示する詩作品制作への、マラルメの夢が語られるのである。

マラルメは象徴主義の総帥として、難解をもって知られる詩人である。ここでその人生と仕事を振り返っておくことにする。マラルメの人生は、ボードレールの破天荒と比べると慎ましやかなものであり、文学者としてはむしろ穏やか過ぎるほどのものであった。

マラルメは一八四二年、官吏の子としてパリに生まれる。彼が五歳の時、蒲柳の質だった母が亡くなった。ボードレールのような「ひび」は入らなかったようだが、マラルメが十五歳の時に妹も没し、彼女たちの影は、その後彼の詩の世界に入り込む。詩作は高校時代から始まった。バカロレア合格後、英語教師となるべく二十歳でロンドンに留学、その地で七歳年長のドイツ女性と結婚、二十二歳で娘の父となる。英語教師としてフランス中南部を転々とし、この間、一八六六年、二十四歳で十編の詩が中央に紹介され、詩壇の片隅に登場する。さらに二十九歳でパリへ行く。その後、長い無名時代のあと、四十一歳から四十二歳にかけて、ヴェルレーヌ、ユイスマンスの手でマラルメの詩業が好意的に紹介され、一躍著名人になる。象徴主義運動の指導的詩人と目され、自宅での談話会が「マラルメの火曜日」として有名になり、ヴェルレーヌ、ヴァレリーやジッド、さらにワイルドやゲオルゲまでが詰めかけた。五十一歳でようやく教職から退き、詩作に専念するはずのところ、五年後の一八九八年九月、喉頭痙攣による呼吸困難をおこし、五十六歳で没した。

外目には平凡そのものの人生を送ったマラルメであり、サルトル自身も、「この寒がりのなよなよした、女のような男[20]」と、さえない風采を強調するが、このもの静かな人間こそが、十九世紀後半の文学革命を引き起こした張本人なのである。

マラルメは文学史的にいうならば、十八世紀にボードレールが切り拓いた詩の新世界を、哲学的あるいは形而上学的に高め、象徴主義の制覇をもたらした詩人である。その文学的実験とさえいえる手法が放った矢は、百年以上を経た現代文学にまで真っ直ぐに突き刺さっている。卑俗な現実を嫌悪し、これを徹底的に排除しようとする一貫した文学的姿勢の中で、マラルメの詩的言語は日常言語から峻別されて晦渋を極めた。また詩の目的を、いわば「絶対の探求」に設定することで、詩を一般人の手の届かないところにまで拉し去った。

彼によれば、世界は一冊の美しい、完璧な本に到達するためにこそ存在するという。その究極の書物こそは詩によって書かれるはずで、人類がいまだかつて持ったことのない「大いなる作品(grand œuvre)」なのである。その仕事を二十年の歳月をかけてなしとげることこそが、中部フランスの地方都市トゥルノンで生徒たちに屈辱的にからかわれ、同僚からも無能呼ばわりされていた二十四歳の高校英語教師マラルメの野望であった。

一九六〇年、『弁証法的理性批判』の刊行を控えたサルトルは、インタビュー「作家の声」の中で、準備中の「マラルメ論」につき次のように語っている。

サルトル――……マラルメのことをお話ししているのは、純粋な文学というのは夢想である、ということを指摘するためです。

——つまり、文学はつねにアンガジェしていると考えられるのですね？

サルトル——もしも文学が全体（tout）でないならば、それは一時間の労苦にも値しない。そのことをわたしは、《アンガジュマン》という言葉によって言い表わしたいのです[21]。

これは、「政治参加」を意味する「アンガージュマン」という語を、マラルメに適用する理由を問われてサルトルが弁明しているシーンなのだが、ここでサルトルは、真の文学は「一切」を求める試みであり、また逆に一つの時代の真の文学は、その時代のすべてを溶かしこんでいる、と述べている。しかもそのうえで、そのような文学の典型であるマラルメの試みは、つまりは「夢」にすぎない、とも。

「フランス最大の詩人」マラルメの詩想には、何が溶かしこまれているとサルトルは考えたのか。それは、サルトルの「マラルメの現実参加」によれば、ニーチェにはるかに先立つ神の死と、そこに遅れてやってきた詩人の目に映った光景である。

十九世紀半ば、二月革命による王制の最終的崩壊（ルイ＝フィリップ失脚）で、詩は一挙に伝統的な二つのテーマ、「神」と「人間」とを失う。即ち、王を失ったことで、そのイデオロギーを支えていた神も死ぬ。それはつまり「絶対」や「必然」なるものが、この宇宙から失われたことを意味し、「偶然」だけが残ったのだ。人間もまた、神の保証を失って「聖なるもの」ではなくなり、偶然の一つとなる。

〈宇宙〉の関節がはずれたのだ。〈自然〉は、埃の無限に続く舞踏にすぎないものとなった。(22)

では詩人はどうするか。マラルメの先輩たちユゴーらのロマン派は、「神格」によって照らし出された「宇宙」を見せてくれたが、マラルメたち遅れてきた詩人は、

この光が消えた光景を、地上世界に拡がる闇を見せるだろう。……〈物質〉だけが〈真理〉なのだ。(23)

だからこそ、マラルメたちに選ばれるテーマは否定的なものとなる、とサルトルは考える。

彼は、決定的に、己が詩的主題《テーマ》を選んだのだ。非‐在（le non-être）がそれである。(24)

マラルメの作品はみな哀しく、暗い。初期の若さに溢れるはずの詩からしてそうである。

憑《つ》かれてゐるのだ　俺は。蒼空、蒼空、蒼空、蒼空。(25)

肉体は悲し、ああ、われは　全ての書を読みぬ。(26)

サルトルは、マラルメの「理想的なるもの」の内実を、やはり次のように断ずる。

我々の詩人においては、〈理想〉は——〈蒼空〉とか〈絶対〉とか名付けられるものだが——それは純粋な〈無《リヤン》〉であり、〈拒否〉の単なる客体化なのだ(27)。

なぜこれほどまでにマラルメは、「無」に魅入られているのか。神の死という思想的背景もあったであろう。母や妹たちの死という死の連鎖もあったであろう。マラルメ自身の身体の虚弱もあったかもしれない。しかしいずれにせよ、マラルメの宇宙の核心に、〈無《リヤン》〉が据えられていたのだと、サルトルは言う。

マラルメが自分の『全詩集《ポエジー・コンプレート》』の第一ページに「虚無《リヤン》」という言葉を書いていることは偶然ではない(28)。

無の城としてのマラルメ詩群。マラルメの詩業は、こうした「無《リヤン》」の宇宙を美しく描き出すべく、身も細るほどの彫心鏤骨のうちに進行する。その中心に位置するものが、大いなる作品〈グラン・トゥーブル〉なのである。これはすでに述べたように、最初の赴任地トゥルノンで、一八六六年、二十四歳の時に抱かれた構想である。それは「世界はただ一冊の本に到達するために存在する」という、恐ろしく観念的、魔術的な構想であって、その書物は、宇宙の構造と展開を反映し、宇宙の隠れた意味を説明し尽くす（「大地のオルフェウス的解明」）とされた。

このいまだ誰も書いたことのない究極の本の執筆のために、自分の生涯をかけることをマラルメは誓い、その必要期間を二十年と見積もった。しかし二十年どころか三十二年を経ても、その書はついに書き上げられることなく、マラルメは没する。ただし、その書の一部であると目される作品が、亡くなるわずか一年前に脱稿した『賽《さい》子の一擲《いってき》』であった。以下の叙述は、本書の趣旨からははみ出すものだが、サルトルがこの『賽子の一擲』のエピソードをかなり意識しており、のちの『家の馬鹿息子』でも、この膨大な記述の山場のタイトルにこれを使用している（「第三部　エルベノンまたは最後の螺旋」）こともあり、ここで触れておく。

一八九七年四月下旬、死の前年に発表された、五十五歳のマラルメによる『賽子の一擲』は、いわばマラルメの遺言であり、実に謎めいた作品として様々な解釈を生んできた。この詩の前身は、それより三十年近く年月を遡る一八六〇年代末の哲学的コント『イジチュール』にあり、そこでは深夜零時という「絶対的な」時刻に二つの賽子を振り、時と同じ「十二」の目を出す可能性への賭けが語られている。この場合、賽子を手に持つ間はその可能性は保持されるものの、いったん放たれてしまえば残酷な偶然性に支配される、というアイロニーの中におかれている。しかし、であるからこそ「賽子の一擲」とは、世界をロゴスによって整序させようとする人間の思考の運命を語っているのであろう。マラルメは、その密度の高い、選び抜いた詩句によって構築した象徴詩によって、人間の思考を宇宙と対峙するまでに高めようとしたのであろう。

マラルメの作詩法は、「一語一語で偶然を征服する」、即ち、血のにじむような努力をもって、絶対に必然的な語を選ぶという完全主義であった。ために、最初期、十五歳の高校時代以来、晩年まで四十年にも及ぶ詩作の歴史を持ちながら、生涯ついに五十余りの詩編しか残さなかったという超寡作ぶりだった。

それらはことごとく難解であり、しかもその難解の度が年を追って高まったうえ、すでに述べたように、若き日に決意した究極の本の約束は、三十二年経っても果たされなかった。わずかに死の一年前に発表された『賽子の一擲』が、ポイントを変えた活字を、二十一ページにわたる紙面に、夜空の星のように散らした斬新な工夫で、言い訳のように残されたのみである。そのことをサルトルは、どのように捉えているか？

マラルメは「大いなる作品」を生み出そうとする自らを、「錬金術師」に例えたのだが、この点についてのサルトルの評定はなかなかに手厳しい。

　　マラルメのうちには一人の悲しいぺてん師がいる。彼は友人たちや弟子たちの間に、とつぜん世界をみずからのうちに吸収しつくすような大作品の幻覚を創りだしそれを保ちつづけた。彼はそれを準備しつつあると主張した。しかし彼はそのような作品の実現不可能性を完全に知っていた。(29)

では、マラルメは単なる嘘つき、虚言癖の詩人だったのか。しかしサルトルはまた、そのような「大いなる作品」の幻想が、絶対を指し示すベクトル、究極の作への一階梯として、マラルメの個々の作品を無限に向かって光り輝かせているとして、マラルメの「ぺてん」の意義を認めてもいる。

ひるがえって考えれば、サルトルはマラルメの中に自分自身を見ていたのであろう。幼い日、「一切を知り尽くす」という「ぺてん」に賭けた人間こそが、サルトルだったのだ。四十三歳ごろからマラルメ論を企図し、晩年に至るまで三十年間もマラルメへの関心を失わなかったサルトルは、二十四歳で「ぺてん」を思い立ち、三十年も自他ともに騙し続けたマラルメに、自らの等身を見ていたのだ。

作者〔マラルメ〕は、その死の前日に、ただ自分の未来の作品のことしか考えていないふりを装い、自分の妻と娘とに「それはとても素晴らしいものになるはずだということを信じてくれ」と書いてやったとき、それらの詩作品《ポエム》に仕上げの一筆を加えたのである。(30)

マラルメは、一語を選ぶのに命をかける。全身全霊をかけて詩にコミットしたマラルメの文学行為を、サルトルはあえて「マラルメのアンガージュマン」と呼ぶ。ボーヴォワールは、サルトルがマラルメに対し尊崇の念をもっていた旨の証言をしている。決して人間が到達することのできない「絶対」を、マラルメが目指していたことを知るサルトルは、そこに共感と一種の仲間意識を持っていたように思われる。

マラルメが宇宙の本質を「無」としたところも、その無の一形態にすぎない人間が、創造によって神の如く崇高であり得ると考えたところにも、『嘔吐』で出発した作家との共通点を想わないではいられない。マラルメを「ぺてん師」呼ばわりするサルトルは心の中で、「もちろんオレもそうだが」と呟いていたにちがいないのである。

だからこそ、『ボードレール』から『マラルメ論』を経てついに書かれた『家の馬鹿息子』こそは、人間が知り得ないことまでも知ろうとするサルトルの、「大いなる作品」（グラン・トゥーブル）なのである。

6　フローベール――不気味な大伽藍

一人の人間は、サイズからすれば二メートルに足らない。直径一三〇〇万メートルにも達する地球という巨大な惑星の、六〇〇万分の一以下、それこそゴミのような存在である。

しかしこの小さな小さな人間の肉体は、〇・一ミリの受精卵の時代から、日々、夜々、瞬間瞬間に、途方もない量と質の体験をし続けていく。その総量は、たった一日のことであっても、すべてはとても記述しえないほどのものだ。このようにして形成されていく一個の人間とは、まさにミクロコスモスといえるほど広大な、無辺な情報容量を持つはずだが、それは一体どのような存在なのか。その本質を解析することは可能なのか。可能ならば如何にして。――こうした根源的な問いに真正面から答えようとした作品こそが、「フローベール論」なのである。

「ボードレール」「ジュネ」「マラルメ」を経て、また「フロイト」「マルクス」（「弁証法的理性批判』）を取り込んで生まれてきた「フローベール論」は、さまざまな意味で異様な作品である。

まず、タイトル。凝ったタイトル、含みのあるタイトルをつけることのないサルトルの作品名の中では、この「フローベール論」、即ち、『家《うち》の馬鹿息子――ギュスターヴ・フローベール論（一八二一年より一八五七年まで）』というタイトルは、異色である。本書に直接先行する『聖ジュネ』では、泥棒を聖人に担ぎあげたのだから、今度は大作家を「馬鹿」と腐したということか。しかも、サブタイトルから判るように、この「天文学的」超大作が扱う範囲は、五十八年半ほどのフローベールの全生涯ではなく、その前半、ようやく『ボヴァリー夫人』でデビューするまでの三十五年半をカバーするにすぎない。つまりこの作品はいわば、「一家の恥ずべきバカ息子が、ようやく三十五歳で作家デビューを果たすまで」を意味しているのである。

またタイトルからも示唆されるように、他者とうまくいかず、言葉もろくに理解できなかった「知恵遅れ」の幼児が、なぜ言葉の魔術師、つまり作家になりえたのか、それを解読しようとした書こそが、この『家の馬鹿息子』なのである。

それにしても、『家の馬鹿息子』はサルトルの晩年を飾る一大巨編である。原著で全三巻、合計約二八〇〇ページ。このうち、邦訳は二〇一三年現在、原著第二巻の三分の二までが完成しており、四〇〇字詰約六一〇〇枚である。この割合で全巻邦訳が完了すれば、総計四〇〇字詰九七〇〇枚ほどになるであろう。これは真に恐るべき数字であって、『存在と無』や『弁証法的理性批判』の三倍を優に越え、第3章での試算によれば、『源氏物語』と比べても、その三倍近くに達する。長編作家サルトルの中でも最大の作品であり、飛び抜けたボリュームを持つ大作である。

このうちⅠ、Ⅱ巻は一九七一年五月、Ⅲ巻は翌七二年六月の刊行で、Ⅰ、Ⅱ巻が同時刊行された当時、七一年五月十四日付の『ル・モンド』紙に掲載されたＭ・コンタ、Ｍ・リバルカによるインタビューによれば、『自由への道』『弁証法的理性批判』をはじめ、作品を途中で投げ出してばかりいる自分を反省し、「生きているあいだに何かをいつか仕上げる必要がある」(31)という決意のもと、晩年の十余年を費やして精力的に書き継いだ作品が、『家の馬鹿息子』なのである。しかしサルトルの意気込みも空しく、予定されていたⅣ巻は、一九七三年の失明のために放棄され、この作品もまた完成することはなかった。

『家の馬鹿息子』は、サルトルがそれだけの分量、それだけの意欲を注ぎ込んだ作品なのであるが、その内容に入る前にまず、このフローベールという文学者、そしてまたフローベールとサルトルとの関わりにつき、少し見ておくことにしよう。

ギュスターヴ・フローベールは、十九世紀半ば以降のフランス文学界を支配した写実主義の創始者として名高い。一語を探すのに数時間を費やしたといい、登場人物のその瞬間の思考、またその場面の情景を的確に表現すべき「唯一の正しい語」を求めて苦吟する姿は、文章彫琢の権化として、日本の近代文学にも大きな影響を与えた。執筆にあたっては綿密な実地調査をし、また作者の姿を作品中に決して感じさせないなど、小説作法の面でも知られる。この近代文学の巨人と少年サルトルとが紙上で出会ったのは、『家の馬鹿息子』の成立を遡ることおよそ六十年前、サルトル七歳ごろのことだった。

私は、『ボヴァリー夫人』の終りのページを二十回も読み返した。ついにはその数節全体を空で覚えてしまった[32]

七歳で『ボヴァリー夫人』を読んだという話もすごいが、それだけではない。サルトルの自伝『言葉』は、幼い目で貪欲な読書を始めたあと、さらに自らペンを握ろうとしたサルトルにも、フローベールが深い影響を与えていたことを示す。幼い文章を読んだサルトルの師傅《しふ》、祖父カルル（シャルル・シュヴァイツァー）は、孫に次のようなアドバイスをするのだ。

「ああ、眼を持っているだけではだめだよ。その使い方を学ばなければ。モーパッサンが子どもだったころ、フローベールがどんなことをしたか知っているかい？　彼はモーパッサンを一本の樹の前に坐らせ、二時間もかけてそれを描写させたのさ」と祖父は言った。かくして私は見ることを学んだ[33]。

芸術に物理学の正確さを与えようとした巨人フローベールが、没後三十年足らずして、幼いサルトルの前に蘇った瞬間である。

その後のサルトルは、フローベールの登場人物に対し反感を覚えるなど、両者の関係は平坦ではなかったが、フローベールにはじめて触れた後六十年を経て、サルトルが評伝のテーマに選んだ理由は何であったのか？

「サルトル、サルトルを語る」(34)の中で、フローベールにおいては死後に膨大な書簡が残されたうえ、周囲の証言も多く存在して研究に有利だったこと、また文学上の重要人物だったこと、さらには現実界と想像界の関係を研究するのに適切な例であったこと、などを挙げている。

しかし何よりも、字も覚えられないような「知恵遅れ」の子供として人生を出発し、ついに実人生では情けないままに終わった男が、なぜ文学史上に燦然と輝く傑作『ボヴァリー夫人』を書き得たのかを解明したい、という野心こそが、サルトルの核心にあったものであろう。この本のタイトルからも、それは十分想像されるところである。これまで扱ってきたボードレール、ジュネ、マラルメらが、いずれも苦難を乗り越える形で文学者になった経緯との比較でいえば、フローベールが父の無理解、母の冷淡、兄の軽蔑という家族の「包囲網」からいかにして脱走したのか、史上稀な文学者になりえたのはなぜか、という秘密の解明といえるだろう。

本書の全体は四つの部分に分かれる。「第一部　素質構成」では、父、母、兄などの家族の存在が徹底的に洗い出され、また彼らと、劣った弟息子フローベールとの力学が描かれる。幼少年時のフローベールを取り巻く根本的な状況が明らかにされるのである。「第二部　人格形成」では、しだいに成長し、小学校から中学、さらには大学に向かうフローベールがいかに与えられた条件を乗り越え、自身のうちに芸術性を育んでいくかが語られる。「第三部　エルベノンまたは最後の螺旋」では、なお加えられる父からの圧力——望まざる法律家への道に悩み、神経症に陥っていたフローベールが、マラルメの「賽子の一擲」にもたとえられる、突然の卒倒によって窮地から逃れる

「負けるが勝ち」の戦略が描かれる。「第四部」はタイトル名は持たないものの、原書第Ⅲ巻がそれに相当し、フローベールの陥った神経症を一気に社会化し、十九世紀半ばのフランス・ブルジョワ社会自体が持った神経症とパラレルなものとして捉え、歴史的に視界を広げるのである。

以下、もう少し具体的にサルトルの筆を辿ろう。長大な本書からすると、異常に短い序文には、一八六四年十月、四十二歳の時に、フローベールが読者の一女性に宛てて出した、次のような手紙が載せられている。

「生来の憂鬱症を沈黙させることがやっとできるようになったのは仕事のおかげです。けれども昔の地《じ》がしょっちゅう顔を出します、誰も知らない昔の地、いつもはかくれているふかい傷が(35)」。

サルトルはこれを引き取り、この傷の原点となった幼児期の事件を示す証言を、引き続き本文巻頭に掲げる。ギュスターヴ・フローベールの妹の子、カロリーヌ・コマンヴィルの証言である。

私の祖母〔ギュスターヴ・フローベールの母〕は長男に読むことを教えた。次男〔ギュスターヴ・フローベール〕にも同様に教えたいと思い、仕事に取りかかった。ギュスターヴの側にいた妹のカロリーヌはすぐに覚えたが、彼の方はうまくいかず、自分に何も語ってくれないそれらの記号を理解しようとずいぶん努力した挙句に、大粒の涙をこぼして泣き出した(36)。

パリの北西一〇〇キロ余り、地方の中心都市ルーアンの、市立病院外科部長の次男に生まれたフローベール、世界の文学史に残る未来の大作家はしかし、文字が覚えられなかったのだ。子音と母音とで一つの音節ができあがり、いくつかの音節がまとまって一つの語を造る、という基本的な関係が理解できなかったのである。二歳半年下の妹がすぐ覚えてしまったのに、兄はヘドモドするだけだった。おまけに大人に担がれてもキョトンとしているのみ、しかも「指を口にくわえたまま、放心して、まるで馬鹿みたいに、ながい間じっとしていた(37)」となれば、呑み込みの早い賢兄を見てきた家族からは、確かに「知恵遅れ」と思われても仕方なかったであろう。

次男の「知恵遅れ」に最初に気づいたのは母親であるが、その原因を作ったのも母親であると、サルトルは推断する。女の子がほしかった母親は、望まれて生まれてきたのではないこの次男を注意深くはあるが冷やかに扱い、その結果、幼児は自分が他者の関心を得られる存在であるとは思えなくなり、コミュニケーションに興味を失い、「受動性」を身につけてしまったのだ、と。

この母からの冷たさに加え、のちに教育役を引き継いだ封建的な父から、決定的に「お前はうちのバカ息子」という烙印を押され、一家の希望の星である九歳上の長兄からも秘かな軽侮を受け、ギュスターヴは「深い傷」を負って幼少期を送ることになったと、サルトルは分析する。

フローベール家の三者からの「圧迫」のもと、落ちこぼれの弟息子は、現実世界での逆転を計ることはあきらめるほかなかった。しかし一方、家族の中でただ一人、ギュスターヴを圧迫しない妹とのお芝居ごっこを通じ、非現実の世界への道が彼の前に開けてくる。幼い者同士の即興の芝居から、自作の台本による劇へ、そしてさらに文学への方向転換が始まる。
しかし、一家の長である市立病院外科部長の父からのプレッシャーは変わらなかった。大学入学資格を得たギュスターヴは、サルトルによればこの父によって、パリへ出て法律を学ぶように決められており、彼には嫌悪すべき凡庸な未来が待ち受けていた。ギュスターヴは、好きになれない法律を歯を食いしばって学ぶ。どれほど嫌でたまらない学生生活であっても、彼の人格の中心が「受動性」である以上、神の如き父に逆らうことはできない。そしてついに破局の時が来る。

一八四四年一月のある晩、兄アシルとギュスターヴは、別荘を探しに出掛けたドーヴィルから戻るところだった。闇夜で、ギュスターヴが一頭立て二輪馬車の手綱を操っていた。ポン゠レヴェックの近くまで来て、馬車の右手に荷車を引く男が現れた時、突然ギュスターヴは手綱を放し、兄の足元に雷にでも撃たれたかのように倒れた。死んだように動かないさまを見て、兄は弟が死んだか、死にかけていると考えた。遠くに一軒の家の光が見えた。兄はそこへ弟を運び、応急処置を施した。ギュスターヴは何分間か体を強張らせたままだったが、その間彼にはずっと意識があった。目を開けた時、彼が痙攣を起こさなかったのかどうか、その辺はよくわからない。いずれにせよ、兄はその夜の間に弟をルーアンに連れて帰った(38)。

ギュスターヴ・フローベールの運命を変えた、有名な「ポン゠レヴェックの転落」である。フローベールが突然失神した原因については、癲癇説が当時も現在も有力である。しかしサルトルはそうは考えない。心身論的に、ぎりぎりまで追いつめられたフローベールによる、半ば無意識のうちの起死回生策こそが、失神であったというのである。

サルトルは、当時のフローベールの習作「十一月」の分析などを通し、文学という脱出口を父によって完全に塞がれていた彼が、狂気や死にまで追いつめられていたこと、ある種の癲癇の形態はヒステリーに原因を持つと認められていること、そしてまた、この失神のあとの父による「赦免」が、彼を全面的に解放したことなどを挙げ、この説を根拠づけている。

サルトルによれば、この失神はフローベールの「負けるが勝ち戦略」だったのだ。彼はこの発作をその後も繰り返し、医学の力でこれを直すことのできなかった父は、次男の将来をあきらめ、ルーアン近郊のクロワッセに別荘を手に入れて、彼に家族とともにここに住むようにさせる。結果としてフローベールは、嫌な法律専門家の道を捨て、二十三歳にして与えられた別荘で、稼ぐ必要のない若き隠居生活を始め、生涯ここを離れることはない。

フローベールを突然の失神にまで追い込んだ神経症は、恐らく家族から受けた強いプレッシャーによって生じたものだろうが、サルトルはさらに、これをフローベール一人の独立したケースとは考えず、先行した『マラルメ論』にも別様に展開させており、十九世紀半ばの、神の観念を失ったフランス社会全体が陥っていた神経症と連動したものであるとする。そして、この時代特有の大きなパースペクティヴの中にフローベールを捉え直して、『家の馬鹿息子　Ⅲ』を終えている。引き続きサルトルが準備していた『家の馬鹿息子　Ⅳ』は、『ボヴァリー夫人』の研究に充てられることになっていた。

およそ以上のような内容をもつものが『家の馬鹿息子』である。ただ、十九世紀を代表するフランスの文豪とはいえ、文学者としての活動を始めるまでは地方都市の医者の次男であり、決して十分な資料などあるはずもないフローベールを知り尽くし、彼の「すべて」を白日のもとにさらけ出すために、サルトルはどんな戦略、どんな戦術をもってこの書を書き継いでいったのであろうか。

『家の馬鹿息子』の膨大な記述は、その序文冒頭、「『家の馬鹿息子』は『方法の問題』の続編である」という言葉から始まる。これは『方法の問題』で提出されたアプローチの手法に従い、「社会・歴史」を解明したものが『弁証法的理性批判』であり、「人間」を解明したものこそが『家の馬鹿息子』であることを意味する。

人間の歴史全体にせよ、一人の人間の全体にせよ、しばしば懐疑論的に語られる「複数の真理がある」という主張を、サルトルはきっぱりと斥ける。彼が採った「遡行的―前進的方法」に従えば、常に全体化し、また全体化される人間の意識と実践の弁証法によって、「唯一の真理」が存在するし、かつまたその真理へは知の力によって到達することが可能である、と力強く主張するものこそが、同書の根本の主旨なのである。

つまり、母の胎内から生まれおちたあと、今度は時代あるいは歴史という羊水にひたされ、また一方、家庭という装置の中で最初の外部たる家族と接触し、これら両者から全面的な影響を蒙りながらも、個人はあらゆる外部からの異物と戦い、乗り越え、また同化し、自らを貫徹しようとする。その「自由」の戦いの軌跡を、サルトルはひたむきに追跡しようとする。その際、サルトルが採る具体的な方法は、次のようなものとなる。

まず、伝記的事実や書簡、関係者の証言、これに加えるに、十三歳から書かれた初期習作の丹念な読解から得られた、フローベール自身の知見などが基本データとなる。これらを解釈する手段として、外部世界に対する人間の基本的な「乗り越え」を解明する、『存在と無』以来の実存的精神分析が主たる道具に据えられる。これに加えて、幼少期の葛藤を理解するための精神分析、個人が最初に出会う社会である家族の力学を知るためのアメリカ社会学、さらには、一家の物質的基礎からその意識形態を解明するためのマルクス主義等々の様々な手法が駆使され、フローベールの全面的な真実に到達しようとするのである。

では、こうした方法をどう組み立てるのか。「遡行的—前進的方法」とサルトルが名付けた通り、時間を遡行して基本データの中からフローベールの「受動性」などのキー概念を析出し、それをもって、今度は時間の流れに沿って「前進的」に伝記的事実と突き合わせて、フローベールの姿を探っていく——というやり方が繰り返し採られる。

しかし、すでに述べたように、いかに大作家とはいえ、基本データとなる資料には限りがあり、ことにサルトルが重要視する幼児期ではほんのわずか、というよりむしろ、あるかなきかの「かすかな」資料しか残っていない。したがって、フローベールの真実を明らかにするためには、わずかな「点」としてのデータを、精神分析ほかの知的方法で、明晰にして強靭な論理で次々とつなぎ、明確な「線」、さらには「面」へと組み立てていく。そうしてついには、真実としてのフローベールの姿、「立体」となった彼の真実像を蘇らせようという、途方もない努力が全巻においてなされるのである。

サルトルのまさに眼光紙背に徹する筆致を、具体的に見てみよう。すでに述べたように、フローベールは十三歳から小説などの文章を書きだしているので、それ以降については、それらのさまざまな場面、描写から、彼の父親観、兄に対する評価など、秘められた感情までも想像し追跡することができる。

一方、この大著の特色は、資料がほとんどない幼少期に膨大な記述が充てられていることで、そこでは例えば九年間で三人の子が生まれ、続く四年足らずの間に同じく三人の子が生まれたという事実があれば、前半では自然懐妊に任せ、後半では意図的に出産させようとしていたと、サルトルは推論する。

さらに、最後の六番目に女児が無事生まれると、母親が三十一歳という若さにもかかわらず、それ以降懐妊していないことをもって、待望の女児誕生を待って家族計画を終了させたと、サルトルは推論するのである。

こうして、物言わぬデータにも人間の意志・感情を語らせ、登場する人びとの一挙手一投足までをも解析し尽くそうとした試みが本書であり、それは論理と想像力、つまりはサルトルの哲学と文学がないまぜになって、邦訳四〇〇字詰約一万枚にまで達した超人的努力の成果であった。

サルトルの人生より百年近くも前のことを、しかもごく限られたデータから、膨大な知力を使って有機化、活性化させ、生き生きとした全人像を造り出そうとする努力は、あたかも数個の骨片から巨大な恐竜の姿を蘇らせようとする試みに似ている。いわばその骨片の寸法、重さ、形、色、カーブ、元素構成や、発見場所、付着物等々のデータすべてを、ありとあらゆる学問的手段を総動員して積算し、ついに恐竜の全体像に到達しようというものである。

サルトル自身も「『うちの馬鹿』について」で、次のように表現している。


フローベール論における深い企ては、結局のところ一切が伝達可能であり、われわれは神にならずとも、他人と同じ人間でありつつ、必要な資料さえ手にあれば一人の人間を完全に理解しうるのだ、ということを示そうという企てなのだ。[39]

だが、それは本当に可能なのだろうか。「必要な資料」がすべて手に入ることは決してあるまい。現実的に、ごく限定された資料から、「恐竜」は復元し得るのか。およそ知り得ることはもちろん、たとえ知り得ないことでも、どのような手段を使ってでも知り尽くすという、まさに憑かれたような、ほとんど狂気にも似た努力が横溢する『家の馬鹿息子』であるが、それはサルトルという超人的な能力を持った人間が、力の限り、根の限りを尽くして資料を読み込み、調べ抜き、考え尽くして書き継いだ恐るべき力業である。

しかし当然のことながら、そこには明らかに無理がある。例えば、フローベール像のほとんど中心概念となる「受動性」についていえば、この受動的＝女性的性格こそが、ポン＝レヴェック事件を引き起こすまでずっとフローベールについて回った、父への忍従の基調をなしたものであり、彼の性行動における受動的嗜好から、「ボヴァリー夫人」の造形にまで及ぶキー概念である。サルトルはこの「受動性」の拠って来たる所を、乳児フローベールへの母の冷たい養育態度、「生後数年にわたってほどこされた冷淡な過保護[40]」に帰している。

その当否にも疑問はあるが、それは措くとしても、ベッドに横たわるフローベールを母がどんな扱いをしたかについては、その場に居合わせた人間の証言は何一つなく、もちろんフローベール自身の記憶に残っているはずもない以上、こうした核心的なところにまで大きな仮説が入り込んでいるのは、さすがに問題があるといわざるをえない。

母の同じ養育態度を記述する別の個所で、サルトルもまた正直に次のように語っている。

わたしは白状するが、これは一つの作り話である。事情がこんな風であったと証すものは何もない[41]。

だからこそサルトルは、この『家の馬鹿息子』全体を「小説である」とも言う。一九七一年五月、本書のⅠとⅡが同時刊行された時のインタビューである。

わたしはこの研究を小説として読んでほしいと思っている。なぜならこれは最初の体験が全生涯の挫折を生み出すという物語なのだから。と同時に、これは真実なのだ、真実の小説なのだ、と読者が考えながら読んでほしいと思ってもいる。

この本の全体をとおして、それはわたしの想像するフローベールなのだが、自分では厳密と思われる方法を用いてあるので、これはあるがままのフローベール、あったとおりのフローベールだとも、同時にわたしは考えている。こうした研究では、たえず想像力が必要とされるのだ[42]。

問題はほかにもある。このような仮説が入り込み、それに支えられた作品では、その全体を救い、正当化してくれるものは、それを読んだ読者の心に拡がるリアリティであろう。その仮説をも含め、読み終わった読者が、「なるほど面白い。これはリアリティがある」と納得してくれるのであれば、誰も文句を言う筋あいはない。

しかし本書の場合、結果はサルトルのもくろみ通りに行っているとは思えない。この膨大な「小説的研究」では、あまりの想像力の自由奔放さ、その一方で小説とはとても思えない煩瑣な議論、哲学的思弁のために、全体は異様で極めて難解な巨塊となっており、サルトルが願った肝心のフローベールの生き生きした像を、むしろ霞ませる結果をもたらしている。説き去り、説き来たるサルトルの論証が四〇〇字詰一万枚の全編を覆い、これでフローベールの全人像が理解できたと思う読者は、まずいないであろう。

思えば、サルトルの評伝の出発点であった『ボードレール』は、分量的に『家の馬鹿息子』の約三十分の一、晩年のサルトルによって「とても不十分で、きわめて出来のわるい[43]」作品として駄作扱いを受けているが、ここから浮かび上がるボードレール像は鮮烈なイメージを結ぶ。伝記というジャンルが鮮やかな像を結ぶことを目的とするのであれば、こちらの方がずっと鮮明で上出来、とも言えそうに思われる。

しかしながら、『家の馬鹿息子』は、サルトルが最後の知力を傾けた作品だけあって、それだけの量と質とを持った作品となった。この作品が、以上のような欠陥を持ちながらも、人びとが一方的な無視を決め込めない理由は、その凄みにある。

知の力を極限まで使い、フローベール自身の知見はもちろんのこと、彼の意識下や彼の知の外にあるもの、さらには彼を取り巻く家族の意識や意識下にまで潜入し、あるいはさらに彼の時代を形作るさまざまな構造に目配りすることで、フローベールの一挙手一投足にいたるまでの一切を分析し尽くそうとした途方もない努力は、およそ一個の人間が一個の人間を解析した一極限を示している。人間の知の力を全面的に信頼し、その果てまでも極め尽くそうとしたこの知の冒険は、永く記念碑として残るであろう。

第6章　征服されざる者

1　アルジェリア戦争――闘う哲学者、元首級の文学者

一九六一年七月十九日夜七時過ぎ、サルトルの住むボナパルト街四十二番地の一階ホールで、何かが爆発した。極右軍事組織ＯＡＳの仕掛けたプラスチック爆弾（爆薬部分に可塑性がある爆弾で、運搬等取扱いが容易）の炸裂だった。サルトルの部屋がこのアパルトマンの五階にあることから、爆発は直接生命を狙ったものというより、サルトルにこれ以上アルジェリア戦争にコミットするな、という警告だった。しかしサルトルは戦争批判を続ける。

それから半年後の翌一九六二年一月七日夜十一時頃、今度はサルトルの住むすぐ上の階で大爆発がおこった。サルトルは秘かに別の場所に寝泊まりしていて無事だったが、今度は生命の危険があった。知らせを受けたボーヴォワールが、爆発物の破片が落ちている中庭を通って駆けつけると、建物の住人から「政治なんかに口を出すからこんなことになる。みんなが迷惑するんだ！」という

声が飛んだ。サルトルの部屋は扉がもぎ取られ、中は書類が散乱し、天井、壁、床ともに一面煤のようなもので覆われていた。この時、書きかけだった大部の「マラルメ論」が失われた。

なぜサルトルが生命を狙われることになったのか。それを説明するために、いったん戦後のサルトルの政治参加の文脈に戻り、彼の行動がフランスの政治批判から、植民地主義批判へと関心を移していった過程を追おう。前章では、サルトルの一貫した他者理解の探索の跡を辿ったが、その間もその後もサルトルは、もう一つの自己の外部、その典型にして総体たる政治の分野でも、常に戦い続けていたのである。

第4章で扱ったのは、時間的には一九四五年の第二次世界大戦終了から、一九六〇年の『弁証法的理性批判』刊行頃までの、およそ十五年間である。ここではまず、「政治の海」を航海したこの間のサルトルの闘いの跡を、簡単に振り返っておこう。

大戦終了の一九四五年はまた、『レ・タン・モデルヌ』の創刊によっても記憶される。ジャンルを異にするパリのエリートたちが、敗戦と占領という苦い体験をかみしめながら、力を併せ、「現代《レ・タン・モデルヌ》」を見つめ、「現代」に方向を与えようと決意して出発したのだ。さらにサルトルについていうならば、こうした言論活動を越え、実際に政党を作って非共産党左翼を糾合し、現実の政治を動かそうと考えた試みがＲＤＲ（民主革命連合）であった。しかしこちらは、構想に現実が追いつかず、一九四八―四九年で空中分解してしまった。

この地点こそが、サルトルが行きづまった場所である。革命を起こすにはソヴィエト連邦、あるいはフランス共産党の組織力、つまりは「共産党」という鉄の団結を誇る組織が必要である。しかし「共産党」を経由すれば、ソ連やフランス共産党のような、同じ顔をした党員しか生存できず、自由のない社会主義しか実現できないだろう。ではどうしたらいいのか。RDR以後、三年にわたるサルトルの政治的沈黙は、このアポリアを雄弁に物語っている。

そして一九五二年、フランス共産党書記長デュクロの不当逮捕をきっかけに、サルトルはジャンプする。社会主義を弾圧する政府・右翼が、とりあえずは倒すべき敵であり、ともかくも「ソ連の方はまだ社会主義国の様子をしていた」(1)以上、社会主義への道のため、「歴史」のために目をつぶるべきはつぶらねばならない。これがサルトルなりのリアリズムであった。

しかしこの左傾の代償は大きく、僚友カミュを失い、またメルロ=ポンティさえも失う。一九四五年十月、あれほどの輝きの中で出発した『レ・タン・モデルヌ』は、レイモン・アロン以下、次々とサルトルの友人が去って行く中で勢力を失い、創刊八年目、一九五三年のメルロ=ポンティの脱退によって、決定的に知の世界での主導権を失ってしまう。

サルトルは「自由な社会主義」を目指す闘いをやめなかったが、再び転機がやってくる。いささか居心地の悪いソ連=フランス共産党との協同から四年が過ぎた一九五六年、ポスト・スターリンの流れの中でソ連の雪解けが始まるのではないかとの期待を裏切り、ソ連軍の戦車が自由を求めるハンガリーに侵入し、市民を殺戮する。いわゆる「ハンガリー動乱」である。サルトルは、多数の死者と指導者ナジの拉致(秘かに処刑)が発生するやソ連を非難、「スターリンの亡霊」を『レ・タン・モデルヌ』に執筆することで、「革命への道」におけるソ連=フランス共産党への淡い期待を自ら封じた。

ただしサルトルは、ソ連＝フランス共産党と「敵対」したわけではない。それらはいずれにせよ、この世でなお現実に存在する「社会主義」ではある、と考えていたからだ。しかし実際問題として、自由な社会主義を求める民衆を、流血をためらわず排除するソ連と、それを「当然」として全面支持するフランス共産党、これら現実の社会主義に何が期待できようか。こうしてサルトルは、現実の共産党組織と接触は保ち続けるが、新しい戦線に目を向け始める。それこそが「第三世界」であった。第三世界とは冷戦の時代、米ソ両陣営のいずれにも属さなかったアジア、アフリカ、ラテンアメリカなどの旧植民地諸国を指す。サルトルはこの第三世界との連帯に乗り出すのである。

当時、フランスから一九五四年に独立を勝ちとったばかりのベトナムをはじめ、一九四七年独立のインド、一九四八年独立の朝鮮、一九四九年人民中国の成立等々、旧植民地が次々に独立し、しかもその多くで社会主義化が実践されつつあった。世界の社会主義化は時の流れのように見えた。

そしてなお、アジア・アフリカの大地に、いまだ植民地という形の抑圧が存続している。その汚れた手を告発し、苦しむ人々の解放を支援できないか。そこに希望あふれる社会主義が展開するのを期待できないか。こうして動き出したサルトルは、なお世界に巨大な植民地を持ち続けていたフランスと、その植民地の存続をプライドからにせよ利益からにせよ願い続けていた大多数のフランス人との間で、激しい軋轢を生まないわけにはいかなくなる。

サルトルの祖国である植民地帝国フランス。ここで、十九世紀から二十世紀にかけて、幕末日本への干渉も含め、世界に雄飛したフランスという強大な国家の力の源泉となった、植民地について触れておかねばならない。フランスに豊かさと誇りとをもたらしたその存在こそが、二十世紀後半においては、その「独立」によって、フランス本国に皮剥の苦しみをもたらしたのである。

十九世紀後半、大英帝国と覇を競うように、フランス本国は、アジア・アフリカなど各地を征服して形成されたフランス植民地帝国は、本国の五〇余万平方キロに対し、海外領土はその二十倍の一〇〇〇万平方キロにも達し、南太平洋からインドシナ半島、マダガスカル、赤道アフリカ、西アフリカ、北アフリカ、さらには南北アメリカと、世界にその威容を誇った。サルトルの父が軍務で赴き、そこから死に至る熱病を持ち帰ったコーチシナは、ベトナム南部のフランス植民地である。

さしも広大な植民地であったが、第二次大戦でフランス本土を占領したヒトラーは、ここに手を付けようとはしなかった。その富を、ドイツはうまく収奪できないと考えたからであろう。しかしフランスが占領四年ののちに解放され、再び栄光を取り戻したいと考えた時、この広大な植民地の力を当てにしようとしたのは当然のことだった。

臨時政府評議会議長だったド゠ゴールは、パリ解放を七カ月さかのぼる一九四四年一月、仏領コンゴで開かれたフランス植民地会議（ブラザヴィル会議）で植民地の自治を否定し、植民地支配のタガを締め直しにかかっている。

しかし世界史の歯車は回り、大英帝国対フランス帝国の熾烈な植民地角逐の時代は、もはや過去のものとなっていった。第二次大戦で連合国側が、枢軸国側への対抗上、各植民地に自由・民主の旗を振り、民族自決を唱えたこともあって、戦後、各地で独立の動きが加速する。

フランスは、「フランス連合」という新名称のもとに、ド゠ゴールのあとのビドー内閣のもとで、一九四六年十月に植民地の支配を法的に締め直したが、二カ月後にインドシナ戦争が勃発し、これが七年半も続く大戦争となって、復興途上のフランスの首を締め上げることになる。一九五四年七月、有名なディエンビエンフーの大敗北のあと、見栄も誇りも投げ捨て、ベトナムの独立を無条件承認することで、ようやくインドシナの泥沼から抜け出す。しかしフランスは、その四カ月後に最も身近な植民地アルジェリアの独立戦争に巻き込まれ、これまた奇しくも七年半も苦しむことになるのである。このアルジェリア独立戦争こそが、サルトルがまさに命を賭けて戦い、フランス国内で「非国民」扱いされつつも、そのひたむきな姿によって、真の意味で「フランスのサルトル」から「世界のサルトル」となった戦争なのであった。

では、その独立をめぐり、フランス国内に深刻な亀裂を生じさせた「植民地アルジェリア」とは何であったのか。

アルジェリアの面積は約二四〇万平方キロ、フランス本国の四倍以上である。フランスとは、地中海をはさんだ対岸と地理的にも近く、フランス植民地帝国形成の原点となった地であった。しかも、植民地となって一世紀、多くのフランス人が移植したことにより、当時約一〇〇〇万だったアルジェリア総人口の一〇パーセントをフランス系が占めていたという意味で、フランス側の意識では「拡大したフランス」、「分割できないフランスの一部」であったのだ。だからこそ、インドシナやチュニジア、モロッコなどの独立をやむをえないと考えたフランス人も、アルジェリアの独立要求だけは強烈な違和感を覚えた。

ボーヴォワールは『或る戦後　下』の中で、アルジェリアを手放したがらないフランス人についてこう批判している。

確実に言えることは、〔一九五六年〕六月末にはあらゆる反戦運動が停止してしまったことである。この戦争がどれほど高くつくかを計算しても見ずに、《アルジェリアを失うこと》がフランスを貧困にすると信じこみ、さまざまなスローガン――フランスの支配、フランスの一部、放棄、たたき売り、偉大、光栄、尊厳――で口をいっぱいにして、フランスは国を挙げて――労働者も経営者も、農民もブルジョワも、一般市民も兵士も――排他的愛国心《ショーヴィニスム》と人種差別に陥った(2)。

フランスの建前では、「アルジェリア人もまたフランス人」であったはずだが、実態はもちろん異なっていた。サルトルは、一九五六年三―四月に催された「アルジェリアの平和のための集会」での発言を、『レ・タン・モデルヌ』に「植民地主義は一つの体制である」と題して掲載し、次のように述べている。

アルジェリアでは、フランス軍隊がやってきたとき、すべてのよい土地は耕されていた。いわゆる《開発》は、したがって、一世紀にわたって遂行された住民の収奪にかかっていたのである。アルジェリアの歴史とは、アルジェリア人の土地所有を犠牲にしての、ヨーロッパ人の

土地所有の漸進的集中にほかならない。(3)

文明の偉大な光をただで分けてやるといった、フランス人の尊大な思い込みとはまったく実態を異にした植民地支配の一世紀後に、一九五四年十一月からアルジェリア戦争が始まった。戦火は広がる一方で、いくらフランス軍を追加投入してもなお足りない有様だった。こうして、「分割することのできない」アルジェリアであるがゆえに、独立しようとする者へのフランス人の憎しみは募り、広大な北アフリカの地に、激しい力の行使が行なわれる。独立の灯を掻き消そうと、凄まじい暴力が振るわれる。本国と同等の自由、民主、平等が保障されていたはずのマグレブの地で、あろうことかナチ体制下と同じ拷問が行なわれたのだ。ボーヴォワールは告発する。

幾つもの大隊が、総がかりで略奪、焼打ち、暴行、虐殺を行なっているのである。拷問は情報集めのための正当で必要な手段として用いられていた。偶発事でも行き過ぎでもなく、ひとつの制度になっているのだ。……
私の同国人たちは、何ひとつ知ろうとしなかった。一九五七年の春以降は、真相がおのずと伝わってきたから、もし彼らが、ソ連強制労働収容所が露見した時と同じ熱心さでそれを受けとったとすれば、すべては明るみに出ただろう。黙殺の共謀は、みんなが共犯者になってはじめて成功したのである。(4)

サルトルは、一九五四年十一月から一九六二年七月までの七年半のアルジェリア戦争の間、五六年の平和集会での発言以来一貫して植民地側に立ち、植民地の独立を強く支持するとともに、これを阻止しようとするフランスの軍事支配を糾弾し続けた。

また彼がもう一つ語気を強めて批判したのは、フランス人自身の道徳的退廃である。アルジェリアを手放したくないがために、アルジェリア人に対して秘かに、あるいは公然と行なわれている暴力、リンチ、拷問を、見て見ぬふりをし続けるフランス人、彼らの内部で人間の尊厳が崩壊していく。

サルトルは、『レ・タン・モデルヌ』一九五七年三月号に発表された、「『みなさんは素晴らしい』」と題するアイロニカルな評論の中で、ソヴィエト連邦やナチス・ドイツには公正を迫っておきながら、自分たち自身にはとてつもなく甘いダブル・スタンダードのフランス人を、次のように皮肉っている。

> 昨年〔一九五六年〕の十一月、まるで大オルガンのように鳴り響いたあの高潔な大合唱〔ソ連のハンガリー侵入非難〕は、いったいどうなってしまったのか？　それというのも、あの頃われわれはまだ素晴しかったからなのだ。われわれは清浄潔白なわが口から憤激の叫びをあげ、ソヴィエト軍のハンガリー介入を――当然のことながら――弾劾した。しかし君たちあの大合唱に加わった人びとよ、君たちは崇高な怒りの轟きのうちにこう約束したのではなかったろうか？　われわれのことについてもまたすべてを言うことにしよう、と。……

なぜわたしはこんなことを言うのか？　なぜならば輪はまさに閉じられようとしており、やがてわれわれは忌むべき罠に追いこまれ、不幸にもわれわれ自身が告発し有罪を宣告した一つの立場に追いこまれようとしているからである。見せかけの無邪気、逃亡、自己欺瞞、孤独、沈黙、拒否しながら受け入れる共犯関係、これこそわれわれが一九四五年に集団責任と呼んだものなのだ。……彼ら〔戦時下のドイツ人〕はすべて〔ユダヤ人虐殺〕を知っていたのである。そして今日になってやっとわれわれは理解できるようになった。なぜならばわれわれもまたすべてを知っているからだ。(5)

強烈な批判である。だが、このようにフランス人を、暴力や拷問を知りながらそ知らぬふりをするフランス人自身を、公に告発するサルトルやボーヴォワールは、しだいに孤立していかざるを得なくなった。こうした勇気ある人々は絶対少数であり、フランス共産党でさえ、アルジェリアのフランス現地軍の行動に対し、暗黙の了解を与えていたのだ。ボーヴォワールは嘆く。

私たちのようにみんなといっしょに歌わない者は、ごく少数に過ぎなかった。人びとは私たちが国民の士気を沮喪させると非難した。私たちは敗北主義者……非国民《アンチ・フランセ》と見なされた。(6)

にもかかわらず、サルトルは『レ・タン・モデルヌ』で、新聞で、雑誌で、また集会や法廷で、アルジェリア人のために、またフランス人のためにも、フランス現地軍による暴力や拷問を中止するよう、そしてアルジェリアの独立を認めるよう訴え続けた。まさに「連帯を求めて孤立を恐れない」姿勢であったが、この執拗な告発は、政権側、右翼側、アルジェリア現地軍側からすれば許し難い裏切り、挑発であり、サルトルは彼らの攻撃の矢面に立つことになる。ボーヴォワールはこう語る。

侮辱と脅迫が雨あられと降った。(7)

この頃のサルトルの沈鬱な感情をベースに書き上げられた戯曲が、『アルトナの幽閉者』である。この作品は、ナチス・ドイツに協力して巨大化するハンブルクの造船業者、ゲルラッハ家とその長男フランツの物語である。

フランツはヨーロッパ東部戦線に中尉として出征し、現地で捕虜の拷問にかかわり、死亡させる戦争犯罪を背負い、一九四六年に帰国した。翌年、妹レーニを暴行しようとした米占領軍将校に重傷を負わせた罪を免れるため、フランツは死亡したことにされ、アルゼンチンに出国させることで、米軍と示談が成立する。しかし実際は、以来ゲルラッハ家の二階に閉じこもり、十三年が経過して現在に至る。

劇の現在時は初演と同じ一九五九年。父が喉頭がんで余命半年となり、父、妹、弟とその妻の一家の前に、フランツが十三年ぶりに姿を現わすというクライマックスを迎える。戦争犯罪が今も一家にのしかかり、父とフランツは自殺行に出発し、残る家族も救われることはない。誰もいなくなった舞台に、未来の世紀に向けて録音されたフランツの声――もはや核によって人間が死に絶え、蟹だけになった三十世紀に向け、孤独で異形な二十世紀の責任を双肩に負うと宣言するフランツの声が暗く響く。

『アルトナの幽閉者』は、『出口なし』『悪魔と神』と並ぶサルトル戯曲中の傑作である。主人公は戦争を起こした祖国を呪い、自らの連帯責任を負って死んでいく。二十世紀の持つ罪を問うこの作品は、まったく救いがない。アルジェリア戦争のさなか、あえて「非国民」の非難を浴びながら闘ったサルトルの立場の厳しさがしのばれる作品である。

サルトルが『アルトナの幽閉者』を執筆していた一九五八年は、アルジェリア戦争の転換点となった重要な年であった。アルジェリア現地軍が、本国政府の「弱腰」を非難して反乱を起こし、コルシカ島を占拠、なんとフランス本土に進攻する恐れが出てきたのだ。この時、一九四六年以来十二年も野にあったド＝ゴールが、政治的混乱の中で、右翼勢力と現地軍の期待を担って再び政権につく。サルトルはド＝ゴールの再登場を、独裁者の復活だとして攻撃し、アルジェリア戦争をさらに激しく告発する。翌五九年、老獪なプラグマチスト、ド＝ゴールは大統領権限を固めたのち、一転してアルジェリアの民族自決を承認する。

一九六〇年は、サルトル自身とアルジェリア戦争にとって激動の年となった。サルトルは、この年刊行された『弁証法的理性批判』によって、思想界に圧倒的な存在感を示すとともに、反植民地主義者、第三世界の擁護者として、海外では「フランスの知の元首」級の扱いを受けるようになる。まさに「フランスのサルトル」から「世界のサルトル」になったのだ。六〇年二―三月にはキューバに飛んで、革命二年目のカストロとゲバラと会い、三月にはパリを訪問したフルシチョフ・ソ連首相と会う。五月にはユーゴスラヴィアでチトー大統領と会談した。

しかし、ボーヴォワールを伴った秋の長いブラジル旅行で大歓迎を受けていた間に、本国フランスではサルトルが署名した「一二一人宣言」が一大スキャンダルとなっていた。

これは、一二一人の教授、作家、芸術家、ジャーナリストらによってスタートした「アルジェリア戦争における不服従の権利に関する宣言書」であり、アルジェリア戦争とそこでの拷問を非難し、独立運動を支持し、戦争に召集された人々に脱走を促すものだった。これに対する報復も厳しく、署名した人々に対しては検挙や停職、『レ・タン・モデルヌ』ほかの掲載誌は発禁などの弾圧が当局から加えられた。また五千人を上回る在郷軍人たちが、シャンゼリゼを「サルトルを銃殺しろ」などと叫びながら行進した。

しかし、ブラジルから帰国したサルトルは、ド＝ゴール政権の判断により、逮捕されることはついになかった。アニー・コーエン＝ソラルはド＝ゴールの発言とされる、次のような有名な言葉を伝えている。

「ヴォルテールを投獄などするものではない(8)」。

サルトルを投獄しない理由として、ド＝ゴールが「ヴォルテール」を持ち出したところが秀逸である。ヴォルテールは十八世紀の絶対王制のフランスをこき下ろし続けたが、彼がその代表者であるフランス啓蒙主義こそが、全ヨーロッパと世界に対し、フランスの知的優越をもたらしたものであること、そしてその役割を今サルトルが果たしていることを、ド＝ゴールはよく知っていたのである。

ベルナール＝アンリ・レヴィは、その著書『サルトルの世紀』の中で、サルトルとド＝ゴールの偉大な組み合わせについて述べている。両者が、レヴィが言うほど互いに強烈なライバル意識を持っていたかどうかは疑問である。しかし事実として、フランスの戦後が、政治的にはド＝ゴールの影につきまとわれ、また文化的にはサルトルが領導した四半世紀であったことは確かであろう。

ここで二人の並走関係を考えてみるならば、ド＝ゴールはフランスが敗北した一九四〇年六月末において、フランスの降伏を拒絶したただ一人の将校であった。ド＝ゴールは手兵もなく、権力もカネも、もちろん領土もなく、祖国のヴィシー政権から「不服従将校」として死刑を宣告されていた。彼は、ナチス・ドイツに抵抗するイギリスを拠点に、国外に逃れた兵を糾合し、フランスの植民地に政府を移してドイツと戦うことを夢見た。

彼はまた、フランスこそ伝統的にヨーロッパ大陸の軍事的・文化的覇者であり、十九世紀半ばまで大英帝国に対抗する世界第二の大国であった栄光に固執した。第2章で述べたように、「フランスの偉大さ」を徹底して主張することにより、新興超大国アメリカの不興を買った。そのため、ヤルタをはじめとする第二次大戦連合国会議にも招請されないなど屈辱の連続であったが、決して意気消沈せず、またそれを許しもせず、「フランスとは私なのだ」というルイ一四世なみの恐るべき自信を、戦後も保ち続けたのである。

ド＝ゴール政権は、一九四四年八月のパリ解放から四六年一月までの、諸政党による行政への口出しに立腹して退陣するまでの約一年半と、アルジェリア戦争での内戦危機による五八年六月の再登場から六九年四月まで、五月革命に関連して退陣するまでの約十一年間の、合計二回である。二度の政権担当の間に十二年半のブランクがあるとはいえ、パリ解放と新しい国家体制のスタート、そしてまたアルジェリア戦争の混迷の中で国家瓦壊の深刻な危機を救い、その後のフランスの決定的な発展を導くなど、戦後フランスの政治上のキーマンであったことは誰の目にも明らかであった。

他方、サルトルは、第一回のド＝ゴール首班が退陣するのと交代するように、実存主義の光輝とともに登場し、ド＝ゴールなきフランスの空を覆って、四〇年代後半から五〇年代前半の全盛期を現出した。両者は、ジャンルも考え方も全く異なる人物であったが、フランスの未来につき、アメリカでもソ連でもない第三の道を考え続けたことで共通する。そのことは、戦後フランスの位置を示唆して興味深い。

その後、サルトルの威勢が落ち始めようとする一九五八年にド＝ゴールが再登場し、そのまさに接点となったアルジェリア戦争で両者は激突する。「絶対君主」ド＝ゴールが、「知の帝王」サルトル逮捕を差し止めた一九六〇年はこうした年であり、ド＝ゴールの狡智は、解決不可能とも思われたアルジェリア戦争を、いわば「身内」の右派をだますことで着実に終結へと導く。六一年には国民投票によって、アルジェリアの民族自決、即ち事実上の独立承認が圧倒的多数で支持される。

しかし右派、ことに一九六一年二月に設立された極右組織ＯＡＳの怒りは収まらない。その憤怒が、一貫してフランス軍を非難し、アルジェリアの独立を熱く支持する「売国奴」「非国民」サルトルへの直接的な攻撃に向かわせたのである。サルトルの住居の二度の爆破のうち、二度目による損傷はとくにひどく、膨大なマラルメ論の大半が失われてしまったのは既述の通りである。なおOASは、もう一人の「裏切り者」ド＝ゴールの暗殺をも企てている。

アルジェリア戦争を、結局一片の妥協もなく終結させたド＝ゴールの手腕は、当時も現在も高く評価されているが、孤立した一民間人として苦しい戦いを強いられたサルトルにも、多大な賞賛が寄せられた。

アルジェリア戦争を中心とする第三世界へのサルトルのコミットは、雨あられと降る侮辱と脅迫、現実となったテロなど、サルトルの側の被害も大きかった。しかし「闘う哲学者」のイメージが海外へも伝わり、当時第三世界支援のために各国を歴訪していた「空飛ぶ帝王」サルトルに対し、迎える側の視線も熱かった。

かつて、哲学者にして、シラクサの政治に関わったプラトンがいた。ローマ皇帝にして哲学者でもあったマルクス＝アウレリウスがいた。大文学者にしてワイマール公国の宰相を務めたゲーテがいた。近くは、サルトルの先輩格のアンドレ・マルローが作家にして文化相も務めた。しかし、サルトルの活動範囲の広大さは、それらの人々と比べても、優りこそすれ決して劣るものではない。

当時の世界が、サルトルに対して払った賞賛、期待の大きさは、この人物が一私人でありながら、飛行機で飛び回る各国で、カストロ、ゲバラ、チトー、さらにはナセル、エシコル（イスラエル）

ら各国首脳たちに出迎えられ、会談し、また多くの一般民衆が歓迎に押し寄せたことに示される。

いつか人間たちが自分の足下に平伏するにちがいない[9]

まさに、サルトルの「幼年時代の最初の夢想」が、世界大のスケールで実現したのだ。世界はサルトルの前に、みごとに膝を屈していた。――ド＝ゴールとサルトル、確かにそれは、復活するフランスの二つの巨星であった。

一九六二年七月一日。戦いは終わった。アルジェリアは一〇〇万人ともいわれる大きな犠牲を払って独立を勝ち取った。サルトルもまた、「売国奴」とののしられ、「銃殺しろ」と脅され、実際に二度も爆弾を仕掛けられ、貴重な原稿を大量に失った末の、アルジェリア独立達成であった。サルトルの勝利ともいえるこの七月一日のアルジェリア独立式典に、しかしサルトルの姿はなかった。『言葉』の執筆に忙しかったからだとされているが、本当にそうだったのだろうか。闘い終わってみて、なんとも淋しいものが残ったのではなかったか。サルトルと一緒に闘ったボーヴォワールはその自伝の中で、この長く苦しいアルジェリアの闘いの終わりを、

七年このかた、われわれはこの勝利を希ってきたのだったが、それに支払った代償からわれわれを慰めるには、勝利の訪れはあまりにも遅かった。[10]

と何とも苦々しく書き留めている。

実際問題として、多大な犠牲を払った人々にはなんともやるせない戦争の終末だったであろう。アルジェリア戦争を終結させたものは、もちろんサルトルたちの力によるのではなく、ド＝ゴールの老獪な政治手腕だった。ここでもう一度だけ、ド＝ゴールの辣腕を振り返っておく。

ド＝ゴールは一九四六年の首相辞任後、一九五八年まで十二年間も不遇をかこってきたが、アルジェリアのフランス現地軍など右派の要請で政界に再登場する。すでに触れたように、現地軍がフランス中央からの統制を無視し、本土に進攻する態勢を整えるという内乱寸前の状況で、反乱者が自分たちの言い分を実現してくれると期待して推し、惑乱した議会側がこれを呑んで成立したのが、五八年六月のド＝ゴール新首班だったのだ。マルローが文化相として入閣したのも、この時のことである。

ド＝ゴールは当初、アルジェリア問題に対する施策を明らかにしなかった。第四共和制下の小党乱立が弱体内閣を生み、その非力な統治の惨めさを耐えがたいものと見てきたド＝ゴールは、一九五八年九月、まず強大な大統領権限を規定した新憲法を国民投票にかける。「独裁者再登場」の非難を浴びせるサルトルたちを尻目に、国民は圧倒的多数で新憲法を支持、十月には第五共和制が成立し、明けて一九五九年一月にはド＝ゴール初代大統領が就任する。

このようにして強力な行政権を手に入れてから、ド＝ゴール新大統領は、アルジェリア現地軍が驚愕したことに、なんと独立承認の方向に動き出す。おそらく事態の推移を冷静に見ていたリアリストのド＝ゴールは、殺されても殺されても独立の火が燃え盛り、鎮圧があまりにも高くつく植民地経営からは足を抜き、すでに動き始めていたヨーロッパ経済の統合による利益を目指す方が、はるかに効率的にフランスを利することを見抜いていたのであろう。

もちろん、アルジェリア現地軍並びに本国の右翼勢力は猛反発し、ついにはすでに述べたようにド＝ゴール暗殺まで企てるが、ド＝ゴールは一歩も引かず、しかも国民の大多数の賛同をとりつけながら、一九六二年七月のアルジェリアの独立にまで漕ぎつける。歴史に残る見事な政治手腕であった。

アルジェリアほかの植民地から手を引き、ヨーロッパ経済統合（EEC）へと大きく舵を切ったフランスに、経済の女神はほほえんだ。予想をはるかに越える魅力的なほほえみだった。ド＝ゴールが政権をとり、EECに加盟した一九五八年以降、フランス経済は拡大を続けた。それは「フランスの奇跡」ともいわれる高度成長であった。

それまで植民地向けに、高度な技術を使用しない商品を輸出していたフランスの産業は、ヨーロッパのEEC圏が求める付加価値の高い産品の生産へと移行し、大きく貿易実績を伸ばした。一九六〇年の貿易構造では、対植民地向けが全貿易額の三分の一を占めていたが、七四年にはわずか五パーセントへと激減する。代わって、ヨーロッパ先進国の巨大市場向け輸出額は、十五年間にわたって年率一一パーセントで増加し、経済成長率の二倍に達した。フランス経済は国民の多くが恐れていたように、植民地を失うことによって大打撃を受けるどころか、植民地経済から脱却することで高度成長にテイクオフできたのである。

ところで、こうしてやってきた豊かさは、実は実存主義、マルクス主義など、戦後を席捲した諸思想の足元を掘り崩し始めることになる。このことを具体的に理解するために、日本の例を考えてみよう。

文字通りの敗戦国日本では、フランスよりずっと過酷な形で一九四五年の敗戦を迎えた。第二次大戦中のフランスの軍人死者数二一万人に対し、日本の軍人死者数は一五五万人、フランスの民間人死者数三五万人に対し、日本の民間人死者数は六五万人。首都東京も見渡す限り焼け野原となり、明治以来八十年近い蓄積をすべて使い果たしたところから、戦後日本とその文化は出発した。二二〇万人の死者たちを意識しながら、明治以来の第二の開国として文学・思想の刷新が始まり、文学の世界では、椎名麟三、武田泰淳、野間宏らの第一次戦後派が、そして三島由紀夫、大岡昇平ら第二次戦後派などが、私小説などの日本の伝統を断ち切った、実存主義的、マルクス主義的、あるいは実験的で斬新な作品群を生み出した。しかしながら、変革期としての「戦後」は、それほど長く続いたわけではない。

十年一昔と日本ではいわれるが、大戦終了からまだ十年が経過しない一九五三―五四年には、「第三の新人」と称される安岡章太郎、吉行淳之介ら脱政治的な文学者たちが現われ、政治などの外部に背を向け、自己の内部のみを見つめる非戦後派の潮流が動き出す。やがて、政治や思想の重みなどまったく無視し、享楽に耽る若者たちの姿を即物的に描いた石原慎太郎の『太陽の季節』が芥川賞をとったのは、戦後まさに十年が経った一九五五年だった。

その一九五五年（昭和三十）になされたものこそ、「もはや戦後ではない」という宣言であり、日本は戦後の着実な復興の中で、粉々に砕かれた自信を少しずつ取り戻し、やがて一九六〇年以降の高度成長の波に乗って、再び豊かさへの道をひた走って行くのである。この道程で、日本の文学・思想上の戦後派は、しだいに「時代遅れ」となっていく。

そうであるなら、フランスの戦後の巨魁サルトルが、一九六二年に終了したアルジェリア戦争になお雄弁を振るい得たのは、日本の戦後文化人よりはるかに息の長い活躍と言えるであろう。

しかしながら、さしも長く威容を誇ったサルトルの知の王国も、フランス資本主義がもたらした豊かさの中で、しだいに外堀を埋められつつあった。そうした中、ともあろうにサルトルの本拠である思想の分野から、サルトルの帝位を脅かそうとするクーデターが迫りつつあったのだ。構造主義の勃興である。

2　実存から構造へ――構造主義の挑戦

一九六二年刊行の、人類学者クロード・レヴィ＝ストロースの『野生の思考』が、その最終章である第九章「歴史と弁証法」を丸ごと使って行なったサルトル批判は、人々に大きな衝撃を与えた。これを書くについて、レヴィ＝ストロースは周到に準備を進めていた。一九六〇年に刊行されたサルトルの『弁証法的理性批判』を読み込み、弁証法によってユートピア共産社会に向け進行する「歴史」を必然的なものとする「歴史主義」と、その階梯を理論的に解読し得る明晰な「コギト」

とに照準を合わせ、激しく攻撃したのである。

歴史主義とコギトに向けられたその砲火は、より根本的には「西欧の知の絶対性」を破砕しようとするものであり、少々まとまりの悪いレヴィ＝ストロースの「歴史と弁証法」を整理すると、ポイントは三つあると思われる。

まずレヴィ＝ストロースは、エスノセントリズム（自民族中心主義）への砲撃から開始する。「文明化」されていない、いわゆる「未開」社会にも、実際には自在にして闊達な「野生の思考」が働いている。それは「具体の科学」という枠組みの中で働いているもので、サルトルの言う弁証法的理性と同じく、論理的で創造的、しかも自由なものである。

しかしサルトルは、そうした思考をまったく認めず、「野生の思考」の働く社会では、原始以来少しも進歩がなく、停滞を繰り返すばかりで、「歴史」という上方へのバネが存在しない、と断罪している。それを象徴するのが、それらの社会をこともあろうに「発育不全で畸形」[11]だと決めつける、『弁証法的理性批判』における表現ではないか、と。

レヴィ＝ストロースのさらなる砲撃は、サルトルの「歴史主義」に浴びせられる。サルトルの『弁証法的理性批判』での記述を支えている認識によれば、西欧社会では先進的な文明がさらなる進化を推し進め、十八世紀末のフランス革命をきっかけに、人間が自身の運命を自らの力で決定できる革命期に入っている。この社会の動きを貫徹している「歴史」を捉えることこそが、我々に必要なことである。紆余曲折はありながらも、「歴史」は、やがて世界的に引き起こされるプロレタリア革命を経過して、真に人間を解放する共産主義社会に向かって進んでいく、と。――しかしレヴィ＝ストロースは、そのような「歴史」など神話にすぎず、こうした「歴史至上主義」こそ打破されるべきものだと冷たく突き放す。

さらにレヴィ＝ストロースは、言語学に援護された自らの人類学上の発見、交叉イトコ婚の意味の解読から、それを通じての女の交換という無意識的システムの発見などに力を得て、いわば厳密な科学知の立場から、サルトルのコギトの落とし穴を指摘する。サルトルの考え方によれば、世界の文明を領導する西欧社会に働く理性においては、一切が透明な知の下に照らし出され、またそこで働き続けてきた弁証法的実践を辿って行けば、これまでの人間の足取りのすべても、また今後に遠望される理想社会への個々の階梯も、ことごとく原理的に解読可能なはずなのである。

しかしそんなことはありえない。他の社会、他の思考形式を把握することのできない西欧的理性が、一切を理解するなど、誰が信じられようか。西欧理性の向こう側、あるいは理性内部の暗所に目を向けよ。言語学一つとっても、理性の外側に、知の歴史上まったく捕捉されえなかった原理が存在することが、露わになったではないか。こうした理性の内外の闇を、言語学や精神分析学が、二十世紀に入ってようやく明らかにし始めたところではないか。

このようにしてサルトルを手厳しく批判したレヴィ＝ストロースが、代わりに取り出したものこそが「構造」であった。世界を動かしているものは、西欧の知ではないし、明晰なコギトでもない。人間を支配しているものは「構造」なのだ。

「構造」という概念の提出に、サルトルは虚を突かれたであろう。サルトルのみならず、デカルトの『方法序説』以来三百年余を、明晰な意識の哲学の君臨に任せてきたフランス哲学界全体が、衝撃を受けたことはまちがいない。世界の中心であり、全世界を統べ、また全歴史を動かしていく原理であるはずのコギト（考える我）に対する重大で、決定的な挑戦であったからである。では、二十世紀半ばに至って突然降ってわいたように現われたこの「構造」とは、どのようにして誕生したのか。

人類学者レヴィ＝ストロースの提出した「構造」概念は、四十年をさかのぼる二十世紀初めのスイスの言語学者フェルディナン・ド・ソシュールによる言語学革命に源を発している。この影響を受けたロシア出身の構造言語学者ローマン・ヤーコブソンが、ナチスから逃れるためにプラハからアメリカに渡る。ニューヨークで、同じくフランスからユダヤ人迫害を逃れて来ていたレヴィ＝ストロースと出会う。レヴィ＝ストロースはヤーコブソンから「音韻論」を学び、一言語の巨大な体系とは、実体として存在する音の単純な集積ではなく、個々の音が互いに他と異なることで存立しているという事実の上に築かれた、膨大な差異の体系であることを知る。華やかな言語音の多様性の底に、音素（音の単位）の体系が横たわっていたのだ。——であるなら、人類学の対象である制度や文化の底にも、人間には決して意識されることのない、しかも明確な原理が働いているのではないか、そうレヴィ＝ストロースは考えた。そしてそれこそがまさに、「野生の思考」をする社会の中に、人々には意識されずにうずくまる「構造」だったわけである。つまり言語学革命の成果を、ジャンルの全く異なる人類学に持ち込んだ手腕が、レヴィ＝ストロースの功績であった。

レヴィ＝ストロースは、一九四九年に刊行された『親族の基本構造』以下で、多くの民族に存在し、また多くの場合それが奨励されていることが、西欧人類学では従来謎となっていた「交叉イトコ婚」（異性の兄弟姉妹の子供同士の結婚——例えば、ある息子から見た場合、父の姉妹の娘、あるいは、母の兄弟の娘との結婚）を研究し、この制度が世代を追って女性を交換することで、部族同士を親和させるシステムであることを解明する。また一方、同様に多くの民族で存在する「近親婚の禁止」は、決して生物学的理由などではなく、供出する女性を生み出すための装置であることをも明らかにした。

このような交叉イトコ婚の奨励や近親婚の禁止などの制度が示すものは、個々人の意識を超え、社会的な「コミュニケーション」を促進させるシステム＝「構造」の存在であり、そこではコギトを核として、外部世界に対し、認識し、決断し、行動する「実存」という名の理性的個人の尊厳は失効せざるを得ない。レヴィ＝ストロースが一九六二年に、エスノセントリズム（自民族中心主義）の名のもとに激しいサルトル批判を行なった時、それはサルトルを中心とする実存主義への痛撃となった。

レヴィ＝ストロースの構造主義は、自らの学問的実績を、単なる机上の空論、アームチェア・スカラー（書斎の学者）の観念論ではなく、実際にアジア・アフリカ・中南米の「未開」の地で、現地人と長い間寝食を共にして得られた知見に基づいたものであることを標榜した。しかも、得られたデータからモデルを造り、高等数学による処理も施すという、洗練された科学主義の鎧をまとわせた。このことが、『ラルース大百科事典』を友として育ったまさにアームチェア・スカラーの典型である、稀代の論争家サルトルに、深手を負わせたことはまちがいない。

レヴィ゠ストロースの攻撃の強みは、サルトルが知の帝王として従来連戦連勝してきた通常の論争の競技場には立たず、サルトルの拠って立つ次元とはまったく異なる視角から、十分な準備ののちにサルトルを狙撃したことによる。確かに『野生の思考』におけるレヴィ゠ストロースの十字砲火は、サルトルの痛いところを衝いた。

まず、先に挙げた最初の砲火、「エスノセントリズム」攻撃についていえば、サルトルの「〔遅れた社会の〕人間とは発育不全で畸形[12]」という表現は、やはり誤解を受けやすかったであろう。西欧の乳をたっぷりと飲んで育ち、つねにその最先端を走ってきた思想家としては、文化進化主義の立場に立つのは当然のことでもあったろうが、『弁証法的理性批判』の刊行は一九六〇年であり、アルジェリア戦争によるフランス人の植民地差別が問題とされた時代であったことを考えれば、言葉が過ぎたことはまちがいない。

続く砲撃の標的となった歴史主義についていえば、これは「レイモン・アロン対サルトル」の対決と同様、社会主義が地球上から事実上ほとんど姿を消してしまった二十一世紀の現在から見れば、どちらが正しかったかはまったく論ずるまでもない。『弁証法的理性批判』はマルクス主義理論書ではないが、革命を経て社会主義ユートピアに向かう歴史を弁証法的必然としている以上、それは神話に過ぎないと一九六二年の時点でレヴィ゠ストロースに言われてしまえば、サルトルの方が政治的にはずっとシロウトだったと言わざるを得ないだろう。

さて、最後のコギト攻撃は、実はこれこそが最も手痛かったところにちがいない。透明、冷徹で、一切を理解し、歴史の果てまでをも視野に収め得るコギト――じつはこれがサルトルの身上であり、また最大の野望でもあった。いわば一切を理解する、ヴァレリーの「テスト氏」のような知の権化たるコギトである。

このサルトルのコギトが、「一切を理解する」どころか、自らを透視することもできない、ただ自らの明るみの中に閉じ込められているだけだ――とするレヴィ＝ストロースの指摘は厳しかった。レヴィ＝ストロースの持ち出した民族社会の「無意識的目的性」は、人類学者ではないサルトルにとって反論しづらいものであり、同時に絶対にみとめることのできないものであった。

このように攻められてみると、サルトル自身が、先のフロイト論のところで言及したように、少しずつ妥協し始めていた無意識の承認問題――意識の絶対的明澄性への疑いが、改めて浮かび上がらざるを得なかったし、いわんや個々の人間が、社会という大きな構造の中でその位置を決定されたり、あるいはこれに従って動かされているという「構造の思想」は、サルトル哲学全体への脅威となっていく。

そもそも、一切を知るべきサルトル本来の要請とは、意識＝知＝コギトの視界を無限に拡大し、コギトの外部を完璧に併呑することによって、一切を内部化することを意味する。確かに、存在論（『存在と無』）、社会哲学（『弁証法的理性批判』）、純粋小説（『嘔吐』）、全体小説（『自由への道』）、さらには評伝、戯曲、評論までをも動員してサルトルの果たそうとしたことは、一切の内部化であった。一個人の意識の微細な動きから世界全体の流れまで、コギトの構造から歴史の果てまで、いわば「全体評論」ともいうべきフローベール論に象徴されるように、サルトルは世界のすべて、一切を内部化しようとしたのである。サルトルの眼差しから隠れるものはなく、仮にこの瞬間には見えなくとも、原理的にすべては詳らかにし得る、と。――しかし、レヴィ＝ストロースによって、サルトルの知が西洋的思考にすぎないと、その偏差が声高に主張され、さらにフロイトの無意識やマルクスの下部構造による意識の規定など、サルトルによる全内部化の壮麗なドームに、次々と銃弾が撃ち込まれることになる。

では、サルトルはどう反応したのか。サルトルの「構造」に対する考え方は、一九六六年末に刊行された、『アルク』誌三〇号「サルトル特集号」に掲載された、作家ベルナール・パンゴーとの対談によく表われている。

人間とは、私にとって構造の産物ではありますが、しかも同じ程度に人間は構造をのりこえるものなのです。こう言った方がよければ、歴史の停止の相があり、それが構造なのです。人間は諸構造を受けとります。――そしてこの意味で諸構造は、人間を作ると言うことができるのです。しかし、人間は自分が歴史に参加しているかぎりにおいて、それらのものを受けとるので、その参加の仕方の結果、彼はそれらを破壊して新しい構造を作り出し、今度はそれが彼を条件づける、という風にならざるを得ないのです[13]。

レヴィ＝ストロースから『野生の思考』で全面攻撃を受けたのが一九六二年、以来四年が経つが、ご覧のようにサルトルは一歩も引きはしなかった。人間の参加、構造を乗り越える人間、サルトルの主体性論は微動だにしていない。

サルトルが晩年まで完成に執着したフローベール論こそは、構造主義に対抗し、フロイトやマルクスまでも取り込み、何としても、どんなことをしても、明晰な知の名において、一人の人間の内部と外部とを完璧に解析し尽くさないではおかないという、鬼気迫るサルトルの回答だったということもできるだろう。

しかし、サルトル自身は自説をまったく撤回しなかったとしても、レヴィ＝ストロースを先頭に、陸続と現われた構造主義者たち、ラカン、バルト、フーコー、アルチュセールらはもちろんのこと、第三者の眼差しにはどう映ったのか、それは自ずと別の問題である。

先の『アルク』特集号の「まえがき」で、パンゴーはこう語っている。


一九四五年と一九六〇年、この二つの年代の間に辿られた道程を測るためには、その年代の新聞や雑誌をひらいて、二、三の書評を読んでみれば事足りる。そこにはもはや同じ名が引用されず、また同じ参照意見が採用されていないばかりでなく、もはや同じ単語motsも語られてはいない。省察のための言語が変わってしまったのだ。十五年前には、意気揚々としていた哲学が、今日では人文科学のまえに影がうすくなり、この哲学の後退は、新しい語彙の出現をともなっている。もはや〈意識〉や〈主体〉が語られることはなく、〈規則〉、〈法規〉、〈体系〉が語られている。人びとは、もはや人間が〈意味《サンス》を作る〉とはいわず、意味が〈人間に到来する〉という。人びとは、もはや実存主義者ではなくて、構造主義者なのだ[14]。

いわば十五年の間に、歴史の針が一コマ確実に動いたのだ。上の引用に続いてパンゴーは、さらに次のように言い放つ。

しかも一九四五年の世代の指導的思想家は、いまなお隠退していない。彼は相変わらず書き、『レ・タン・モデルヌ』誌を主宰し、彼の説に耳をかたむける人びとは、減るどころか、むしろ増した。このような点から、昨年ノーベル賞授賞の際に、はっきり表面化した不安感が生まれているのである。偉大な人間に片をつけたいと思うとき、人々は、その人間を花のもとに葬る。しかし、相手が埋葬式を拒むときにはどうすればよいのか。ある連中にとっては、時代おくれとみえ、他の連中にとっては、いままでよりももっと現実性を保ち（しかもしばしばそれが同じ連中なのだ）、サルトルは、一九六六年には邪魔者としての役廻りを演じている。彼の最も重要な著作のうちのいくつか（『フローベール論』、『弁証法的理性批判』第二部、『言葉』の続編）が、なお今後に来たるべきことを思うならば、彼について語ることは時期尚早なのだ。だが彼につづくものが、すでに幕をあげていることを思うならば、それは時代おくれなのだ(15)。

「フランスの知の帝王」に対するに、ずいぶんな言い方であるが、「フランスの絶対君主」ド゠ゴールに対してサルトルが浴びせた罵言を思い起こしてみれば、仕方のないことなのかもしれない。いずれにせよ、断固として動かなかったサルトルは、いつしか「邪魔者」となり、「時代おくれ」

となっていた。

一九四五年から一九六〇年へ。人々が空爆の恐怖に震え、また占領者の拷問の鞭の下で自分自身が裏切らないだろうか、仲間の名を隠し通せるだろうかと怯えた「実存」の時代から、高度成長を経て、フランスの天空に強圧的な国家をはじめとする巨大な組織網が林立する「構造」の時代へと移ったのだ。

サルトルの立場からは、「構造」とは『弁証法的理性批判』で詳述した「実践的＝惰性態」を構成するものであり、彼の社会哲学にすでに折り込みずみのものでしかなかった。構造によって人間が彫塑されるにしても、「本質的なことは、人間が作られているその在り方ではなく、作られているその在り方でもって人間が何を作るのか、ということ(16)」だった。人間と構造の相互作用のうち、なぜ構造にしか注目しないのか、それがサルトルにとって「非難憤激の種(17)」だ、とまで語っている。

しかし、豊かさが溢れだす一方、巨大化、複雑化する社会の中で、人々は従来通り人間の能力・意志への信頼を持ち続けるよりも、信頼するに足る科学的厳密性の方に関心を移していた。自由な人間の透徹した視線に映るものよりも、その視界から今まで隠されていたもの、覆われていた秘密の方に興味を示し始めたのである。

今まで人々が自由自在に使いこなしていると考えていた言語が、「実体なき差異のみで構成されている」という衝撃的な発見が、あるいはまた、透明そのもののはずの意識の深部に、底知れぬ闇がうごめいているという斬新な知への驚き等々が、人々を引きつけ、構造主義は五〇年代末から六〇年代半ばにかけて、抗すべからざる勢いで実存主義的思潮を圧倒していくのである。

それから半世紀を経た現在から見れば、構造主義の席捲には明らかに過剰の傾きがあり、サルトルの主体論、コギトの思想があれほど責められるべきであったとも思われないが、やはり時の勢いというものがあり、しかも事態は不可逆的であって、そのレヴィ＝ストロースが同じようにデリダによって、「レヴィ＝ストロースもまた西欧偏重主義だ」として断罪された時にも、再びサルトルに戻るという流れにはならなかった。思えば、哲学の流れ自体が常に、一つの問題を解決しえたのちに次の問題に移るわけではなく、いわば視点の転換の歴史に過ぎない実態を、またここでも繰り返したのであろう。

しかしそれにしても、五〇年代末から六〇年代半ばにかけて興隆した構造主義には、その装いにおいて明らかな斬新さがあったことは否定し難い。

まずそれは、戦後十五年ほどが経ち、社会が転換期にさしかかり、豊かさを背景に現われた思考なのである。大戦終了時の瓦礫と絶望と飢えが彼方に去り、その当時の人々が抱きしめて毎日を送っていた「実存」が、もはや賞味期限を失っていた、ということでもある。人々は緊張や義務や使命から解き放たれ、もっと洗練され、もっと知的で、もっとスリリングな新しい何物かを求めていたのだ。

サルトルは、一九六〇年刊の『弁証法的理性批判』においても、やがて至るべきユートピアである共産主義社会を疑いはしなかったが、一般の人々や多くの知識人たちには、一九五六年のスターリン批判によって、膨大な数の「粛清」などソ連の旧悪が暴露され、あまつさえ、同年のハンガリー動乱によって社会主義の暗さが定着して、マルクス主義への幻滅が広がっていた。

そうした中で現われた構造主義は、レヴィ＝ストロースが数学者の力を借りて交叉イトコ婚などの婚姻システムには数学的構造があることを明示するなど、科学主義の衣もまとい、資料の精緻な読み解きなど、脱イデオロギーの厳密な学としての斬新さも示していた。

このようにして、サルトルに代表される西欧の伝統を破壊する形で、理性の外側にあり、西欧文明がこれまで「抑圧」してきた無意識、「未開」、庶民、女、子供、狂気等々のテーマが積極的に取り上げられ、斬新な輝きを持って氾濫し始めた。このように「新しさ」の印象とともにニューパラダイムが現われる時、旧勢力は無力である。

『構造人類学』（一九五八年）と『野生の思考』（一九六二年）の人類学者レヴィ＝ストロースを先頭に、『零度のエクリチュール』（一九五四年）の記号学者ロラン・バルト、『狂気の歴史』（一九六一年）、『言葉と物』（一九六六年）の哲学者ミシェル・フーコー、『マルクスのために』（一九六五年）、『資本論を読む』（一九六八年）の哲学者ルイ・アルチュセール、『エクリ』（一九六六年）の精神分析学者ジャック・ラカンなど、「構造主義連合」のおびただしい流れが滔々とフランス思想を覆い、サルトルはたった一人その流れの中で、ひたすら逆らう巌のように立ちはだかり、絶え間なく波濤に削られていくことになる。対カミュ論争の時や、対メルロ＝ポンティ論争の時には、ボーヴォワールがサルトル連合軍として先陣を買って出たりしたが、この新しい分野には、さすがのボーヴォワールも口をはさむことができず、サルトルに精神的な応援をする人々はそれなりにいても、大声をあげて支援に駆けつけはしなかった。時代は移って行った。

3　サルトルの復讐

サルトル哲学の核をなす「自由な意識」は、「脱自」をその本質とする。「あるところのもの」ではあらず、「あらぬところのもの」である自由な意識。この不思議なキャッチフレーズを生み出したサルトル本人もまた、あらゆる分野に越境し、自らをも越え続けようとした脱自の人であった。永遠に脱皮し、永遠の生命力を求め、つまり永遠に若いサルトルは、その実生活においても二つの魅惑《エロス》、即ち「女性」と「若さ」とを変わらず愛した。

女性とのつきあいについては、前著で記した南仏トゥールーズの美女シモーヌ・ジョリヴェに始まり、ボーヴォワール、ボーヴォワールの教え子オルガ・コサキエヴィッツ、その妹ワンダ、同じくボーヴォワールの教え子ビアンカ・ビーナンフェルドなどと続く。戦後もまた、アメリカ在住の才女ドロレス・ヴァネッティ、英語の達人で金髪のミシェル・ヴィアン、戦闘的なユダヤ人女性リリアーヌ・シエジェル、同じくユダヤ人でサルトルの養女となるアルレット・エルカイム、ギリシア人の恋人メリーナというふうに、陸続と続くのである。サルトルが没する前年、フランソワーズ・サガンが「ジャン＝ポール・サルトルへのラブレター」を公表し、老いたサルトルを喜ばせた。

一方、「若い世代」への親しみは、ル・アーヴルのリセの生徒ジャック＝ローラン・ボストに始まり、さまざまなきっかけでサルトルのもとに出入りするようになった若者との交わりは、一九六八年五月革命における若者たちへの、ほとんど無条件的な支持へと連なる。その頂点といおうか、奇妙な友情というべきか、若者への愛着の最後を飾るものが、四十歳違いのユダヤ青年、ピエール・ヴィクトール（本名はベニー・レヴィ）との親交であり、この二人は四十九歳違いのソクラテスとプラトンのような関係にも見えたという。もっともこの二十世紀のプラトンは、あらゆる権威を否定した五月革命の流儀に則って、師ソクラテスに対し対等の話し方をし、対談でサルトルが展開する論の矛盾を厳しく衝くなど、周囲を驚かせた。

ピエール・ヴィクトールとの親交のきっかけを生み、またサルトルの晩期を壮大な夕焼けのように飾った一九六八年のフランス五月革命——パリを中心とするフランス全土が突如として革命前夜の様相を帯びた「五月革命」については、やがて半世紀にも及ぼうとする時間の経過にもかかわらず、なお謎めいたものが残っている。

十万人もの学生たちによる大学占拠、カルチェ・ラタンをはじめ街のあちこちに積み上げられたバリケード、若者たちが手に手をとって広い街路いっぱいに拡がって行進する「フランスデモ」、警官隊による殴打の嵐と流血、全仏一〇〇〇万人近い労働者によるストライキ。飢えた人間など一人もいない先進国フランスで、なぜこのような反乱が突如として起きたのか。

六〇年代のフランスはド＝ゴール体制下、着実な経済成長によって消費社会、レジャー社会が到来し、「脱政治化」が声高に叫ばれていた。そんな中、いまだ革命の未来を信ずるサルトルは、ほとんど敗者の頑張りをもって、青年の心にいわば「怒りの葡萄」がなお膨らみつつあると強弁していた。サルトルはもはや明らかに、「時代遅れの」人間であったのだ。

その六十三歳になろうとするサルトルの目の前で何の前触れもなく、一九六八年五月から六月にかけて、若者たちの素手の反乱が、燎原の火のようにフランス全土に燃え広がって行った。若者たちの激しいデモの隊列を形成していたのは、あの『弁証法的理性批判』が告知した通り、無機的人間群像たる「集列」を否定した、熱い「溶融集団」だった。

五月革命はまさに『弁証法的理性批判』の理論通り、絶対的指導者もなく、もちろんその固定化もなく、隊列の中で次々にリーダーが自然に交代する典型的な溶融集団として展開した。じつは、こうした事態の現実化にいちばん驚いたのは、予言者ジャン＝ポール・サルトルその人だったであろう。

サルトルはいち早く、また断固として学生支援の論陣を張る。「暴力学生」非難に対しては、「学生と青年労働者の暴力はつねに防御のためのものであった[18]」とし、学生の暴力は「反対暴力」であるとして擁護する。

《反対暴力》とは、警官の意図的な挑発に対して偶発的にあった暴力だけではなく、学生を圧迫している社会に対しての《反対暴力》であるという意味です[19]

五月二十日、サルトルはソルボンヌの大階段教室に現われる。構造主義者をはじめ、当代の著名人たちの中で、サルトルだけが学生から呼ばれたのである。コーエン＝ソラルによれば、『ル・モンド』五月二十二日号は、当日のサルトルの発言を次のように伝えている。

いま生成しつつあるもの、それは最大限の民主主義にもとづく社会の新しい概念であり、社会主義と自由との結合なのだ[20]。

社会主義と自由、あるいは自由な社会主義、それは一九四一年以来、即ち二十七年前からのサルトルの見果てぬ夢であった。その道を、若い学生たちが押し開こうとしているのではないか。六十三歳になろうとするサルトルの心は躍ったであろう。

この時、大統領のド＝ゴールまでが事態の急変に驚き、手をこまねいていた中で、サルトルの学友、かつての盟友レイモン・アロンが立ち上がり、激しく学生攻撃を開始する。五月革命はどこを捜しても「見つけられない革命」である。東欧の学生は、フランスの学生が持っている自由こそを求めて反抗しているではないか。ありもしない五月革命とは、フランスの学生の日常の不満という小さな真実を元手に、少数の学生テロリストたちが体制転覆を狙って引き起こした一大ペテンである。世論は何をしているか、政府は何をしているか、知識人が破壊ばかり考えていてよいのか。

これに対しサルトルは、旧知の、そして新しい敵に反撃する。

大学教授とは、一度論文を書き、そのあと一生同じ論文を講義し続ける人間である場合が非常に多いのです。……レイモン・アロンなどは、年をとっていくにもかかわらず、戦前、一九三九年に発表した論文をいまだにくりかえし講義し、学生が批判的態度をとることを全く許しません[21]。

知識とは、一度発見されてしまえば永遠にその生命を保つ金科玉条などではなく、常に新しい発見、新しい思考によって蘇生していくものである以上、知の府（＝大学）とは、異議申し立てをする人間をつくる場でなくてはならぬ。こうしてサルトルは、既存体制（エスタブリッシュメント）に異議申し立てをする学生を、全面的に支持した。

一九六八年のフランス五月革命の衝撃は、アメリカ、西ドイツ、日本などの学生運動へ波及し、世界的な大学反乱を引き起こしたが、本国フランスでは、この十年来、実存主義を駆逐して知の王座についていた構造主義にも襲いかかった。

前節で述べたように、構造主義は一九五八年のレヴィ＝ストロースの『構造人類学』ではっきりとその姿を現わし、同じく一九六二年の『野生の思考』で激しくサルトルを罵倒し、実存主義に取って代わる主流の思潮の地位を確立した。それ以降の構造主義の猛威は凄まじく、人類学に始まって、歴史学、文学などの人文諸科学、そして社会科学、さらには構造主義的生物学などの自然科学まで、あらゆる分野を席捲していった。

それは実存主義など、戦争下の苛烈な「人間の条件」をくぐって現われた、戦後諸思想が持った人間主体への信頼を嘲い、科学的分析を賞揚し、構造の圧倒的優位を高唱した思潮であった。しかしながら、そこに常について回った疑問とは、「人間が圧倒的に構造に支配され、隷属しているとして、では、なぜ、どのようにして歴史は動くのか」、「歴史を現実に動かした人間たちは、なぜその行為を選択したのか」が、等閑に付されているということだった。

五月革命における十万の学生たちは、この構造主義の静的《スタティック》な「科学主義」を、主体的な行動によって打ち破った。皮肉にも構造主義は、もはやそんなものは存在しないと嘲った「主体性」によって、瀕死の重傷を負う。自らの実存を賭けて「閉塞社会」に抗議し、反抗する若者たちによって、フランス全土は麻痺状態となり、「解放区」ソルボンヌの中で「構造主義の死」が公然と語られた。五月革命が、「サルトルの復讐」とさえ言われるゆえんである。構造主義の父レヴィ＝ストロースは、「流行の激しいパリで、構造主義が十年持っただけでも立派なものだ」と語ったという。フランス現代思想はこの五月革命をもって、ポスト構造主義へと移行するのである。

したがってもちろん、「復讐を遂げた」サルトルの思想が全面的に復活したわけではなく、「革命に理解のあるロートルを政治的に利用しよう」とした新左翼系の若者たちに対し、サルトルがあえてそれに乗ったというのが、その展開の実際であったろう。

サルトルが六十三歳になる時点で勃発し、その後の運命を大きくカーブさせることとなったフランス五月革命とは、一体何であったのか。それは、豊かな社会が確実に実現していく中で、それが若者たちにとって、自分の人生の先の先までをも読みきれる、管理社会という檻の中の生であることの発見を、その核としていたのではなかろうか。日本同様、ベビーブームと高学歴化の波に押され、急速に膨れ上がった大学に詰め込まれた学生たちが、マスプロ教育の単調さと、その先に死んだように横たわる人生の息苦しさに失望して、心の底からの叫びや苛立ちを発し、激しい行動を取ったものだろう。日本でも同時期、機動隊と衝突を繰り返した新左翼系の学生たちの間で、「少しでも有名な大学に入り、少しでも有名な会社に入り、少しでも余計に給料をもらって、少しでも長生きしよう」とする、体制順応の人生への反感が語られた。

学生から青年労働者へと広がり、フランス全土を覆った「革命」の炎は、アロンの批判のように子供じみた叫びともいえたし、また戦中戦後の生の絶望的な厳しさを、ほとんど知らずに育ち上がった若者たちの甘えと言えなくもなかったが、サルトルはそうはとらなかった。「一九六八年五月の新しい思想」に言う。

ブルジョワであろうとなかろうと、青年革命家はアナーキーを要求しているのではなく、真の民主主義、すなわち、まだどこでも成功していない社会主義的民主主義そのものの実現を要求しているのです。(22)

学生たちの破壊的なエネルギーと、それに共振したフランス社会の極度の混乱は、着実な豊かさの実現によって社会主義社会が無限に遠のくと思われ、政治思想的に追い詰められていたサルトルの目に、「社会はなお変革し得る」という希望の光を垣間見せたのであろう。サルトルはこの時点で再びジャンプする。それはアロンの批判に代表されるように、サルトルの極左化として捉えられた。

サルトルは一九六八年五月をもって変わる。そのわずか二年前、日本を訪れたサルトルが、大歓迎した日本のインテリたちに語った知識人像は、ブルジョワと労働者たちに挟まれて苦悩しつつも、あえてアンガージュマンを決断する人間だった。しかし、六八年以降、『ル・ヌーヴェル・オプセルヴァトゥール』誌などのインタビューで語り続けたサルトルの新しい知識人像は、自らの「反革命性」に目を開き、自己否定しつつ、ひたすら労働者大衆に寄り添おうと努力をすべき存在に変わっていた。

その象徴が、サルトルの服装に表われている。日本でのサルトルは、クラシックなスーツにネクタイをきちんと締めたフランスのインテリそのものであった。ところが五月革命を機に、サルトルは永年なじみのこのスタイルをやめてしまう。代わりに着たのは、とっくりのセーターやチョッキであった。例えば六九年にベルギーに招かれた講演で、黒いとっくりセーターを聴講者から非難の目で見られても、もはや元に戻そうとはしなかった。ボーヴォワールは『別れの儀式』の中で、えらくめかしこんだブルジョワのご婦人たちの会話を記録している。

一人の御婦人がサルトルを見やりながらぶつぶつ言った。

「身なりを整えてくるには及びませんでしたことね」

するともう一人が、

「人前で話をする時には、それなりのことをして、服装を改めるぐらいはするものですのにねえ」[23]

後のピエール・ヴィクトールやフィリップ・ガヴィとの対談（『反逆は正しい』など）で、四十歳ほども若い彼らと「きみ・ぼく」で話し合っているのも、五月革命の流れで権威や権力を否定し、自由な人間関係を求めようとした精神に、サルトルが自らを合わせたものだったろう。

このようにしてサルトルは、若者たちを支持し、自身に反省の刃を向けるとともに、「共産党員は革命を怖れる」を発表して、フランス共産党を告発する。

五月には、誰が左翼にいたのか。……むろん、それは共産党でもない。共産党は、運動にブレーキをかけるために全力を尽し、総選挙のなかに運動を埋没させたのです。共産党員たちは、最も戦闘的であった学生活動家をたえず罵倒しました(24)

そして共産党より、さらに左の道へ歩むことを宣言するのである。

共産党の外側に、またその左側に、革命的な運動が形成されても、そこにどんな危険があるのかわたしには理解できません。わたしはそれが不可避であろうとさえ考えます(25)

さらに一九六八年八月のソ連軍によるチェコ侵入をもって、サルトルは既存の社会主義組織すべてに対して完全な絶縁を決意する。

しかし——。アロンの「見つけられない革命」という冷たい予言の通り、五月の熱狂はあっという間に去る。ド＝ゴールの仕掛けた一九六八年六月末の総選挙という切り札の前に、社会不安にさいなまれたフランス国民によって、左派は全面否定される。

潮のように引いていった政治の季節の後も、サルトルの服装や思想は、大洪水の後に取り残された重い岩のように、荒々しい姿をさらけ出したまま、もはや決して変わろうとはしなかった。そしてサルトル同様に現実を棚上げし、革命のための革命というフィールドに取り残された若き左翼行動主義者たちとサルトルとは、自然に共闘することになる。

五月革命は結局、革命ではなかった。学生たちの大部分が本気で革命を起こそうとは思っていなかったし、武器を手に取ることもなく、「バスティーユ」を襲うこともなかった。豊かさを増す社会の中で育てられた学生たちや青年労働者たちは、自分たちの目の前に立ち塞がる既存の社会の息苦しさに、激しく抗議しただけであった。

しかし学生たちの激発を、彼らが「社会主義と自由」を求めていると捉えたサルトルはあえて行動に転じ、むしろ運動のパワーが弱まった一九七〇年に入ると、かろうじて残存していた学生運動家たちの要請を受け、極左紙『人民の大義』『すべて』などの編集長を引き受ける。こうして毛沢東派の指導者ピエール・ヴィクトールとの交友が始まるのである。

一九七〇年六月には街頭で、『人民の大義』紙の売り子になったり、また、十月にはルノー自動車のビヤンクール工場の労働者たちに、樽の上に乗って語りかけるサルトルの姿が見られた。一九四一年の「社会主義と自由」運動、四八―四九年のＲＤＲ活動、六〇年頃のアルジェリア戦争反対運動に次ぐ、四回目の政治活動期であると言えよう。

だが、サルトルがあえて支援した新左翼の「毛沢東派」は、この時点ですでに政治的有効性を失った組織であり、その主張にリアリティはなく、革命のための革命の言辞を引きずっていたにすぎない。そしてそのことはサルトルもよく分かっていたはずである。コーエン＝ソラルは、一九七〇年夏のサルトルの証言を記している。

嘘にも古くからのテクニックという奴がある、私は好きじゃないがね――。もっと深刻な問題は、ブルジョア新聞が、左翼紙より多く真実を語っているということなんだ。嘘をつくにしても、ブルジョア新聞はもっと少ないよ、もっと上手だよ。……それは、左翼紙が真実を知りたがらない、ということなんだ！　彼らが洗脳され、ある種の夢の中に生きている、ということなんだ。(26)

しかし、夢の世界にいたという点では、サルトルもあまり変わらなかった。五月革命はサルトルを、「実現不可能を知った上であえて」ではあったにせよ行動の人に変え、何としても革命の神話的世界を目指す、理想主義者の相を帯びさせることになったのだ。行動するサルトルは、一九七一年二月には、毛派の若いメンバーに説得され、サクレ・クール寺院の占拠という過激行動にまで突っ走る。

しかしすでにこの頃、心身の衰えがこの六十五歳の思想家を襲っていた。サルトルの病歴の主たるものは、ボーヴォワールによれば、その初めが一九五四年、四十九歳の時の最初のソ連旅行で、高血圧症になっての入院だった。続いて五八年秋、五十三歳での『弁証法的理性批判』執筆による過労。そして六八年、六十三歳の彼は、ローマで車から降りた時、ひどくよろめいてボーヴォワールを驚かせたという。これは、五月革命に巻き込まれたことによる過労であったろう。

一九七〇年九月末の六十五歳での平衡障害もまた、政治活動の結果であったことはまちがいない。歩くとふらつくのは、医師たちはサルトルの動脈がいずれも細く、大脳左半球の循環障害と診断したという。そしてサクレ・クール占拠事件から三カ月後の七一年五月に平衡障害の発作が再発、ふらつき、右腕が痺れるだけでなく、口がよじれてうまく話せなくなる。左脳の血液循環が困難になったのだ。このあといったん快方に向かうが、七月に六十六歳のサルトルに、三度目の発作が襲う。

4　闇の中で

運命の年、一九七三年三月に顔が歪み、腕が麻痺する、七〇年以来、四度目となる発作に続き、錯乱までが始まる。テレビの前に坐っているのに「テレビはどこ」と聞き、会っている相手が分からなくなる。医師によれば、脳への血流が極めて悪くなり、脳が仮死状態になったためだという。医師の勧めに従い、ボーヴォワールや養女アルレットに付き添われて南仏に静養に出かけたサルトルだったが、「ぼくたちはエルキュール・ポワロ〔探偵〕が来るのを待っているのだね」と訊いてアルレットを愕然とさせたり、有名なポン・デュ・ガール〔古代ローマ時代の水道橋〕を見て、「これは十九世紀の橋？」と尋ねて、ボーヴォワールに胸を締めつける思いをさせている。サルトルの死後に刊行された『別れの儀式』で、ボーヴォワールは、一九七三年三月の南仏をしみじみと思い起こしている。

私たちはサン゠タンドレ城砦を再訪した。風が強く、サルトルの髪を乱した。彼はなんと脆く傷つきやすく見えたことか！　私たちは草の上にしばらく腰をおろし、城砦の入口でも、ローヌ河と対岸のアヴィニョンを見おろすベンチで休んだ。絢爛たる春だった。あふれるばかりの花咲く木々。暖かかった。それは幸福に似ていた(27)。

錯乱はしだいに収まるが、一九七三年六月、恐らくサルトルが生涯で最も恐れていた事態が起こる。ボーヴォワールの回想記から、その一節を引用しよう。

例年通り、彼は眼科医の診察を受けに行った。医師はサルトルが視力の四割を失っていることを確認した。ほとんど半分だ。それに彼は片方の眼しか利かなかった。二週間療養して、よくならなかったらちょっとした手術を考えなければなるまいという。
二週間後、眼科医はどう診断してよいかわからなかった。実は、サルトルは、よく見えないので不安でたまらなかったのだ。私は思い出す。私たちの日本人の女友達からもらった大きなルーペの上にかがみこんで、懸命に新聞記事に目をこらしていたサルトル。ルーペを通してさえ、彼は全部を読むことができないのだった(28)。

眼底出血を三回繰り返していたことが判明した。八月半ばには四度目の眼底出血があり、もはやサルトルは読むことも書くこともできなくなった。この年一九七三年、六十八歳をもって、著述家サルトルは失われ、本来の知的活動は終了する。サルトルの視界は暗黒ではないにしても、彼が生涯を賭け、命よりも大切にした「文字」を見分けることは、もはやできなかった。

サルトルはこの恐るべき事態をどのように捉えたのか。失明から二年後、七十歳を迎えたサルトルの心境を尋ねるインタビューが、研究家のミッシェル・コンタによって行なわれ、『ル・ヌーヴェル・オプセルバトゥール』誌に一九七五年六月二十三日号から三回にわたって、「七〇歳の自画像」と題して連載された。それを読んでみよう。

サルトル――……とくに重要なのは、左眼に眼底出血があったことだ。右眼の方は三つのときに事実上視力を失ってしまったので、この左眼が残る唯一の眼なんだ。それでいまでは物の形はまだおぼろげに見え、光や色も見えるのだけれど、物とか顔とかはもうはっきりとは見えない。したがってもう書くことも読むこともできないでいる。……こうなるともう作家として仕事に励むということがまったく不可能だ。作家としてのわたしの仕事は完全に終りだね。……

――もう書くことができないということは、やはりたいへんな打撃でしょう。あなたはそれを平然と語っておられるが……

サルトル――ある意味では、そのためにわたしの存在理由はまったく失われている。かつて存在したが、もう存在していない、と言ったらよいかな。だが、がっくりしてあたりまえなのだろうが、どういうわけか落ち着いていられる。失ったもののことを考えて悲嘆にくれたり、憂鬱になったりすることはまったくないな。(29)

これではまるで達観した聖人君子のようであるが、そうともいえないことはボーヴォワールの思い出を読めばすぐに判る。

ボーヴォワールの目に映ったサルトルの姿は、引きずる脚、肥満、曇った眼差しの、いかにも耄碌した老人だった。一日のうち健康な姿は三時間ほど、あとはひたすら眠るか、放心していた。『レ・タン・モデルヌ』の会議のさなかでも、読書代わりにボーヴォワールら周囲の人がしてくれる音読の最中も、果ては人と話している間さえも、ひたすら眠ってしまうその眠りを、ボーヴォワールは、目に対する不安からの自己防衛だったのだろうと判断している。失明はまちがいなく、サルトルの晩年七年間のすべてを覆う、最も深刻な問題となっていた。

サルトルは、ある時は三カ月後には目が治ると信じようとしたり、ボーヴォワールに繰り返し「ぼくはもう読むことはできないのか」とつぶやいたりする。

あれほどまで常に物をはっきりと見透す人間であろうとしてきた彼、その彼が、自分の視力に関しては、明々白々な事実を、依然として否認し続けているのだった。たびたび訊かれて、一度、私がおそるおそる、完全に視力を回復することはもはやありえないだろう、と答えると、彼は言った。

「ぼくはそう考えたくない。それに、少しはよく見えるようになった気がするんだ[30]」

運命の年が暮れて、新しい年一九七四年が明ける。新年早々、あまりにも暗く、こわばった表情で出先からボーヴォワールのもとに戻ってきたサルトルに、ぎょっとした来客が帰りがけに接吻すると、

サルトルは言った、

「きみが接吻しているのは、墓石同然なのか、生き身の人間なのか、どっちかな」

それは私たちの全身を凍らせた。……そのあと彼は心配そうな、ほとんど恥じ入ったような顔で私を見て、

「ぼくの眼は絶対に治らないんだろうか？」

そうだろう、と恐れている、と私は答えた。それはあまりにも痛ましかったから、私は夜通し泣いた[31]。

しかしサルトルは、そのまま知の舞台を去りはしなかった。視力はもはや回復することはなかっ

たし、体調は好不調を繰り返したが、サルトルは少しずつ、少しずつ巻き返しを試みる。まず、失明から半年も経たない一九七三年十一月末頃、ピエール・ヴィクトールを音読役の秘書にし、すでに七二年から彼とガヴィとの三人で行なっていた『反逆は正しい』の討論の、最終の収録を七四年三月に行ない、五月には刊行する。またこの年の八月から九月にかけては、のちに「サルトルとの対話」として成立し、『言葉』のあとの自伝代わりとなるボーヴォワールとの対話に熱心に取り組んだ。

ボーヴォワールとの対話の終わった十月頃のサルトルの言葉を、『別れの儀式』では次のように記している。

「もう大丈夫、安心なさい」と彼はやさしく私に言った、「あなたが本を読んでくれる。二人で仕事をする。動き回るのには十分なだけ目も見える。もう大丈夫」。

彼が再び取戻したこの平静に、私は感嘆した。(真実は、どういう平静だったのか？　賢人の誇り高き甘受か？　老人の無関心か？　他人の重荷になるまいとの意志か？　いずれと決めることができよう？　私は自分の経験から、この種の心境が言葉で表わせないことを知っている。誇り、叡智、周囲への配慮が、サルトルに、自分の心の底でさえも、弱音を吐くことを禁じていたのである。それでも、皮膚の下に、彼は何を感じていたのだろう？　誰ひとり、彼自身さえ、答えることはできなかったであろう。)[32]

さすがに永年連れ添ったボーヴォワールならではの鋭い観察である。失明によって読み書きの能力を奪われた心の傷はあまりにも深く、上述のようにおよそ一年余をかけてサルトルは一応立ち直ったとはいえ、その心の底がどうであったかは、誰にも、もちろんサルトル自身にもしかとは判らなかったであろう。

ここで、最晩年のサルトルの仕事を理解するために、第4章で扱った『弁証法的理性批判』以降の仕事を、見渡しておこう。一九六〇年、五十五歳を越えると、一切を理解しようとフル活動を続けたサルトルの知の歴史も、ようやくその終盤を意識させるようになっていった。

まず、文学畑の評伝の仕事として、一九六三年に『レ・タン・モデルヌ』に発表された『言葉』を挙げておくべきだろう。十二分に練られたこの作品の質の高さもあって、六四年に授与されるはずだったノーベル文学賞を、サルトルが辞退して世界的な話題となった。さらには、七二年と七九年に、いわば「断片」の形で公表された『マラルメ論』、また、七一年、七二年に巨大な全三巻となって公刊された、究極の評伝『家の馬鹿息子』を挙げることができるだろう。

一方、評論関連では、『レ・タン・モデルヌ』に執筆した記事などをまとめた『シチュアシオン』シリーズが、『シチュアシオンⅣ　肖像集』（一九六四）、『Ⅴ　植民地問題』（一九六四）、『Ⅵ　マルクス主義の問題一』（一九六四）、『Ⅶ　マルクス主義の問題二』（一九六五）、『Ⅷ』（一九七二、ベトナム問題他）、『Ⅸ』（一九七二、インタビュー他）、『Ⅹ』（一九七六、政治とインタビュー）と続く。これらのうちⅣを除いては、ほとんどが政治分野を扱ったものである。

したがって、一九六八年の五月革命以降、即ち六十三歳以降のサルトルが従事していた仕事は、『家の馬鹿息子』のほかは、政治（評論）の仕事がほとんどだったといえる。もともと一九四五年以来、主として『レ・タン・モデルヌ』によって政治へのコミットを続けてきたサルトルであるが、これまでは、同時に文学や哲学の仕事も手放しはしなかった。それらは両輪のように、常に同時に回転していたのである。

しかし、一九七三年の失明により『家の馬鹿息子』の続刊も不可能になると、サルトルの活動はすべて政治分野に限られてくる。失明後七年間のサルトルの生存期間は、ひたすら革命社会への熱い想いに満たされた観がある。この晩年の政治への強い関心は、ボーヴォワールをもあきれさせたらしく、七四年に行なわれた「サルトルとの対話」にも、次のような一節がある。

ボーヴォワール――この話し合いのなかで、あなたはものすごく政治との関係をしゃべりたがっているように見える。ヴィクトールとガヴィ相手の座談会で政治についてはしゃべっているのに、ここでわたしを相手にしてもまだしゃべりたがっている。どうしてなの？　あなたはまず第一に、何よりも作家であり、哲学者であるのに。

サルトル――なぜって、政治というのは、ぼくが避けられなかった事柄、そのなかにぼくが投げ入れられてしまった事柄を表しているからだ。ぼくは政治家ではなかったが、沢山の政治的事件に対して政治的反応をしてきた。その結果、広い意味での政治家、つまり政治に関係し、政治に浸透されている人間という意味での政治家の条件は、ぼくを特徴づけている事柄だ。[33]

ボーヴォワールは、サルトルの死後、『別れの儀式』というタイトルで刊行されることになるこの対話で、サルトル自身の生の内側のほか、その文学と哲学のすべてをサルトル自身の言葉で語ってほしかったのであろう。それなのに、サルトルの話が次々と政治の方に流れていくために、苛立っている。

しかし、すでに述べたように、サルトルがそもそも一九四五年に『レ・タン・モデルヌ』を創刊したのは、二度と政治にだまされまい、自らの自由を奪われまいという固い決意によるものであり、その志が三十年たったこの時点でもなお、サルトルのバックボーンとなっていることが判る。しかしそれと同時に、この対話の前年、電撃のようにサルトルを打ち倒した失明は、まったく回復しようのないダメージであり、それになお抵抗しようとしても、哲学や文学のような緻密な読み書きを必要とする分野ではもはや不可能であり、他者との対話という形でなお可能な分野は、政治に限られるだろう、という判断も働いていたことと思われる。

サルトルは、もはやおぼろげな明るみとしか見えなくなってしまった外部世界とたった一人で対峙し、拡大鏡の使用や、ボーヴォワール、アルレット、ヴィクトールらによる音読、さらにはあえて文字を書いてヴィクトールに読み取ってもらうなどの試行を重ねた末、いずれも期待したほどの成果を上げられないことをもって、『家の馬鹿息子』ほかの文学・哲学分野の仕事を断念した。そして持てるわずかな力をすべて、若い友人とともに人類の未来を切り開くべき政治分野に振り向けようと決心したのであろう。

では、サルトル晩年の暗いパースペクティヴから、知の虚空に何が描かれたのであろうか。それを知るための三つの作品として、一九七四年刊の『反逆は正しい』、七五年発表の「七〇歳の自画像」、そして死の直前に発表された「いま、希望とは」を挙げることができるだろう。

このうち、先のボーヴォワールの言及した政治鼎談『反逆は正しい』は、一九七二年十一月に始められ、約半年後の七三年六月のサルトルの失明を挟んで続けられ、七四年五月に刊行された。鼎談者は、毛派の指導者で、(刊行年の満年齢で)二十九歳のピエール・ヴィクトール、『レ・タン・モデルヌ』や『リベラシオン』に寄稿を続ける三十四歳のジャーナリスト、フィリップ・ガヴィ、そして六十九歳のサルトルであった。

この本は、サルトル自身のこれまでの政治的な歩みを批判的に再検討するとともに、五月革命を振り返り、そこから四─六年を経たフランスの政治的状況を分析し、新左翼はいかにあるべきかを、全二十三回にわたって討論したものである。この討論の特色は第一に、親子どころか孫ほども年齢差のある無名の青年二人と、フランス随一の思想家が、〈きみ・ぼく〉という親しい呼び方で話し合っているうえに、遠慮会釈なく批判しあっていることだろう。とくにヴィクトールの言葉がかなりきつく感じられる。

ヴィクトール――サルトル、きみはこの議論のなかで何を学んだ?

サルトル――ぼくが学んだのは、そうだね……。

ヴィクトール――無意識的記憶かな……。
サルトル――そう、全面的にぼくのものである理論、自由の理論の無意識的記憶だ[34]。

といった具合である。
もう一つの特色は、この鼎談が偶然サルトルの失明をまたいだものとなっている点で、明らかに失明がサルトルの言説に影響を与えていることが見て取れる。つまり、失明以前に収録された部分では、例えばサルトルが自己批判をしなかったと責めるヴィクトールに対して、

サルトル――そういったことが、五分間で成就するとでも思うのかね。きみたち毛派《マオ》は、いつも事を急ぎすぎる。それがきみたちをして、混迷状態にいい加減にけりをつけたり、混沌をとらえそこなったりさせるのだ[35]。

と叱りつけるなど、元気なところを見せている。しかし一九七三年六月の失明後になると、極端に発言が減り、その年の秋も深まってから収録された分で、ようやく発言量が戻ってくるものの、青年二人に対する賛美や、様々な形での革命幻想が目立つ。この鼎談の最終収録時である七四年三月までのところでは、失明後約九カ月間、若者と従来通りの政治対話を続けられる喜びの方が先に立ち、闇の中から新しい思考を紡ぎ出そうとするまでには、まだ至っていないことを感じさせる。

この鼎談の刊行からさらに一年後、失明から二年を経て、サルトル七十歳を節目としてなされた、一九七五年六月のミッシェル・コンタによるインタビュー「七〇歳の自画像」になると、ようやくサルトルの動揺が収まり、視点はそれなりに定まってきているように思われる。

サルトルの体を気遣うコンタに答えて、すでに紹介したように、サルトルは読み書きがまったく不可能になったこと、にもかかわらず平静であること、仕事で体を壊したにしても、それを後悔などしないことを宣言する。また五月革命を、〈自由〉に近い何ものかを一時的にであれ実現したものであり、現在政治的にはまったく希望がないけれども、自分が完全にペシミストになりきれないのは、自分のうちにあらゆる人間のものである〈要求〉、自由な生を求める要求が存在していることを感じ取れるからだ、と発言している。

「利益のため」につくられている現在の社会を廃棄し、「人間のため」の社会をつくるべく革命を起こすことは、人間自体の価値に関わる問題であり、社会主義か野蛮かしか、選択の余地はないのだと喝破する。

さらに五年後、一九八〇年の死の直前に活字になった「いま、希望とは」になると、さらにこの「希望への力」が強調される。

レヴィ　しばらく前からあなたは、希望と絶望ということを問題にしている。これは著作の中でこれまでほとんど取り組んでこなかったテーマだが。

サルトル　ともかく、今と同じ仕方ではね。というのは、わたしはずっと、誰もが希望を持って生きていると考えてきたからだ。つまり、自分の企てたことは自分に直接関係するにせよ自分の属する社会集団に関係するにせよ、実現されつつあるし実現されるだろう、それは自分にとっても共同社会の人々にとってもよい結果をもたらすだろう、そんなふうに誰もが信じているとね。希望というのは人間の一部をなす、とわたしは考えるわけだ。……人間行動はその目的、その実現を未来に置く。そして、行動する仕方のうちに希望が存在するんだよ。つまり、実現されるべきものとして目的を設定するという事実そのものがね。(36)

サルトルは生涯にわたって自由の思想家であった。一九七四年の『反逆は正しい』でも、自由の表現としての「反逆」が扱われる。八〇年、死を目前にしたこのメッセージでは、人間同士の根源的な兄弟関係（友愛）の強調とともに、一つ一つの試みごとに、また永久に「希望それ自体である人間存在」が描かれ、「自由とは希望そのものである」ことが語り続けられる。

サルトル　……いつか勃発するかもしれない第三次世界大戦、地球というこの悲惨な集合体、こんなことで絶望がわたしを誘惑しに戻ってくる。いつまでたってもきりはない、目標なんて存在せず、あるのは小さな個別的な目的だけで、そのために争っているだけのことさ、という考えがね。小さな革命は起こすが人間的な目的がなく、人間にかかわる何かしらがない。あるのは混乱だけじゃないか。……とにかく、世界は醜く、不正で、希望がないように見える。といったことが、こうした世界の中で死のうとしている老人の静かな絶望さ。だがまさしくね、わたしはこれに抵抗し、自分ではわかってるのだが、希望の中で死んでいくだろう。ただ、この希望、これをつくり出さなければね。(37)

先の引用で判る通り、自由それ自体である人間は、「人間存在それ自体が希望であるのだ」とサルトルは述べている。そしてこうした希望を具体的に説明するために、今後のサルトルの仕事として、次のようなパースペクティヴを展開したいとして、この対談を終えている。

サルトル　……説明を試みる必要があるな。なぜ今日の世界、恐るべき世界が歴史の長い発展の一契機にすぎないのかを、希望が常に、革命と蜂起の支配的な力の一つであったということを。それから、自分の未来観としてどういうふうにわたしがまだ希望を感じているのかを。(38)

死の直前の、視覚を失った思想家から出された驚くべきコメントである。暗黒の視界、暗黒の政治情勢の中で、しぶとい、あくまでポジティヴな、したたかにどこまでも生き抜こうとする精神がそこに立っている。

『ル・ヌーヴェル・オプセルバトゥール』誌に、一九八〇年三月に三回にわたって発表された、ピエール・ヴィクトールとの対談「いま、希望とは」は、その発表の「わずか一週間前」に原稿を見せられたボーヴォワールの激怒を買った。彼女は読み終えた原稿を投げ捨て、こんな情けないものを発表してはならないと主張し、『レ・タン・モデルヌ』誌に拠るサルトルをとりまく「ファミリー」（サルトルのかつての恋人や教え子、若い協力者）たちも同様に発表中止へと動いたが、サルトル自身は断固としてそれをはねのけた。

確かに、サルトルに対するヴィクトールの追及はしばしば厳しく、言葉の粗暴なところも多いにせよ、ボーヴォワールが怒ったほどのことはないであろう。両者の対話の「きみ・ぼく」調は、七年前の『反逆は正しい』ですでに実践ずみであるし、それはサルトルの承認のもとに行なわれているにちがいない。ヴィクトールは、対等の対談相手というよりはインタビュアー役に徹しており、その辺の理性は感じられる。

ボーヴォワールが、ヴィクトールによる「老人の知的誘拐」と断じたサルトルの「ユダヤ＝救世主《メシア》思想への関心」も、突然に折伏《しゃくぶく》させられたというより、サルトルが革命の補助線として、約束実現への長い長い時間を含むユダヤ人のメシア思想を学ぼうとしていると了解できよう。

むしろ全体として受けとれることは、どんな劣悪な状況にあっても、思考し、行動し続けることの可能な人間存在の、そしてサルトルの「希望」を打ち砕くことはできない、という確信の切実さであろう。まことにどのような肉体的苦難も政治的困難も、希望を持ち続け、行動を通してそれを世界に投げかけ続けることだけは、人間から奪い去ることはできないという、「征服されざるサルトル」の面目躍如たる「遺言」であった。

サルトル最晩年、失明の七年間が生んだ結論としての「いま、希望とは」は、サルトルの果てしのない知の旅の、最も高い成果とは言い難いにしても、最も粘り強い、最もしたたかな未来への声であり、決意と言えるであろう。――自由それ自体である人間は、自らの存在それ自体において希望であり、行動を通じてこれまでも、またこれからも永久に自由で平等な社会を追求していくであろう。サルトルの死からすでに三十年余を経過し、今もひたすら利益しか追求せず、すぐそこにまで地球の破綻の淵が見えている資本主義の二十一世紀に対し、もう一つの世界を力強く指し示す言葉である。

「サルトルの遺言」が、『ル・ヌーベル・オプセルバトゥール』の一九八〇年三月十日、十七日、二十四日号に分載され、大きな反響を呼んでいたさなかの三月二十日朝九時、ボーヴォワールがサルトルを起こしに部屋に入ると、彼はベッドの端に腰を下ろしたまま、息を弾ませていた。すでに四時間も呼吸困難が続いており、ボーヴォワールの部屋のドアを叩いて急を知らせる力もなかったのだ。直ちに救急車が呼ばれ、サルトルはブルッセ病院に収容される。肺水腫、つまり肺に水（血漿）がたまり、呼吸困難になっていたのである。これは血流が悪く、肺への血液が不足したため発作が起きたのだという。翌日にかけて一進一退を繰り返したあと、腎臓に血液が流れなくなって腎機能が停止する。死の床のサルトルはボーヴォワールに尋ねる。「だけど、葬式の費用はどうすればいいのだろう」。かつていつもポケットに邦貨換算七〇万円ほどを詰め込み、また女たちほか「ファミリー」の生活を支えるため、毎月一〇〇万円余の金を渡していたサルトルの巨大な財布も、さすがに実存主義の退潮による印税の減少と、晩年七年間の失明による執筆中止により、かなり傷んでいたのだ。

ボーヴォワールは、サルトルの最後の姿を次のように記している。

彼が自分は助からないことを知っていて、しかもそのために動揺していないことが、私にはわかった。彼はただ、近年彼を悩ました心配事、金がないことだけを気にしていたのだ。彼はそれ以上は言わず、自分の容態についての質問もしなかった。[39]

一九八〇年四月十五日火曜日午後九時、ジャン＝ポール・サルトルは死んだ。通夜の後、ボーヴォワールはサルトルの遺体にしばらく添い寝する。ジスカール＝デスタン大統領から、国葬はサルトルの遺志で無理としても、葬儀の費用自体は国が持ちたいという申し入れがある。しかしボーヴォワールたちはこれを断る。ジスカール＝デスタンは遺体安置室に現われ、一時間遺体の傍らで哀悼の意を表し、帰っていった。それはまさに、パンテオンに彫られた言葉、「フランスは偉人に対し感謝する」を地で行く光景だった。

サルトルの死は二時間後、テレビ・ラジオの速報でフランス国内に伝わり、電撃的な速さで世界を駆け巡った。翌朝、四月十六日のパリ全紙が、一面でサルトルの死を報じた。

死去から一日余が経ち、取材を整えた四月十七日付『ル・モンド』は、一面トップに「ジャン＝ポール・サルトル死去」という大見出しを掲げ、「多数の証言により、哲学者にして作家の世界的評価が浮き彫りに」という中見出しのあと、「ジャン＝ポール・サルトルの逝去は、フランスに大きな感情の波を引き起こし、共和国大統領は『現代の最も偉大な知性の輝きの一つ』として讃えた」と伝えた。また同紙はこのほか、第一三、一四、一五、一六、一七、一八、二〇の七面全面をサルトル追悼にあて、最後の第二〇面では、独、伊、米、ベトナム、日本での「サルトル事情」を紹介した。日本の欄には「ほぼすべての作品を翻訳」と見出しが立てられ、講談社が世界の思想家八十人の全集〔『人類の知的遺産』全八十巻〕を組んだ際、ブッダやソクラテスと並んでサルトルが加わったと伝えた(40)。

同じくドイツの有力紙『フランクフルター・アルゲマイネ』は四月十七日付で、やはり第一面に「哲学者・作家のジャン＝ポール・サルトル死去」という見出しを立てて、「現代の最も重要な哲学者にして作家の一人」と評価したほか、第二五面でも「存在の思想家にして自由の作家」という見出しを立ててサルトルを追悼した。記事の冒頭には、「私は生き、私は書いた。思い残すことは何もない。自分の生に対して非難しうるようなことは何も知らない」という、「七〇歳の自画像」の独訳を掲げている。追悼文の下には、『嘔吐』『自由への道』『存在と無』『弁証法的理性批判』『家の馬鹿息子』をはじめとするサルトルの独訳書籍が、三十七点紹介されている(41)。

さらに『タイムズ』四月十七日付では、第七面に「フランスはジャン＝ポール・サルトルに敬意を表す」との見出しに続き、次のような記事が掲載された。「生前、ジャン＝ポール・サルトルは頑なにどんな名誉も拒否していたが、死にあたってフランスは、それをシャワーのように浴びせている」。「サルトルはフランス政府にとって永年の棘であったが、にもかかわらずジスカール＝デスタン大統領は、サルトルの思い出に対し賛辞をささげている」。「恐らくはド＝ゴール将軍こそが、サルトルに対し最も高い敬意を払った人間であったろう」と、反政府活動のかどで投獄されそうになったサルトルを、「ヴォルテールを逮捕するわけにはいかない」と却下したエピソードも紹介している。[42]

また日本の新聞では、『朝日新聞』が「行動する実存主義者／サルトル氏が死去」、『毎日新聞』が「『存在と無』の行動する知識人／サルトル氏死去」、『読売新聞』が「行動する〝実存主義の旗手〟／サルトル氏死去」、『日本経済新聞』も「サルトル氏死去」と見出しを立て、いずれも四月十六日付の夕刊第一面に写真入りで報じた。フランス内外に対するサルトル後期の政治的コミットが、人々に大きな印象を与えていたことが分かる。さらに各紙とも第一面のほか、文化面や社会面でもサルトル関連記事を組み、またその後も二度、三度にわたってサルトルの葬儀の模様や論評を掲載し、その後に現われる多くの雑誌の特集とともに、日本人の関心の深さを示した。

葬儀の日、四月十九日土曜、鉛色の空の下、花に覆われた車に先導され、サルトルの柩は霊柩車にのせられ、ボーヴォワール、その妹エレーヌ、サルトルの養女アルレットらが同乗し、二時に病院を出発した。サルトルの死を悼む五万余といわれる人々が、街路を埋め尽くしながらゆっくりとそれに従った。

男も女も老いも若きも、あらゆる人々を含んだ葬列は、パリ一四区を北上した。ばらばらな人間たちが蜜蜂のように蝟集した巨大な集団が、混乱もなく行進できたことについては、ジスカール＝デスタンの命による便宜があったようである。葬列はサルトルの愛した場所を次々と通り過ぎていった。モンパルナス大通りにさしかかった時、サルトルが『存在と無』や『自由への道』を執筆したレストラン・クーポールから、何人ものウェイターが外に出て来て、頭を垂れたという[43]。こうして三キロ余のゆっくりとした旅を経て、サルトルの柩は、エドガー・キネ通りの門から、モンパルナス墓地に入ったのである。

ジャン＝ポール・サルトルは死んだ。彼の後には、ペンタゴンのように、中心部から世界全体へ伸びる五つの巨大な山脈が残された。文学の山脈、哲学の山脈、評伝の山脈、演劇の山脈、そして評論の山脈。驚くべきは、それらどの山脈もが、人々の目を見張らせるだけの魁偉な姿で聳えていることであろう。たった一人の人間にこれだけのことができる――。

山塊中央の地下でたぎり続け、五つの山脈を通して世界全体に拡がっていったエネルギーは、「一切を知り尽くそう」という途方もない野望そのものであった。その試みが七十四年余の生の涯てに終了した時、世界は彼の全盛期に彼に対して脱いだその帽子を再び取り上げて振り、その栄誉を讃えたのである。

すべて……それこそわたし自身欲したものだ。もちろん、すべてに到達しはしない。けれどもすべてを欲すべきなのだ[44]。

あとがき

ドイツ軍の捕虜となった収容所の中で一九四〇年に書かれた『バリオナ』から、休暇先のローマで一九六四年に書かれた『トロイアの女たち』にいたる十指に余る演劇作品のうち、サルトル自身が最も気に入っていたものは、一九五一年、政治的孤立の中で書かれた『悪魔と神』だったという。この作品は、中世ドイツに材を取り、農民の一大反乱を指揮した男ゲッツが主人公である。ゲッツは世をすねた猛将であるが、人間には善は不可能であると聞き、神に挑戦するためにあえて善を選び、国内を平定して共産社会をつくる。しかし平和を愛し、非武装の民となった人々は、外国からの侵略にあい、皆殺しになってしまう。神がこの世にいないことに気づいたゲッツは一転、悪を選ぶ。自らの責任で手を汚し、血みどろの戦争を遂行するのである。

ここには神と競った男、神になろうとしたサルトルの姿が重なっている。一九四三年に出版された『存在と無』は、そのペシミスティックなトーンにもかかわらず、若きサルトルのエネルギーに満ち、人間とは神になろうとする存在であるというメッセージを持っている。それはまた、秘かに神と等しい存在であろうとした、三十八歳のサルトル自身の宣言ともなっている。――サルトルは神になれたのだろうか。そしてまた、サルトルの幼い日以来の「外部恐怖」は克服されたのだろうか。

成人したサルトルは、「外部恐怖」「世界恐怖」について語ることを好まなかった。しかし晩年にいたっても表出され続けた他者主観への強い嫌悪[1]は、まさに外部恐怖の痕跡である。また、「解放された社会でも吐き気こそが存在の味だ[2]」という証言もある。そればかりではない。『反逆は正しい』の中で、ヴィクトールに、『嘔吐』のニヒリズムにまだ固執しているのではないかと問い詰められ、はぐらかしていることなど[3]から考えても、幼い日の「世界恐怖」が密やかな形であったとしても、晩年まで持続したことは確かであろう。生涯にわたり、どれほど強力な知の照明を与え続けても、世界恐怖はなおその暗闇を明け渡しはしなかった。

末尾に引用した「すべて……それこそわたし自身欲したものだ。もちろん、すべてに到達しはしない。けれどもすべてを欲すべきなのだ[4]」という言葉は、七十歳のゲッツ、すなわちサルトルの告白である。しかしながら、たとえ神に「なれなかった」としても、「なろうとし続けた」ことは確かである。二十世紀の三分の一近くにわたる影響力行使の中で、サルトルのあげた業績は真に恐るべきものがある。あらゆる分野に越境し、あらゆる分野を総合しようとしたその全業は、眼の覚めるような衝撃を知の中心パリに与え、さらに世界各国に波及して行った。文学、哲学をはじめ、人文・社会科学のほとんどあらゆる分野にわたる知を自在に操り、人間と社会と歴史について考え抜き、知の一大帝国を築いた。

哲学分野では、いち早くドイツ現象学をフランスに導入し、『存在と無』によって実存主義ブームの中心となり、さらに社会的展望を持つ『弁証法的理性批判』を書く。サルトルの知的制覇なしには実存主義、構造主義、ポスト構造主義と、二十世紀半ばから末にまで及んだ、フランスの知的覇権はありえなかったであろう。

文学の分野では、哲学と完全に合体した小説『嘔吐』によって、二十世紀の主要な作家として名を残したが、それだけではない。一九二〇年代の世界文学の最先端を走っていたアメリカ作家たち、ヘミングウェイ、フォークナー、ドス＝パソスらの新しい文学手法をいち早くパリに紹介し、彼らを含めた二十世紀独特の時間と空間の芸術的処理を施した斬新な全体小説『自由への道』で、フランス最大の作家となる。また、政治参加というキーワードを文学界に持ち込むと同時に、アンチ・ロマンという新しい小説の流れも支援した。

このほか、演劇、評伝による人間研究、政治・文学批評、ジャーナリストとしての活動などが優れた業績として挙げられようが、とくに評伝の超大作『家の馬鹿息子』は、哲学・文学をはじめ、さまざまな人間科学のアプローチを駆使すれば、一個の人間は「完全に」理解し得る、ということを証明しようとした作品であり、全知の神への挑戦以外のものではありえなかった。

これまでたびたび言及してきたようにこの雄渾な精神は、その自己実現の過程で政治、組織、不和、果ては失明などという実にさまざまな障害に出会い、全知への夢をそのつど挫かれてきた。ただこの精神が凄まじいのは、それを推し進め続けたエネルギーだけではなく、どのような困難に際会し、またどれほど絶望的と見える状況にあろうと、そのつど「それでも、可能だ」と、白旗を掲げることを拒否し続けたことであろう。「それでも、可能だ」――この言葉こそが、ジャン＝ポール・サルトルの真骨頂であったろう。

サルトルの誕生から百八年、没後三十三年。サルトルのいない世界で私たちが迎えた二十一世紀は、サルトルの世紀にもまして、組織化と孤立化と破壊とが進み、人々は無力感の中で生を送っている。いまこそ、たった一人、独力で一切を考え抜き、自由を何よりも上位に位する価値として、どんな抑圧にも屈することを拒否したこの雄渾な精神を振り返り、「それでも、可能だ」と呟いてみるべきではないかと思うのである。

ジャン＝ポール・サルトル、それは真に驚くべき、活力に溢れた精神であった。

＊

なお最後に、一言だけ付け加えさせていただきたい。サルトル翻訳大国の日本ではあったが、入門書として数多く出版された新書版を別にすれば、サルトルの知と生の全貌を扱った単行本――日本人の手による研究書は、筆者の知る限り、いまだ現われていない。これはまことに不思議な、というより信じがたい現象であるというほかはない。

プロローグで述べたように、筆者が「朝西柾」名ですでに上梓した『サルトル　知の帝王の誕生』と本書とを併せれば、没後三分の一世紀を経て、ようやくサルトルの全体像を、日本の研究書として初めて提出できることとなるのではなかろうか。もちろんその評価は、本書をお読みくださる方々と、泉下のサルトル本人の声に耳を傾けるほかはないのであるが。

＊

本書がこのような形にまとまるまでには、多くの方々のお力添えを頂いた。本書のようなきわめて広範な事象を扱う場合、図書館には本当にさまざまな形で助けてもらった。東京都立中央図書館、新宿区立中央図書館、渋谷区立中央図書館などで、たくさんの資料が閲覧できたことを、施設と館員の方々に感謝したい。また鷲尾賢也さんは、いつも本書の執筆を励ましてくださり、脱稿時にもお読みくださって、貴重な助言を頂いた。トランスビューの中嶋廣さんには、本書の刊行を快諾して頂いたほか、たくさんの厳しいアドバイスも頂き、さらに、本書と同時刊行となる入門書、『サルトル、世界をつかむ言葉』の執筆もお薦めくださった。装丁家の高麗隆彦さんは身に余るすばらしいデザインで本書と先の入門書とを、ともに世に出してくださった。これらの方々に深く感謝したい。

最後になったが、図書館司書を長く務めてきた妻の千代は、資料の検索ほか、多くの手助けをしてくれた。執筆期間が長期にわたったこともあり、さまざまな迷惑をかけてしまったことと併せ、ここに心からの感謝を伝えたい。

二〇一三年四月十五日（サルトル没後三十三年）

東京・三鷹の寓居にて

渡部佳延

註

プロローグ

（1）朝吹登水子『サルトル、ボーヴォワールとの28日間――日本』（同朋舎出版、一九九五年）、『交通公社の時刻表』（日本交通公社、一九六六年九月号）による。

（2）加藤周一編『サルトル』講談社、一九八四年、二一二頁。

（3）シモーヌ・ド・ボーヴォワール『別れの儀式』（朝吹三吉・二宮フサ・海老坂武訳、人文書院、一九八三年、一八二頁）に次のような一節がある。

「〔ボーヴォワール〕――……《ぼくはスピノザであると同時にスタンダールでありたい》とあなたは私に言った。……

サルトル――……ぼくが信じていた哲学、ぼくが獲得するであろう真実が、ぼくの小説の中に表現されることを望んでいたんだ」

また、『奇妙な戦争』（海老坂武・石崎晴己・西永良成訳、人文書院、一九八八年、二九七―二九八頁）の以下の一節も参照。

「私が所有したいと願うのは世界なのだが、……私は認識としてそれを所有することを願う。……私にとって認識は、我有化といってもよい魔術的な意味を持っており、知るとは自分のものにすることなのだ。……このような所有とは本質的に、文章によって世界の意味を摑まえることであるのだが、それには形而上学だけでは充分でないのだ。芸術もまた必要である。……意味を把えるのは、その把える事物が、私によって創られそれ自体で存在する物たる美的な文章という事物を介してでなければならない」

第一章

（1）『女たちへの手紙――サルトル書簡集　I』朝吹三吉・二宮フサ・海老坂武訳、人文書院、一九八五年、二八二頁。
（2）同書、二八五―二八六頁。
（3）「ポール・ニザン」鈴木道彦訳、『シチュアシオン　IV』人文書院、一九六四年、一四九頁。
（4）Annie Cohen-Solal. *Sartre 1905–1980*, Gallimard, 1985, folio, 1989, p. 141.
（5）「ポール・ニザン」、一四九頁。
（6）シモーヌ・ド・ボーヴォワール『女ざかり　下』朝吹登水子・二宮フサ訳、紀伊國屋書店、一九六三年、六一―六三頁。
（7）ウィリアム・シャイラー『第三帝国の興亡　3――第二次世界大戦』井上勇訳、東京創元社、一九六一年、二八〇―二八一頁。
（8）『ボーヴォワール戦中日記』西陽子訳、人文書院、一九九三年、二四五―二四六頁。
（9）『第三帝国の興亡　3』、二八七頁。
（10）同書、二八七頁。
（11）『ボーヴォワール戦中日記』、二二四頁。
（12）『奇妙な戦争』海老坂武・石崎晴己・西永良成訳、人文書院、一九八五年、二六五頁。
（13）『ボーヴォワールへの手紙――サルトル書簡集　II』二宮フサ・海老坂武・西永良成訳、人文書院、一九八八年、三二頁。
（14）『ボーヴォワールへの手紙』、一〇二頁。
（15）『奇妙な戦争』、三〇頁。
（16）同書、二六五―二六六頁。
（17）『ボーヴォワール戦中日記』、一一四頁。
（18）『奇妙な戦争』、一一四―一一五頁。

(19) 同書、一一七—一一八頁。
(20) デイヴィッド・アーヴィング『ヒトラーの戦争　上』赤羽龍夫訳、早川書房、一九八三年、七〇頁。
(21)『第三帝国の興亡　3』、二八九頁。
(22)『ボーヴォワールへの手紙』、二四頁。
(23) 同書、九頁。
(24) 同書、二五頁。
(25) 同書、九三頁による。
(26)『奇妙な戦争』、一五四頁。
(27)『ヒトラーの戦争　上』、一六三頁。
(28) 同書、一七一頁。
(29) *Lettres au Castor et à quelques autres, tome II*, Gallimard, 1983, p. 218.
(30)『女ざかり　下』、六七頁。
(31) *Lettres au Castor et à quelques autres, tome II*, p. 280.
(32) *Ibid.*, p. 221.
(33) *Ibid.*, pp. 227–228.
(34) *Ibid.*, pp. 232–233.
(35) *Ibid.*, p. 236.
(36) *Ibid.*, p. 250.
(37) *Ibid.*, p. 250.
(38) *Ibid.*, pp. 258–259.
(39) Michel Contat et Michel Rybalka, *Les Écrits de Sartre*, Gallimard, 1970, pp. 639–640.
(40) *Ibid*, p. 640.
(41) *Ibid*, p. 642.

(42) *Ibid*, p. 645.
(43) *Lettres au Castor et à quelques autres, tome II*, p. 281.
(44) *Ibid*, p. 282.
(45) シモーヌ・ド・ボーヴォワール『別れの儀式』朝吹三吉・二宮フサ・海老坂武訳、人文書院、一九八三年、二三六頁。
(46) 椎名麟三「重き流れのなかに」、『椎名麟三全集　1』冬樹社、一九七〇年、五一頁。
(47) 「重き流れのなかに」、一〇一頁。
(48) 大岡昇平「俘虜記」、『大岡昇平全集　2』筑摩書房、一九九四年、一九頁。
(49) 同書、二二頁。
(50) 「ポール・ニザン」、一四九頁。
(51) 『自由への道　第二部』(『猶予』) 佐藤朔・白井浩司訳、人文書院、一九五一年、二七七頁。
(52) 同書、二七八頁。
(53) 『別れの儀式』、四七九—四八〇頁。
(54) *Œuvres romanesques*, Gallimard, 1981, p. LIV.
(55) 『別れの儀式』、四七八—四七九頁。

第二章

(1) シモーヌ・ド・ボーヴォワール『女ざかり　下』朝吹登水子・二宮フサ訳、紀伊國屋書店、一九六三年、一〇四頁。
(2) 同書、八二頁。
(3) 同書、九八頁。
(4) 同書、一〇八頁。

(5) 同書、一〇八―一〇九頁。
(6) 同書、一〇八頁。
(7) 同書、一〇九―一一〇頁。
(8) シモーヌ・ド・ボーヴォワール『別れの儀式』朝吹三吉・二宮フサ・海老坂武訳、人文書院、一九八三年、四八一頁。
(9)『女ざかり　下』、一〇九頁。
(10)『別れの儀式』、四八一頁。
(11) 同書、四八二頁。
(12) 同書、四三九―四四〇頁。
(13) 同書、四八三頁。
(14)『女ざかり　下』、一一一頁。
(15) 同書、一一一頁。
(16) 同書、一一三頁。
(17)『ジッドの日記　V』新庄嘉章訳、日本図書センター、二〇〇三年、七四―七五頁。
(18)『女ざかり　下』、一一三―一一四頁。
(19) 同書、一一七頁。
(20) 同書、一一七頁。
(21)『蝿』加藤道夫訳、『恭しき娼婦』人文書院、一九五二年、三三頁。
(22)『女ざかり　下』、九六頁。
(23)『蝿』、四九頁。
(24)『存在と無　I』松浪信三郎訳、人文書院、一九五六年、一一〇頁。
(25) 同書、一九一頁。
(26) 同書、三二五頁。

(27)『存在と無　Ⅲ』松浪信三郎訳、人文書院、一九六〇年、一四頁。
(28)同書、一一三頁。
(29)『女ざかり　下』、一七八頁。
(30)同書、一七八頁。
(31)『別れの儀式』、四八四頁。
(32)『女ざかり　下』、一五九頁。
(33)同書、一六〇頁。
(34)同書、一八五頁。
(35)同書、二一五頁。
(36)*Œuvres romanesques*, Gallimard, 1981, p. LIV.
(37)『別れの儀式』、四四二―四四三頁。
(38)ベルナール＝アンリ・レヴィ『サルトルの世紀』石崎晴己監訳、藤原書店、二〇〇五年、七二四頁。
(39)シモーヌ・ド・ボーヴォワール『或る戦後　上』朝吹登水子・二宮フサ訳、紀伊國屋書店、一九六五年、一二頁。
(40)『別れの儀式』、四八三頁。
(41)『或る戦後　上』、二四頁。
(42)同書、四〇頁。
(43)『ドゴール大戦回顧録　Ⅰ』村上光彦訳、みすず書房、一九六〇年、八五頁。
(44)『或る戦後　上』、二三頁。
(45)『別れの儀式』、三〇〇―三〇一頁。
(46)『或る戦後　上』、四〇頁。
(47)「植民地的都市ニューヨーク」吉村正一郎訳、『シチュアシオン　Ⅲ』人文書院、一九六四年、八二頁。

第三章

（1）『講談社大百科事典』（一九七七年）による。

（2）Annie Cohen-Solal, *Sartre 1905–1980*, Gallimard, 1985, folio, 1989, pp. 425–426.

（3）作品の長さを比較することは、実は難しい。現在では、パソコンのワープロ・ソフトで入力すれば、文字数が表示される。

　しかし、従来の海外の著作では、一語一語語数を数える習慣はなく、ふつうは頁数を使って「七〇〇頁の大著」などと言う。ただ現実には書物ごとに判型などの違いがあり、近似値としても比較しにくい。

　この点日本の著作では、一頁は何文字×何行という見えないグリッドが備わっており、一マスに一文字が入るため、概算ではあるが総文字量が簡単に割り出せる。文字量はふつう四〇〇字詰原稿用紙の枚数で示されるが、本書でも各々の書の邦訳同士を比較することで可能になると考え、四〇〇字詰枚数で表示した。

　もちろん訳者の個人差により長さが変わるのは当然であるが、例えば『源氏物語』の現代語訳で与謝野晶子と谷崎潤一郎の仕事を比べてみると、与謝野訳で約三四〇〇枚、谷崎訳で約三五〇〇枚。文体にかなり差のあるこの二人で誤差の範囲に収まるため、邦訳同士を比べて大過がないと判断した。

　なお、各々の作品の文字量は、何文字×何行で頁当たりの文字数を出し、これに本文頁数（本文の始まる頁から終わる頁まで。原注は含めた）を掛けて計算している。本書で使用したサルトルのテクストは、人文書院版サルトル全集を中心とした、本書巻末の参考文献に掲げたものである。

　ここでは、邦訳『存在と無　Ⅰ』は四〇〇字詰原稿用紙で一〇五六枚、同じく『Ⅱ』は九四三枚、『Ⅲ』は八七九枚、合計二八七八枚となる。本書では、以下同様に算出した。

（4）季刊『考える人』新潮社、二〇〇八年春号。

（5）シモーヌ・ド・ボーヴォワール『或る戦後　上』朝吹登水子・二宮フサ訳、紀伊國屋書店、一九六五年、四八頁。

（6）同書、四八頁。

（7）同書、五二頁。
（8）『講談社大百科事典』（一九七七年）による。
（9）『講談社大百科事典』（一九七七年）による。
（10）『実存主義とは何か』伊吹武彦訳、人文書院、一九五五年、一七頁。
（11）『存在と無　Ⅱ』松浪信三郎訳、人文書院、一九五八年、八九頁。
（12）同書、一七一―一七二頁。
（13）篠原資明『ドゥルーズ』講談社、一九七七年、二八―二九頁。
（14）「自伝的な〝言葉〟」生方淳子・港道隆訳、『現代思想』一九八七年七月号、六〇頁。
（15）同書、六五頁。
（16）*Sartre 1905–1980*, pp. 434–435.
（17）『実存主義とは何か』、一八頁。
（18）シモーヌ・ド・ボーヴォワール『或る戦後　上』朝吹登水子・二宮フサ訳、紀伊國屋書店、一九六五年、四九頁。
（19）同書、五〇頁。
（20）同書、一〇三頁。
（21）シモーヌ・ド・ボーヴォワール『女ざかり　下』朝吹登水子・二宮フサ訳、紀伊國屋書店、一九六三年、一八五頁。
（22）『或る戦後　上』、二二〇頁。
（23）同書、五七―五八頁。
（24）『文学とは何か』加藤周一・白井健三郎訳、『シチュアシオン　Ⅱ』人文書院、一九六四年、一八四頁。
（25）「『レ・タン・モデルヌ』創刊の辞」伊吹武彦訳、『シチュアシオン　Ⅱ』人文書院、一九六四年、七頁。
（26）同書、七頁。
（27）同書、一七頁。

(28) 同書、二〇頁。
(29)『文学とは何か』、『シチュアシオン　Ⅱ』、二三五頁。
(30)「『レ・タン・モデルヌ』創刊の辞」、『シチュアシオン　Ⅱ』、一〇頁。
(31) 同書、九頁。
(32)『文学界』一九五一年九月号、小林秀雄・大岡昇平による対談「現代文学とは何か」。
(33) ここで使用した邦訳テクストは次の通り。
カント『純粋理性批判』篠田秀雄訳、岩波文庫、一九六一―一九六二年
ヘーゲル『精神現象学』樫山欽四郎訳、河出書房新社、一九六六年
ハイデガー『存在と時間』原佑・渡辺二郎訳、中央公論社、一九七一年
(34) ここで使用したテクストは次の通り。
『源氏物語　上・下』与謝野晶子現代語訳、河出書房新社、一九六七年
『戦争と平和　Ⅰ・Ⅱ・Ⅲ』中村白葉訳、河出書房、一九六二年
(35)『奇妙な戦争』海老坂武・石崎晴己・西永良成訳、人文書院、一九八五年、三七九頁。

第四章

(1)「大戦の終末」渡辺一夫訳、『シチュアシオン　Ⅲ』人文書院、一九六四年、四三頁。
(2) 同書、四五頁。
(3) 同書、四七頁。
(4) シモーヌ・ド・ボーヴォワール『或る戦後　上』朝吹登水子・二宮フサ訳、紀伊國屋書店、一九六五年、三七頁。
(5)『奇妙な戦争』海老坂武・石崎晴己・西永良成訳、人文書院、一九八五年、二一七―二一八頁。
(6)『或る戦後　上』、一〇頁。

（7）同書、一二頁。
（8）『文学とは何か』加藤周一・白井健三郎訳、『シチュアシオン　Ⅱ』人文書院、一九六四年、四七頁。
（9）Edgar Morin, *Autocritique*, 1959, p. 77、海原峻『フランス共産党史』（河出書房新社、一九六七年、一一六―一一七頁）による引用。
（10）『図書』岩波書店、二〇一〇年一月号。
（11）『レーモン・アロン回想録　1』三保元訳、みすず書房、一九九九年、二一一頁。
（12）『或る戦後　上』、一〇三―一〇四頁。
（13）『レイモン・アロン選集　3　知識人とマルキシズム』小谷秀二郎訳、荒地出版社、一九七〇年、三頁。
（14）『文学とは何か』、『シチュアシオン　Ⅱ』、一三五頁。
（15）Annie Cohen-Solal, *Sartre 1905–1980*, Gallimard, 1985, folio, 1989, p. 527.
（16）「文学の国営化」白井浩司訳、『シチュアシオン　Ⅱ』、三二―三三頁。
（17）『方法の問題』平井啓之訳、人文書院、一九六二年、一〇四頁。
（18）マルクス「フォイエルバッハにかんするテーゼ」、エンゲルス『フォイエルバッハ論』松村一人訳、岩波文庫、一九六〇年、九〇頁。
（19）『方法の問題』、一〇八頁。
（20）同書、一七七頁。
（21）同書、三〇頁。
（22）同書、三〇頁。
（23）『弁証法的理性批判　Ⅰ』竹内芳郎・矢内原伊作訳、人文書院、一九六二年、一四二頁。
（24）同書、二一一頁。
（25）同書、二一六頁。
（26）同書、三〇五頁。
（27）『存在と無　Ⅱ』松浪信三郎訳、人文書院、一九五八年、八八頁。

(28) 同書、八七—八八頁。
(29) 同書、四六〇頁。
(30) *Cahiers pour une morale*, Gallimard, 1983, p. 487.
(31) 『弁証法的理性批判　I』、一二九頁。
(32) 同書、一三五頁。
(33) 同書、一三六頁。
(34) シモーヌ・ド・ボーヴォワール『別れの儀式』朝吹三吉・二宮フサ・海老坂武訳、人文書院、一九八三年、三六四頁。
(35) 同書、三六一—三六二頁。
(36) 『奇妙な戦争』、二九七頁。
(37) 『方法の問題』、三〇頁。
(38) 同書、一〇四頁。
(39) 『弁証法的理性批判　I』、二一一頁。
(40) 『弁証法的理性批判　II』平井啓之・森本和夫訳、人文書院、一九六五年、四八—四九頁。
(41) *Cahiers pour une morale*, p. 31.
(42) *Ibid.*, p. 67.
(43) 『弁証法的理性批判　I』、一四頁。
(44) 『別れの儀式』、二二三頁。
(45) 『弁証法的理性批判　III』平井啓之・足立和浩訳、人文書院、一九七三年、二七七—二七八頁。
(46) ベルナール＝アンリ・レヴィ『サルトルの世紀』石崎晴己監訳、藤原書店、二〇〇五年、一五頁。

第五章

（1）「サルトル、サルトルを語る」平井啓之訳、『シチュアシオン　IX』人文書院、一九七四年、九七頁。
（2）『存在と無　II』松浪信三郎訳、人文書院、一九五八年、八八頁。
（3）『弁証法的理性批判　I』竹内芳郎・矢内原伊作訳、人文書院、一九六二年、一五一—一五三頁。
（4）シモーヌ・ド・ボーヴォワール『別れの儀式』朝吹三吉・二宮フサ・海老坂武訳、人文書院、一九八三年、三六一—三六二頁。
（5）同書、一五頁。
（6）『ボードレール』佐藤朔訳、人文書院、一九五六年、八頁。
（7）『別れの儀式』、三四四—三四五頁。
（8）『聖ジュネ　I』白井浩司・平井啓之訳、人文書院、一九六六年、一二頁。
（9）同書、三〇頁。
（10）『言葉』白井浩司・永井旦訳、人文書院、一九六七年、六一頁。
（11）『聖ジュネ　I』、六七頁。
（12）同書、六七頁。
（13）同書、三五六頁。
（14）『聖ジュネ　II』白井浩司・平井啓之訳、人文書院、一九六六年、六〇頁。
（15）同書、二七九頁。
（16）同書、三〇一頁。
（17）「サルトル、サルトルを語る」、『シチュアシオン　IX』、八四頁。
（18）『フロイト〈シナリオ〉』西永良成訳、人文書院、一九八七年。
（19）同書、ix頁。
（20）『マラルメ論』渡辺守章・平井啓之訳、ちくま学芸文庫、一九九九年、一九五頁。
（21）「作家の声」海老坂武訳、『シチュアシオン　IX』、一二頁。

(22)『マラルメ論』、一六頁。
(23)同書、三一―三二頁。
(24)同書、三二頁。
(25)「蒼空」鈴木信太郎訳、『筑摩世界文学大系　48　マラルメ　ヴェルレーヌ　ランボオ』一九七四年、一二頁。
(26)「海の微風」鈴木信太郎訳、同書、一二頁、但し新字に直した。
(27)『マラルメ論』、一八二頁。
(28)同書、二六三頁。
(29)同書、二六六頁。
(30)同書、二六八頁。
(31)「『うちの馬鹿』について」海老坂武訳、『シチュアシオン　X』人文書院、一九七七年、八八頁。
(32)『言葉』、三八頁。
(33)同書、一一〇頁。
(34)「サルトル、サルトルを語る」、『シチュアシオン　IX』。
(35)『家の馬鹿息子　1』平井啓之・鈴木道彦・海老坂武・蓮實重彦訳、人文書院、一九八二年、六頁。
(36)同書、九頁。
(37)同書、一三頁。
(38)*L'Idiot de la famille, tome II*, Gallimard, 1971, p. 1781.
(39)「『うちの馬鹿』について」、『シチュアシオン　X』、一〇〇頁。
(40)『家の馬鹿息子　2』平井啓之・鈴木道彦・海老坂武・蓮實重彦訳、人文書院、一九八九年、二五頁。
(41)『家の馬鹿息子　1』、一四六頁。
(42)「『うちの馬鹿』について」、『シチュアシオン　X』、九〇頁。
(43)「サルトル、サルトルを語る」、『シチュアシオン　IX』、八九頁。

第六章

(1)シモーヌ・ド・ボーヴォワール『別れの儀式』朝吹三吉・二宮フサ・海老坂武訳、人文書院、一九八三年、四八九頁。
(2)シモーヌ・ド・ボーヴォワール『或る戦後 下』朝吹登水子・二宮フサ訳、紀伊國屋書店、一九六五年、六八頁。
(3)「植民地主義は一つの体制である」多田道太郎訳、『シチュアシオン V』人文書院、一九六五年、二二頁。
(4)『或る戦後 下』、九五頁。
(5)「『みなさんは素晴らしい』」二宮敬訳、『シチュアシオン V』、四九―五〇頁。
(6)『或る戦後 下』、六八頁。
(7)同書、二七五頁。
(8)Annie Cohen-Solal. *Sartre 1905–1980*, Gallimard, 1985, folio, 1989, p. 694.
(9)『奇妙な戦争』海老坂武・石崎晴己・西永良成訳、人文書院、一九八五年、三七九頁。
(10)『或る戦後 下』、三七〇頁。
(11)『弁証法的理性批判 I』竹内芳郎・矢内原伊作訳、人文書院、一九六二年、一四五頁。
(12)同書、一四五頁。
(13)『サルトルと構造主義』平井啓之訳、竹内書店、一九六八年(『アルク』誌三〇号「サルトル特集号」を翻訳したもの)、二二二頁。
(14)同書、九頁。
(15)同書、九―一〇頁。
(16)同書、二三三頁。
(17)同書、二三五頁。

(18)「レイモン・アロンの城塞」三保元訳、『シチュアシオン　Ⅷ』人文書院、一九七四年、一三一頁。
(19) 同書、一二八頁。
(20) *Sartre 1905–1980*, p. 768.
(21)「レイモン・アロンの城塞」、『シチュアシオン　Ⅷ』、一三六頁。
(22)「一九六八年五月の新しい思想」三保元訳、『シチュアシオン　Ⅷ』、一四六―一四七頁。
(23)『別れの儀式』、三七―三八頁。
(24)「共産党員は革命を怖れる」鈴木道彦訳、『シチュアシオン　Ⅷ』、一六一頁。
(25) 同書、一六一頁。
(26) *Sartre 1905–1980*, p. 802.
(27)『別れの儀式』、五八頁。
(28) 同書、六六―六七頁。
(29)「七〇歳の自画像」海老坂武訳、『シチュアシオン　Ⅹ』、人文書院、一九七七年、一二五―一二六頁。
(30)『別れの儀式』、八三頁。
(31) 同書、八三頁。
(32) 同書、九五―九六頁。
(33) 同書、四六二頁。
(34) サルトル・ガヴィ・ヴィクトール『反逆は正しい　Ⅰ』鈴木道彦・海老坂武訳、人文書院、一九七五年、一三頁。
(35)『反逆は正しい　Ⅰ』、七八頁。
(36) サルトル・レヴィ「いま希望とは〈1〉」海老坂武訳、『朝日ジャーナル』一九八〇年四月一八日号、一一頁。
(37) サルトル・レヴィ「いま希望とは〈3〉」海老坂武訳、『朝日ジャーナル』一九八〇年五月二日号、三四頁。
(38)「いま希望とは〈3〉」、『朝日ジャーナル』一九八〇年五月二日号、三四頁。

（39）『別れの儀式』、一五三―一五四頁。
（40）*Le Monde*, 17 avril 1980.
（41）*Frankfurter Allgemeine*, 17. April 1980.
（42）*The Times*, April 17 1980.
（43）*Sartre 1905–1980*, p. 864.
（44）「七〇歳の自画像」、『シチュアシオン　X』、一八〇頁。

あとがき

（1）ボーヴォワール『別れの儀式』には、一九七四年八―九月に行なわれたサルトルとの対話が掲載されている。この時サルトルは六十九歳であったが、彼自身による次のような証言がある。本書中にすでに引用しているが、再掲する。

「他者の主体［観］性との接触を、ぼくは最小限にとどめたいんだ。……何よりもぼくは他者の主観［体］性というものがあまり好きじゃないんだ」（『別れの儀式』朝吹三吉・二宮フサ・海老坂武訳、三六一―三六二頁）

（2）一九七二年、ミッシェル・コンタおよびミッシェル・リバルカとの対談の中で、この年六十七歳のサルトルは次のように述べる。

「吐き気、ぼくはそれこそが人間にとっての存在の味だし、ある意味でそれは常にそうだろう、全的に解放された社会においても同様だろうと思うのだ」（*Œuvres romanesques*, Gallimard, 1981, p. 1669.）

（3）一九七五年に出版された『反逆は正しい　I』（鈴木道彦・海老坂武訳）の中で、ピエール・ヴィクトールと七十歳のサルトルの間に、次のようなやりとりがある。

「ヴィクトール――いつだったか、きみはぼくをぎょっとさせることを言ったことがある。革命は可能だが、おそらくそこからは、せいぜい今より少しばかり卑しくない社会が生れるくらいだろう、と。きみは依然として『嘔吐』に固執しつづけているのだろうか。

サルトル――そのことなら、それはまた別の問題だ。その話にはあとでふれるだろう」(『反逆は正しいI』、八五―八六頁)

しかし当然ながら、サルトルがこの話に再び触れることはなかった。

(4)「七〇歳の自画像」海老坂武訳、『シチュアシオン　X』、人文書院、一九七七年、一八〇頁。

主要参考文献 Ⅰ

一、二〇世紀の知の世界を駆け巡ったサルトルの活動範囲の広さに従って、筆者の参考にした文献も広範囲なものにならざるを得なかった。本書執筆中、最も頻繁に参考にした文献は、平凡社『世界大百科事典』（初版一九八八年）、小学館『日本大百科全書』（同一九八四年）、『講談社大百科事典』（同一九七七年）、ティビーエス・ブリタニカ『ブリタニカ国際大百科事典』（同一九九五年）などの事辞典類かもしれない。

一、参考にした文献すべてを取り上げることはできないので、主要なもののみにとどめたが、挙げきれなかった多くの著作、その著者の方々、版元の方々に心から厚く御礼を申し上げたい。なお、文献の刊行年は、初版出版年で統一し、同一タイトルのものはまとめながら、原則として刊行年順に並べてある。

一、サルトルの没後三十年余を経過した今日、新訳が刊行されている文献もあるが、本書においては、人文書院版サルトル全集を中心とした筆者の手沢本で統一した。

一、日本は、世界唯一の「サルトル全集」を持つ、サルトル翻訳大国である。サルトルの文献の多くが翻訳されている。本書では、翻訳のある文献については基本的にその訳文を引用させていただいた。訳者の方々のご苦心を想い、深く感謝したい。

●サルトルの著作

〈人文書院版サルトル全集〉

『壁』伊吹武彦他訳、一九五〇年

『嘔吐』白井浩司訳、一九五一年

『自由への道　第一部』（『分別ざかり』）佐藤朔・白井浩司訳、一九五〇年

『自由への道　第二部』（『猶予』）佐藤朔・白井浩司訳、一九五一年

『自由への道　第三部・第四部（断片）』（『魂の中の死・最後の機会（断片）』）佐藤朔・白井浩司訳、一九五二

年

＊

『実存主義とは何か』伊吹武彦訳、一九五五年
『哲学論文集』平井啓之・竹内芳郎訳、一九五七年
『想像力の問題』平井啓之訳、一九五五年
『存在と無　I』松浪信三郎訳、一九五六年
『存在と無　II』松浪信三郎訳、一九五八年
『存在と無　III』松浪信三郎訳、一九六〇年
『方法の問題』平井啓之訳、一九六二年
『弁証法的理性批判　I』竹内芳郎・矢内原伊作訳、一九六二年
『弁証法的理性批判　II』平井啓之・森本和夫訳、一九六五年
『弁証法的理性批判　III』平井啓之・足立和浩訳、一九七三年

＊

『汚れた手』白井浩司・鈴木力衛訳、一九五二年
『恭しき娼婦』伊吹武彦他訳、一九五二年
『悪魔と神』生島遼一訳、一九五二年
『狂気と天才』鈴木力衛訳、一九五六年
『ネクラソフ』淡徳三郎訳、一九五六年
『賭けはなされた』福永武彦・中村真一郎訳、一九五七年
『アルトナの幽閉者』永戸多喜雄訳、一九六一年
『トロイアの女たち』芥川比呂志訳、一九六六年

＊

『シチュアシオン　I』佐藤朔他訳、一九六五年

『シチュアシオン Ⅱ』加藤周一他訳、一九六四年
『シチュアシオン Ⅲ』佐藤朔他訳、一九六四年
『シチュアシオン Ⅳ』佐藤朔他訳、一九六四年
『シチュアシオン Ⅴ』白井健三郎他訳、一九六五年
『シチュアシオン Ⅵ』白井健三郎他訳、一九六六年
『シチュアシオン Ⅶ』白井浩司他訳、一九六六年
『シチュアシオン Ⅷ』鈴木道彦他訳、一九七四年
『シチュアシオン Ⅸ』鈴木道彦他訳、一九七四年
『シチュアシオン Ⅹ』鈴木道彦・海老坂武訳、一九七七年

＊

『ボードレール』佐藤朔訳、一九五六年
『聖ジュネ Ⅰ』白井浩司・平井啓之訳、一九六六年
『聖ジュネ Ⅱ』白井浩司・平井啓之訳、一九六六年
『言葉』白井浩司・永井旦訳、一九六四年

〈その他〉
『ユダヤ人』安堂信也訳、岩波書店、一九五六年
『家の馬鹿息子 1』平井啓之・鈴木道彦・海老坂武・蓮實重彥訳、人文書院、一九八二年
『家の馬鹿息子 2』平井啓之・鈴木道彦・海老坂武・蓮實重彥訳、人文書院、一九八九年
『家の馬鹿息子 3』平井啓之・鈴木道彦・海老坂武・蓮實重彥訳、人文書院、二〇〇六年
『奇妙な戦争』海老坂武・石崎晴己・西永良成訳、人文書院、一九八五年
『女たちへの手紙──サルトル書簡集 Ⅰ』朝吹三吉・二宮フサ・海老坂武訳、人文書院、一九八五年
『ボーヴォワールへの手紙──サルトル書簡集 Ⅱ』二宮フサ・海老坂武・西永良成訳、人文書院、一九八八年

『フロイト〈シナリオ〉』西永良成訳、人文書院、一九八七年
『マラルメ論』渡辺守章・平井啓之訳、筑摩書房、一九九九年
『真理と実存』澤田直訳、人文書院、二〇〇〇年

*

L'Être et le Néant, Gallimard, 1943
L'Existentialisme est un humanisme, Nagel, 1946
Situations, II, Gallimard, 1948
Situations, X, Gallimard, 1976
Critique de la Raison dialectique, tome I, Gallimard, 1960
Critique de la Raison dialectique, tome II, Gallimard, 1985
Michel Contat et Michel Rybalka, *Les Écrits de Sartre*, Gallimard,1970
L'Idiot de la famille, tome I, Gallimard, 1971
L'Idiot de la famille, tome II, Gallimard, 1971
L'Idiot de la famille, tome III, Gallimard, 1972
Œvres romanesques, Bibliothèque de la Pléiade, Gallimard, 1981
Cahiers pour une morale, Gallimard,1983
Lettres au Castor et à quelques autres, tome II, Gallimard, 1983
Les carnets de la drôle de guerre, Gallimard, 1983
Écrits de Jeunesse, Gallimard, 1990
Théâtre complet, Bibliothèque de la Pléiade, Gallimard, 2005
Les Mots et autres écrits autobiographiques, Bibliothèque de la Pléiade, Gallimard, 2010

●研究書／証言／対話

中村真一郎『現代小説の世界──西欧二〇世紀の方法』講談社、一九六九年
鈴木道彦・海老坂武・浦野衣子『綜合著作年表　サルトルとその時代』人文書院、一九七一年
加藤周一編『サルトル』講談社、一九八四年
アンナ・ボスケッティ『知識人の覇権──20世紀フランス文化界とサルトル』石崎晴己監訳、新評論、一九八七年
西永良成『サルトルの晩年』中央公論社、一九八八年
澤田直『〈呼びかけ〉の経験──サルトルのモラル論』人文書院、二〇〇二年
ベルナール＝アンリ・レヴィ『サルトルの世紀』石崎晴己監訳、藤原書店、二〇〇五年
海老坂武『サルトル──「人間」の思想の可能性』岩波書店、二〇〇五年
梅木達郎『サルトル──失われた直接性を求めて』日本放送出版協会、二〇〇六年
アニー・コーエン＝ソラル『サルトル』石崎晴己訳、白水社、二〇〇六年

＊

Geneviève Idt, *La Nausée*, Hatier, 1971
Annie Cohen-Solal, *Sartre 1905–1980*, Gallimard, 1985, folio, 1989
John Gerassi, *Jean-Paul Sartre:hated conscience of his century*, The University of Chicago Press, 1989

＊

シモーヌ・ド・ボーヴォワール『娘時代』朝吹登水子訳、紀伊國屋書店、一九六一年
シモーヌ・ド・ボーヴォワール『女ざかり　上』朝吹登水子・二宮フサ訳、紀伊國屋書店、一九六三年
シモーヌ・ド・ボーヴォワール『女ざかり　下』朝吹登水子・二宮フサ訳、紀伊國屋書店、一九六三年
シモーヌ・ド・ボーヴォワール『或る戦後　上』朝吹登水子・二宮フサ訳、紀伊國屋書店、一九六五年
シモーヌ・ド・ボーヴォワール『或る戦後　下』朝吹登水子・二宮フサ訳、紀伊國屋書店、一九六五年
シモーヌ・ド・ボーヴォワール『決算の時　上』朝吹三吉・二宮フサ訳、紀伊國屋書店、一九七三年

シモーヌ・ド・ボーヴォワール『決算の時　下』朝吹三吉・二宮フサ訳、紀伊國屋書店、一九七四年

シモーヌ・ド・ボーヴォワール『別れの儀式』朝吹三吉・二宮フサ・海老坂武訳、人文書院、一九八三年

朝吹登水子『わが友サルトル、ボーヴォワール』読売新聞社、一九九一年

シモーヌ・ド・ボーヴォワール『ボーヴォワール戦中日記』西陽子訳、人文書院、一九九三年

朝吹登水子『サルトル、ボーヴォワールとの28日間——日本』同朋舎出版、一九九五年

サルトル・パンゴー他『サルトルと構造主義』平井啓之訳、竹内書店、一九六八年

サルトル・ガヴィ・ヴィクトール『反逆は正しい　I——自由についての討論』鈴木道彦・海老坂武訳、人文書院、一九七五年

サルトル・ガヴィ・ヴィクトール『反逆は正しい　II——自由についての討論』海老坂武・山本顕一訳、人文書院、一九七五年

サルトル・レヴィ「いま希望とは」（『朝日ジャーナル』一九八〇年四月十八日、四月二十五日、五月二日号）海老坂武訳、朝日新聞社

*

Simone de Beauvoir, *La force de l'âge*, Gallimard, 1960

Simone de Beauvoir, *La cérémonie des adieux*, Gallimard, 1981

John Gerassi, *Talking with Sartre: conversations and debates*, Yale University, 2009

主要参考文献　II

『ドゴール大戦回顧録　I』村上光彦訳、みすず書房、一九六〇年

フリードリヒ・エンゲルス『フォイエルバッハ論』松村一人訳、岩波文庫、一九六〇年

ウィリアム・シャイラー『第三帝国の興亡　3――第二次世界大戦』井上勇訳、東京創元社、一九六一年
海原峻『フランス共産党史』現代の理論社、一九六七年
『椎名麟三全集　1』冬樹社、一九七〇年
『レイモン・アロン選集　3　知識人とマルキシズム』小谷秀二郎訳、荒地出版社、一九七〇年
『レイモン・アロン回想録　1――政治の誘惑』三保元訳、みすず書房、一九九九年
『レイモン・アロン回想録　2――知識人としての歳月』三保元訳、みすず書房、一九九九年
『筑摩世界文学大系　48　マラルメ　ヴェルレーヌ　ランボオ』鈴木信太郎他訳、一九七四年
クロード・レヴィ＝ストロース『野生の思考』大橋保夫訳、みすず書房、一九七六年
デイヴィッド・アーヴィング『ヒトラーの戦争　上』赤羽龍夫訳、早川書房、一九八三年
『大岡昇平全集　2』筑摩書房、一九九四年
篠原資明『ドゥルーズ』講談社、一九九七年
グザヴィエ・ヤコノ『フランス植民地帝国の歴史』平野千果子訳、白水社、一九九八年
フランソワ・ドッス『構造主義の歴史　上――記号の沃野一九四五～一九六六年』清水正・佐山一訳、国文社、一九九九年
フランソワ・ドッス『構造主義の歴史　下――白鳥の歌一九六七～一九九二年』清水正・佐山一訳、国文社、一九九九年
平野千果子『フランス植民地主義の歴史――奴隷制廃止から植民地帝国の崩壊まで』人文書院、二〇〇二年
下斗米伸夫『ソ連＝党が所有した国家』講談社、二〇〇二年
『ジッドの日記　V』新庄嘉章訳、日本図書センター、二〇〇三年
モーリス・レヴィ＝ルボワイエ『市場の創出――現代フランス経済史』中山裕史訳、日本経済評論社、二〇〇三年
ミシェル・ヴィノック『知識人の時代――バレス／ジッド／サルトル』塚原史・立花英裕・築山和也・久保昭博訳、紀伊國屋書店、二〇〇七年

フランソワ・フュレ『幻想の過去――20世紀の全体主義』楠瀬正浩訳、バジリコ、二〇〇七年
トニー・ジャット『ヨーロッパ戦後史　上――一九四五―一九七一』森本醇訳、みすず書房、二〇〇八年
トニー・ジャット『ヨーロッパ戦後史　下――一九七一―二〇〇五』森本醇訳、みすず書房、二〇〇八年

＊

『文学界』文藝春秋社、一九五一年九月号
『交通公社の時刻表』日本交通公社、一九六六年九月号
『朝日新聞』一九八〇年四月十六日号
『毎日新聞』一九八〇年四月十六日号
『読売新聞』一九八〇年四月十六日号
Le Monde, 17 avril 1980.
Frankfurter Allgemeine, 17. April 1980.
The Times, April 17 1980.
『現代思想』青土社、一九八七年七月号
『考える人』新潮社、二〇〇八年春号
『図書』岩波書店、二〇一〇年一月号

渡部佳延（わたべ　よしのぶ）

1948年、東京生まれ。早稲田大学第一文学部人文学科卒業。1972年、講談社に入社。『英文日本大百科事典（Encyclopedia of Japan）』全9巻の編集に携わり、「講談社現代新書」編集部を経て、「選書メチエ」編集長、「講談社学術文庫」編集長を歴任、2003年退社。現在、昭和薬科大学・神奈川大学非常勤講師。専攻、西洋思想史、20世紀文学。著書に『サルトル　知の帝王の誕生』（筆名・朝西柾、新評論）、『サルトル、世界をつかむ言葉』（トランスビュー）がある。

サルトル、存在と自由の思想家

二〇一三年八月五日　初版第一刷発行

著　者　渡部佳延

発行者　中嶋　廣

発行所　株式会社トランスビュー

東京都中央区日本橋浜町二－一〇－一
郵便番号一〇三－〇〇〇七
電話〇三（三六六四）七三三四
URL http://www.transview.co.jp

印刷・製本　中央精版印刷

ISBN978-4-7987-0139-4 C1010